LANGENSCHEIDTS

Grundwortschatz Russisch

Ein nach Sachgebieten geordnetes
Lernwörterbuch mit Satzbeispielen

von

LUDMILA HEINZE

LANGENSCHEIDT
BERLIN · MÜNCHEN · LEIPZIG · WIEN · ZÜRICH · NEW YORK

Herausgegeben von der
Langenscheidt-Redaktion

| Auflage: | 5. | 4. | 3. | 2. | 1. | Letzte Zahlen |
| Jahr: | 1998 | 97 | 96 | 95 | 94 | maßgeblich |

© 1994 Langenscheidt KG, Berlin und München
Druck: Graph. Betriebe Langenscheidt, Berchtesgaden/Obb.
Printed in Germany · ISBN 3-468-20290-3

Inhalt

Warum Grundwortschatz?	VIII
Warum ein „zweisprachiger" Grundwortschatz?	IX
Welche Wörter?	IX
Anordnung nach Sachgebieten und Wichtigkeitsstufen! Stichwort mit Satzbeispiel!	IX
Für wen?	X
Wie arbeitet man mit diesem Grundwortschatz?	XI

1	**THEMENBEZOGENE BEGRIFFE**	1
1.1	**Der Mensch**	1
1.1.1	**Körper und Wesen**	1
1.1.1.1	Körper	1
1.1.1.2	Aussehen	4
1.1.1.3	Geist und Verstand	5
1.1.1.4	Charakter, Wesen	8
1.1.1.5	Positive und neutrale Gefühle	12
1.1.1.6	Negative Empfindungen	15
1.1.1.7	Gesundheit und Krankheit	19
	(Siehe auch Arzt und Krankenhaus 1.2.8)	
1.1.1.8	Leben und Tod	22
1.1.2	**Aktivitäten**	24
1.1.2.1	Sinneswahrnehmungen und Körperfunktionen	24
1.1.2.2	Körperpflege und Sauberkeit	26
1.1.2.3	Tätigkeiten (allgemein)	29
1.1.2.4	Sichbewegen und Verweilen	32
1.1.2.5	Bewegen von Dingen und Lebewesen	36
1.1.2.6	Geben und Nehmen	38
1.1.2.7	Umgang mit Dingen	40
1.1.2.8	Umgang mit Dingen und Lebewesen	43
1.1.2.9	Lernen und Wissen	44
	(Siehe auch Schule und Ausbildung 1.2.4)	
1.1.3	**Sprache und Sprechabsichten**	47
1.1.3.1	Allgemeines	47
1.1.3.2	Sprechen	49
1.1.3.3	Schreiben und Lesen	52
1.1.3.4	Sprechabsichten	56
1.1.3.4.1	Auskunft	56
1.1.3.4.2	Meinungsäußerung	58
1.1.3.4.3	Zustimmung und Ablehnung	60
1.1.3.4.4	Gewißheit und Zweifel	62
1.1.3.4.5	Positive Wertung	63

1.1.3.4.6	Neutrale und negative Wertung	66
1.1.3.4.7	Wunsch, Bitte, Notwendigkeit	68
1.1.3.4.8	Höflichkeitsformeln	70
1.1.3.4.9	Ausrufe und Gesprächsfloskeln	72
1.1.4	**Der Mensch und die Gesellschaft**	74
1.1.4.1	Identifizierung	74
1.1.4.2	Familie	77
1.1.4.3	Soziale Bindungen	80
1.1.4.4	Berufe	82
1.1.4.5	Soziale Position	85
1.1.4.6	Positives und neutrales Sozialverhalten	87
1.1.4.7	Negatives Sozialverhalten	90
1.1.4.8	Kontakte und Veranstaltungen	92
1.1.5	**Schicksal und Zufall**	96
1.2	**Alltagswelt**	98
1.2.1	**Der Mensch und sein Zuhause**	98
1.2.1.1	Haus und Wohnung	98
1.2.1.2	Einrichtung	101
1.2.1.3	Gebrauchsgegenstände	104
1.2.2	**Kleidung und Schmuck**	106
1.2.3	**Ernährung**	111
1.2.3.1	Mahlzeiten, Restaurant	111
1.2.3.2	Lebensmittel, Speisen	115
	(Siehe auch Obst und Gemüse 1.2.3.3)	
1.2.3.3	Obst und Gemüse	119
1.2.3.4	Trinken, Rauchen	121
1.2.4	**Schule und Ausbildung**	124
	(Siehe auch Lernen und Wissen 1.1.2.9)	
1.2.4.1	Allgemeines	124
1.2.4.2	Unterricht und Prüfungen	127
1.2.5	**Arbeitswelt**	131
	(Siehe auch Berufe 1.1.4.4)	
1.2.6	**Wirtschaftsleben**	133
1.2.6.1	Allgemeines	133
1.2.6.2	Geschäfte, Einkauf	136
1.2.6.3	Geld	138
1.2.6.4	Besitz	141
1.2.7	**Recht und Verwaltung**	142
1.2.7.1	Post, Telefon	142
1.2.7.2	Behörden, Polizei	146
1.2.7.3	Rechtswesen, Delikte	148

1.2.8	**Arzt und Krankenhaus**	151
	(Siehe auch Körper 1.1.1.1, Gesundheit und Krankheit 1.1.1.7)	

1.3 Interessen ... 153

1.3.1	**Kunst**	153
1.3.1.1	Theater, Film, bildende und darstellende Kunst	153
1.3.1.2	Musik	156
1.3.2	**Medien**	158
1.3.3	**Erholung und Freizeit**	161
1.3.3.1	Freizeitbeschäftigungen	161
1.3.3.2	Sport	163

1.4 Öffentliches Leben ... 166

1.4.1	**Staatswesen**	166
1.4.1.1	Staat und Politik	166
1.4.1.2	Krieg und Frieden	172
1.4.2	**Kirche und Religion**	175

1.5 Umwelt ... 177

1.5.1	**Stadt und Dorf**	177
1.5.2	**Landschaft**	180
1.5.3	**Natur**	182
1.5.3.1	Allgemeines	182
1.5.3.2	Tiere	185
1.5.3.3	Pflanzen	188
1.5.3.4	Wetter und Klima	190

1.6 Technik und Materialien ... 194

1.6.1	**Technik**	194
1.6.2	**Materialien**	196

1.7 Reise und Verkehr ... 198

1.7.1	**Reise**	198
1.7.2	**Verkehr**	201
1.7.2.1	Straßenverkehr	201
	(Siehe auch Kraftfahrzeuge 1.7.2.2)	
1.7.2.2	Kraftfahrzeuge	203
1.7.2.3	Eisenbahn	206
1.7.2.4	Flugzeug, Schiff	208

1.8	**Länder und Völker**	210
1.8.1	**Geographische Namen**	210
1.8.2	**Nationalitäten, Bewohner, Sprachbezeichnungen**	212
2	**ALLGEMEINE BEGRIFFE**	215
2.1	**Zeit**	215
2.1.1	**Jahreseinteilung**	215
2.1.2	**Monatsnamen, Datum**	216
2.1.3	**Wochentage**	217
2.1.4	**Tageszeit**	217
2.1.5	**Uhrzeit** (Siehe auch Grundzahlen 2.3.2)	218
2.1.6	**Sonstige Zeitbegriffe**	219
2.1.6.1	Substantive	219
2.1.6.2	Verben	220
2.1.6.3	Adjektive	222
2.1.6.4	Adverbien	224
2.1.6.5	Präpositionen	227
2.1.6.6	Konjunktionen	228
2.2	**Räumliche Begriffe**	230
2.2.1	**Substantive**	230
2.2.2	**Adjektive**	231
2.2.3	**Adverbien**	233
2.2.4	**Präpositionen**	236
2.3	**Menge und Maß**	238
2.3.1	**Mengenbegriffe**	238
2.3.1.1	Substantive, Verben	238
2.3.1.2	Adjektive	239
2.3.1.3	Adverbien	240
2.3.2	**Grundzahlen**	241
2.3.3	**Maße und Gewichte**	242
2.4	**Ordnung**	243
2.4.1	**Ordnung und Einteilung**	243
2.4.2	**Ordnungszahlen**	247

2.5	**Art und Weise**	248
2.5.1	Adverbien der Art und Weise	248
2.5.2	Adjektive und Adverbien des Grades	249
2.5.3	Vergleich	250
2.6	**Farben**	252
2.7	**Formen**	253
2.8	**Ursache, Wirkung, Ziel und Zweck**	254
2.9	**Zustand und Veränderung**	256
3	**STRUKTURWÖRTER**	258
3.1	**Pronomen**	258
3.1.1	Personalpronomen	258
3.1.2	Possessivpronomen	262
3.1.3	Demonstrativpronomen	263
3.1.4	Interrogativpronomen	263
3.1.5	Relativpronomen	263
3.1.6	Indefinitpronomen	264
3.1.7	Negativpronomen	265
3.1.8	Definitpronomen	265
3.1.9	Reflexivpronomen	266
3.2	**Präpositionen**	266
	(Siehe auch Zeit 2.1.6.5, Räumliche Begriffe 2.2.4, Ursache, Wirkung, Ziel und Zweck 2.8)	
3.3	**Konjunktionen**	268
	(Siehe auch Ursache, Wirkung, Ziel und Zweck 2.8)	
3.4	**Partikeln**	269
4	**UNREGELMÄSSIGE VERBFORMEN**	270
4.1	**Die wichtigsten unregelmäßigen Verben**	270
Register		275
Abkürzungen		321

Warum Grundwortschatz?

Jede Stufe der Sprachbeherrschung setzt die Kenntnis eines gewissen Wortschatzes voraus. Der gesamte Wortbestand der russischen Sprache erreicht – wenn man nur die wichtigsten Fachsprachen mit einbezieht – Millionenhöhe. Es ist daher verständlich, daß viele Russisch-Lernende danach fragen, wieviele Wörter man eigentlich benötigt, um eine normale Alltagsunterhaltung zu führen oder um einen allgemeinsprachlichen Text zu verstehen.

Die Sprachstatistik zeigt, daß folgende 10 Wörter bereits 18% jeder russischen Sprachäußerung ausmachen: в(о), и, не, на, я, быть, что, он, с(о), а. Mit 100 Wörtern deckt man über 41% eines Normaltextes ab.

Dies darf allerdings nicht zu der Annahme verleiten, daß man mit hundert Wörtern die Sprache im Griff hat. Tatsächlich hängt das Verstehen eines Textes von den restlichen 59% der Vokabeln ab, die aus Inhaltswörtern, also den sinngebenden Elementen einer Konversation oder eines Lesetextes, bestehen. Mit Strukturwörtern, wie den oben zitierten, allein ist keine Kommunikation möglich.

Ein Grundwortschatz hat deshalb den Zweck, mit einer überschaubaren Zahl von sorgfältig ausgewählten Wörtern das Verständnis eines allgemeinsprachlichen Textes zu ermöglichen. Außerdem sollte ein Grundwortschatz für eine Alltagsunterhaltung genügen. Je nach Adressaten und Lernzielen wird im Russischunterricht versucht, 1500 bis 5000 lexikalische Einheiten zu vermitteln.

Der vorliegende Grundwortschatz enthält etwa 3000 Wörter. Die rund 4000 Wortgleichungen kommen dadurch zustande, daß ein Wort mit mehreren Bedeutungen verschiedenen Sachgebieten zugeordnet wird. Das Wort «печать» ergibt beispielsweise folgende zwei Wortgleichungen:

печать = Siegel, Stempel im Sachgebiet: „Behörden, Polizei"
печать = Presse im Sachgebiet: „Medien"

Zwei Beispielsätze werden auch bei suppletiven Verbformen (Verben mit 2 Stämmen) angeführt, z. B. bei dem Aspektpaar «брать/взять».

Die Adjektive werden grundsätzlich in der maskulinen Form angegeben. In den Beispielsätzen treten sie sowohl in der femininen Form als auch im Plural auf.

Bei den Verben wird im Grundwortschatz stets der imperfektive (unvollendete) Aspekt vor dem perfektiven (vollendeten) genannt.

Wer diesen Grundwortschatz beherrscht, kann über 80% eines allgemeinsprachlichen Textes verstehen, und natürlich reicht dieser Wortschatz auch für das Alltagsgespräch aus. „Langenscheidts Grundwortschatz Russisch" bietet somit einen Mindestwortschatz, dessen Kenntnis ein wichtiger erster Schritt zur Sprachbeherrschung und eine gute Grundlage für jedes weitergehende Lernen ist.

Warum ein „zweisprachiger" Grundwortschatz?

Der Fremdsprachenunterricht findet heute weitgehend in der fremden Sprache selbst statt. Die Vokabeleinführung erfolgt daher durch den Lehrer meist in Russisch (das neue Wort wird mit einfachen russischen Wörtern definiert) und durch Demonstration. Die unterrichtspraktische Realität erzwingt jedoch häufig den flexiblen Einsatz der deutschen Sprache – vor allem, wenn Unklarheiten zu beseitigen sind.

Ein Lernwörterbuch, das ein systematisches Wörterlernen, Wiederholen oder Nachholen außerhalb des Unterrichts ermöglichen soll, muß gleichfalls zweisprachig Russisch-Deutsch angeordnet sein, denn es soll ja unabhängig vom Lehrer benutzt werden.

Welche Wörter?

Ein Grundwortschatz trennt Wichtiges vom Unwichtigen. Die richtige Auswahl der zu lernenden Wörter ist die Voraussetzung für eine rationelle und sinnvolle Wortschatzarbeit mit einem Lernwörterbuch. Dem vorliegenden Grundwortschatz für Schule und Erwachsenenbildung liegt eine große Anzahl von Quellen zugrunde. Im In- und Ausland erstellte Grundwortschätze und Worthäufigkeitsuntersuchungen der russischen Sprache wurden ausgewertet. Wichtige russische Lehrwerke für die Erwachsenenbildung wurden ebenfalls herangezogen.

Ein genaues Verzeichnis aller Quellen würde den Rahmen dieser einleitenden Bemerkungen sprengen. Exemplarisch erwähnt seien lediglich «Частотный словарь русского языка» herausgegeben von L. N. Sasorina sowie „Die 4000 gebräuchlichsten Wörter der russischen Sprache" herausgegeben von N. M. Schanski.

Die absolute Häufigkeit eines Wortes war auch bei der Auswahl dieses Grundwortschatzes selbstverständlich nicht allein entscheidend; Vertrautheitsgrad und Nützlichkeit mußten gleichfalls berücksichtigt werden.

Anordnung nach Sachgebieten und Wichtigkeitsstufen! Stichwort mit Satzbeispiel!

„Langenscheidts Grundwortschatz Russisch" ist nicht alphabetisch aufgebaut, da ein Lernen von Wörtern nach dem Alphabet – wie die Unterrichtspraxis gezeigt hat – wenig sinnvoll ist. Die Ähnlichkeit in der Schreibung bei der alphabetischen Reihenfolge führt zu Verwechslungen, das Wort bleibt mangels Assoziationen nur schwer im Gedächtnis; ein alphabetischer Aufbau steht der später in einer bestimmten Situation *thematisch* richtigen Anwendung entgegen. Das Lernen von Grundwörtern nach Sachgebieten ist leichter und didaktisch effektiver. Die inhaltliche Nähe und Verwandtschaft der

Grundwörter schafft Assoziationen. Es entspricht auch einer alten Lehrerfahrung, daß die Einbettung des Einzelwortes in den sinnvollen Zusammenhang eines Sachgebiets besser im Gedächtnis haftet. Wir geben deshalb dem Lernen nach Sachgebieten den Vorzug. „Langenscheidts Grundwortschatz Russisch" ist nach Sachkategorien und Themenkreisen eingeteilt. Die Systematik und Gliederung dieser Sachgebiete wird im Inhaltsverzeichnis dargestellt (vgl. S. III ff.).

Der Aufbau des vorliegenden Grundwortschatzes ist auch noch durch seine Unterteilung in Wichtigkeitsstufen bemerkenswert. Jedes Sachgebiet ist in zwei Wichtigkeitsstufen unterteilt (1–2000; 2001–4000). Der Lernende kann sich auf diese Weise zuerst den 2000 wichtigsten Wortgleichungen widmen und danach die nächsten 2000 in Angriff nehmen.

Auch in anderer Hinsicht ist das Material dieses Grundwortschatzes gut aufbereitet. Er bietet nicht nur die „nackte" Gleichung von russischem Grundwort und deutscher Übersetzung. Nach dem russischen Grundwort folgen Satzbeispiele mit deutscher Übersetzung.

Diese Darbietung eines Grundwortes im Satzzusammenhang ist wichtig, denn der Lernende sieht so die Anwendung „seines" Grundwortes in der „Praxis". Die Gefahr der späteren Anwendung des Grundwortes im falschen Zusammenhang wird damit minimalisiert. Die deutsche Übersetzung der Beispielsätze lehnt sich eng an die russischen Ausgangssätze an, so daß es zu ungewohnter Wortstellung im deutschen Satz kommen kann.

Nach Möglichkeit bewegen sich die Satzbeispiele im Rahmen des Grundwortschatzes, enthalten jedoch gelegentlich auch zusätzliches Anschlußvokabular. Sie aktivieren somit jederzeit den übrigen Grundwortschatz und weisen die Richtung zum weiteren Wortschatzerwerb.

Für wen?

Es gibt im Fremdsprachenunterricht eine starke Tendenz, bei der Erarbeitung von Sprachinventaren Grundwortschätze zu fixieren und deren Aneignung zu fordern. Im allgemeinen sind Grundwortschätze auch beim Lernenden beliebt, weil in ihnen der Lernaufwand überschaubar ist und weil sie ein individuelles häusliches Arbeiten ermöglichen.

„Langenscheidts Grundwortschatz Russisch" ist geeignet:

1. Zum erstmaligen Erwerb eines Grundwortschatzes.
2. Zur Wissenskontrolle für alle Russischlernenden, also zum Testen, Wiederholen und Festigen eines Grundwortschatzes.
3. Zur Vorbereitung auf einen Auslandsaufenthalt. Mit einem inhaltlich verstandenen und richtig angewandten Grundwortschatz wird man sich im Ausland in allen Situationen des Alltags behaupten können.

4. Für Lernende mit nicht gesichertem Kenntnisstand. Ohne einen gewissen Grundwortschatz ist keine Stufe der Sprachbeherrschung zu erreichen.

5. Zur Prüfungsvorbereitung. Er gibt dem Prüfling Sicherheit. Für das Nachschlagen in einsprachigen Wörterbüchern bei der Prüfung benötigt er beispielsweise einen Grundwortschatz, um die einsprachigen Erklärungen zu verstehen.

Wie arbeitet man mit diesem Grundwortschatz?

Eine angemessene Lerntechnik ist die Voraussetzung für den Lernerfolg. Wir möchten Ihnen dazu einige Anregungen geben:

1. Nutzen Sie den Vorteil der Gliederung nach Sachgebieten! Arbeiten Sie nicht Seiten, sondern Sachgebiete durch (z. B. 1.2.6.2 „Geschäfte, Einkauf")! Zwischen den Wörtern eines Sachgebiets bestehen Assoziationen. Die Sachgebiete spiegeln inhaltliche Zusammenhänge wider. Auch die Sachgebietsbezeichnungen sind bereits Merkhilfen. Es ist experimentell erwiesen, daß die Behaltensleistung dadurch erhöht wird.

2. Sie können sich in jedem Sachgebiet zuerst die Wörter der Wichtigkeitsstufe 1–2000 aneignen. Zu einem späteren Zeitpunkt nehmen Sie dann die der Wichtigkeitsstufe 2001–4000 durch.

3. Arbeiten sie *einzelne* Sachgebiete durch. Vielleicht zuerst die Ihnen „sympathischen", dann die anderen. Vergessen Sie aber nicht, sich nach und nach *alle* Sachgebiete anzueignen.

4. Systematisieren Sie den Ablauf des Lernvorgangs! Lernen Sie portionsweise!

Lesen Sie ein Kästchen (fettgedrucktes Stichwort und Anwendungsbeispiel) und prägen Sie sich die Wortgleichung ein. Gehen Sie acht bis zehn Kästchen in dieser Art durch und decken Sie dann von diesem „Block" die linke Spalte ab. Sprechen Sie sich nun das verdeckte Stichwort laut vor – wenn Sie wollen, auch das Anwendungsbeispiel. Kontrollieren Sie sich durch Aufdecken der linken Spalte. Arbeiten Sie so den „Block" durch. Nicht beherrschte Wörter werden am Rand gekennzeichnet – vielleicht durch ein Kreuzchen – und nochmals gesondert gelernt. Abschließend nochmalige Kontrolle (Sprechen und Schreiben) des ganzen „Blocks".

5. Lernvarianten: Rechte (statt linke) Spalte abdecken und analog wie unter 4. beschrieben arbeiten. Nur Anwendungsbeispiele lernen, um vom Zusammenhang her die Bedeutung eines Wortes im Gedächtnis zu fixieren oder den Grundwortschatz „umzuwälzen".

6. Sie können auch über ein einzelnes Wort, das Sie im alphabetischen Register nachschlagen, zum Sachgebiet kommen und so in einem sinnvollen Zusammenhang lernen.

7. Lernen Sie täglich (mit Pausen!) ein bestimmtes Pensum. In einigen Wochen beherrschen Sie dann einen systematisch aufgebauten

Grundwortschatz – den Wortschatz, auf den es ankommt. Vergessen Sie nicht, diesen in gewissen zeitlichen Abständen zu wiederholen und zu überprüfen.

8. „Langenscheidts Grundwortschatz Russisch" ist lehrbuchunabhängig. Trotzdem eignet er sich auch zur Aktivierung, Wiederholung und Systematisierung des Wortschatzes im Unterricht, z. B.
– zur Bereitstellung des entsprechenden Wortschatzes vor kommunikativen Übungen oder der Durchnahme bestimmter Texte;
– zur Wortfeldarbeit nach der Durcharbeitung eines bestimmten Textes, der wesentliche Teile dieses Wortfeldes enthält;
– zur Erschließung und zum Aufbau eines Sachgebiets vom Einzelwort aus (über das Register).

1 THEMENBEZOGENE BEGRIFFE

1.1 Der Mensch

1.1.1 KÖRPER UND WESEN

1.1.1.1 KÖRPER

«1–2000»

глаз *m*
У де́вушки бы́ли краси́вые тёмные глаза́.

Auge *n*
Das Mädchen hatte schöne dunkle Augen.

голова́ *f*
На голове́ у него́ была́ но́вая шля́па.

Kopf *m*
Auf dem Kopf hatte er einen neuen Hut.

грудь *f*
Мать прижа́ла ребёнка к груди́.

Brust *f*
Die Mutter drückte das Kind an die Brust.

губа́ *f*
На губе́ у неё была́ ма́ленькая ра́на.

Lippe *f*
An der Lippe hatte sie eine kleine Wunde.

зуб *m*
У ребёнка плохи́е зу́бы.

Zahn *m*
Das Kind hat schlechte Zähne.

коле́но *n*
На коле́нях у ма́льчика лежа́ла кни́га.

Knie *n*
Auf den Knien des Jungen lag ein Buch.

кровь *f*
Больно́й потеря́л мно́го кро́ви.

Blut *n*
Der Kranke hat viel Blut verloren.

кула́к *m*
Во вре́мя разгово́ра он сжал ру́ки в кула́к.

Faust *f*
Während des Gesprächs ballte er die Fäuste.

ладо́нь *f*
Он вы́тер лоб ладо́нью.

(flache) Hand *f*, **Handfläche** *f*
Er wischte sich die Stirn mit der Hand ab.

лицо́ *n*
В толпе́ я вдруг заме́тила знако́мое лицо́.

Gesicht *n*
In der Menge sah ich plötzlich ein bekanntes Gesicht.

нога́ *f*
Ребёнок пры́гал на одно́й ноге́.

Bein *n*
Das Kind sprang auf einem Bein.

Körper

нога́ f	**Fuß** m, **Bein** n
Она́ е́ле де́ржится на нога́х.	Sie hält sich kaum noch auf den Beinen.
нос m	**Nase** f
У арти́ста смешно́й дли́нный нос.	Der Schauspieler hat eine komische lange Nase.
па́лец m	**Finger** m
Ско́лько па́льцев на руке́?	Wieviele Finger sind an einer Hand?
рот m	**Mund** m
Врач попроси́л пацие́нта откры́ть рот.	Der Arzt bat den Patienten den Mund zu öffnen.
рука́ f	**Hand** f
Он всегда́ сова́л свои́ ру́ки в карма́ны в брюк.	Er hat immer seine Hände in den Hosentaschen.
рука́ f	**Arm** m
Он потеря́л на войне́ пра́вую ру́ку.	Er verlor im Krieg den rechten Arm.
се́рдце n	**Herz** n
У его́ ма́тери больно́е се́рдце.	Seine Mutter hat ein krankes Herz.
спина́ f	**Rücken** m
На спине́ же́нщина несла́ корзи́ну.	Auf dem Rücken trug die Frau einen Korb.
те́ло n	**Körper** m
Норма́льная температу́ра те́ла 36,6 гра́дусов.	Die normale Körpertemperatur beträgt 36,6 °C.
у́хо n, NPl у́ши	**Ohr** n
Она́ прошепта́ла ему́ что-то на́ ухо.	Sie flüsterte ihm etwas ins Ohr.
язы́к m	**Zunge** f
Это лека́рство на́до положи́ть под язы́к.	Diese Arznei muß man unter die Zunge legen.

«2001–4000»

во́лос m	**Haar** n
Сейча́с мо́дны дли́нные во́лосы.	Jetzt sind lange Haare modern.

Körper

го́рло n
Мне тру́дно глота́ть потому́, что у меня́ боли́т го́рло.

Hals m
Da ich Halsschmerzen habe, kann ich schlecht schlucken.

желу́док m
Оте́ц ча́сто жа́луется на бо́ли в желу́дке.

Magen m
Der Vater klagt oft über Magenschmerzen.

живо́т m
Он спит обы́чно на животе́.

Bauch m
Er schläft gewöhnlich auf dem Bauch.

кисть f
Мне бро́сились в глаза́ то́нкие ки́сти музыка́нта.

Hand f
Mir sind die schmalen Hände des Musikers aufgefallen.

ко́жа f
Этот крем поле́зен для сухо́й ко́жи.

Haut f
Diese Creme ist gut für trockene Haut.

кость f
Она́ о́чень худа́я, как говоря́т, ко́жа, да ко́сти.

Knochen m
Sie ist sehr dünn, wie man sagt, nur Haut und Knochen.

лоб m
Говоря́т, что высо́кий лоб – при́знак интеллиге́нтности.

Stirn f
Man sagt, eine hohe Stirn ist ein Zeichen für Intelligenz.

ло́коть m
Не клади́ ло́кти на стол.

Ellenbogen m
Leg' die Ellenbogen nicht auf den Tisch.

мозг m
Мозг челове́ка ве́сит приблизи́тельно 1300 (ты́сяча три́ста) грамм.

Gehirn n
Das Gehirn eines Menschen wiegt ungefähr 1300 g.

му́скул m
У спортсме́нов хорошо́ разви́ты му́скулы.

Muskel f
Sportler haben gut entwickelte Muskeln.

нерв m
Мои́ не́рвы э́того не вы́держат.

Nerv m
Meine Nerven halten das nicht aus.

но́готь m
Я не люблю́ кра́сить но́гти.

Nagel m
Ich mag es nicht, die Nägel zu lackieren.

плечо́ n
Он положи́л мне ру́ку на плечо́.

Schulter f
Er legte mir die Hand auf die Schulter.

4 Aussehen

подборо́док *m*
Подборо́док – э́то ни́жняя часть лица́.

Kinn *n*
Das Kinn ist der untere Teil des Gesichts.

ше́я *f*
На ше́е у него́ был тёплый шарф.

Hals *m*
Um den Hals hatte er einen warmen Schal.

1.1.1.2 AUSSEHEN

«1–2000»

вид *m*
На вид ему́ лет со́рок.

Aussehen *n*
Dem Aussehen nach ist er etwa vierzig Jahre alt.

вне́шний
Вне́шний слой ко́жи име́ет защи́тную фу́нкцию.

äußerer
Die äußere Hautschicht hat eine Schutzfunktion.

высо́кий
В спортза́л вошёл высо́кий спортсме́н.

hoch, groß
Ein hochgewachsener Sportler betrat die Turnhalle.

краси́вый
Кака́я она́ краси́вая!

schön
Wie schön sie ist!

красота́ *f*
Все восхища́лись её красото́й.

Schönheit *f*
Alle waren von ihrer Schönheit entzückt.

полне́ть
Посове́туй, что мне де́лать, что́бы не полне́ть.

zunehmen
Gib mir einen Rat, was ich machen soll, um nicht zuzunehmen.

по́лный
В э́том журна́ле вы найдёте мо́ду для по́лных же́нщин.

vollschlank
In dieser Zeitschrift finden Sie Mode für vollschlanke Frauen.

похо́ж
Сын о́чень похо́ж на мать.

ähnlich
Der Sohn sieht der Mutter sehr ähnlich.

то́нкий
У де́вочки то́нкие ру́ки и но́ги.

dünn
Das Mädchen hat dünne Arme und Beine.

фигу́ра *f*
Несмотря́ на во́зраст, у неё идеа́льная фигу́ра.

Figur *f*
Trotz des Alters hat sie eine Idealfigur.

худе́ть/похуде́ть
Ты о́чень по́лный, тебе́ на́до похуде́ть.

abnehmen
Du bist zu dick, du mußt abnehmen.

«2001–4000»

бле́дный
Тебе́ пло́хо? Ты о́чень бле́дный.

blaß
Ist dir nicht gut? Du bist so blaß.

борода́ f
Э́тому мужчи́не идёт борода́.

Bart m
Der Bart steht diesem Mann.

вне́шность f
Те́ма уро́ка «Вне́шность челове́ка».

Aussehen n, Äußeres n
Das Unterrichtsthema ist „Das Äußere des Menschen".

вы́глядеть
А как вы́глядит твой друг?

aussehen
Und wie sieht dein Freund aus?

причёска f
Но́вая причёска тебе́ идёт.

Frisur f
Die neue Frisur steht dir.

стро́йный
Высо́кая стро́йная де́вушка вошла́ в зал.

schlank
In den Saal kam ein großes schlankes Mädchen.

то́лстый
Ты ешь мно́го хле́ба, поэ́тому ты тако́й то́лстый.

dick
Du ißt viel Brot, deswegen bist du so dick.

ус m, NPl: усы́
У моего́ отца́ во́лосы све́тлые, а усы́ чёрные.

Schnurrbart m
Mein Vater hat helle Haare, aber einen schwarzen Schnurrbart.

худо́й
Он о́чень худо́й, наве́рное он чём-то бо́лен.

dünn, schlank
Er ist sehr dünn, vielleicht ist er krank.

1.1.1.3 Geist und Verstand

«1–2000»

внима́ние n
Профе́ссор уделя́ет мно́го внима́ния студе́нтам.

Aufmerksamkeit f
Der Professor schenkt den Studenten viel Aufmerksamkeit.

впечатле́ние n
Фильм произвёл на меня́ си́льное впечатле́ние.

Eindruck m
Der Film hinterließ bei mir einen starken Eindruck.

6 Geist und Verstand

вспоминать/вспомнить
Мы часто вспоминаем нашу поездку в Россию.

sich erinnern
Wir erinnern uns oft an unsere Rußlandreise.

думать/подумать
О чём ты думаешь? – Об экзамене.

denken
Woran denkst du? – An die Prüfung.

забывать/забыть
Ученик забыл дома тетрадь.

vergessen
Der Schüler vergaß das Heft zu Hause.

идея f
Это хорошая идея – поехать в Лондон.

Idee f
Es ist eine gute Idee, nach London zu fahren.

интерес m
Студенты слушали лекцию с большим интересом.

Interesse n
Die Studenten hörten sich die Vorlesung mit großem Interesse an.

интересно Adv
Учителя истории всегда интересно слушать.

interessant
Es ist immer interessant, dem Geschichtslehrer zuzuhören.

мечта f
Его мечта – поехать в Австралию.

Traum m
Es ist sein Traum, nach Australien zu fahren.

мечтать
В детстве он мечтал стать капитаном.

träumen
In seiner Kindheit träumte er davon, Kapitän zu werden.

мысль f
Мысль о больном друге не покидала меня.

Gedanke m
Der Gedanke an den kranken Freund verließ mich nicht.

напоминать/напомнить
(кому о чём)
Он напомнил мне о нашей встрече.

erinnern (j-n an etw.)

Er erinnerte mich an unser Treffen.

ошибаться/ошибиться
Не ошибается тот, кто ничего не делает.

sich irren
Wer nichts tut, irrt sich nicht.

память f
У него плохая память.

Gedächtnis n
Er hat ein schlechtes Gedächtnis.

представлять/представить
Мать не могла представить жизнь без детей.

sich etw. **vorstellen**
Die Mutter konnte sich ein Leben ohne Kinder nicht vorstellen.

Geist und Verstand

совесть *f*	**Gewissen** *n*
Совесть у него была чиста, и он мог спокойно спать.	Sein Gewissen war rein, und er konnte ruhig schlafen.
способность *f*	**Fähigkeit** *f*
Необходимо развивать музыкальные способности ребёнка.	Es ist notwendig, die musikalischen Fähigkeiten des Kindes zu entwickeln.
умный	**klug**
Студентка довольно умна.	Die Studentin ist ziemlich klug.

«2001–4000»

воспоминание *n*	**Erinnerung** *f*
О детстве у него остались приятные воспоминания.	Er hat seine Kindheit in angenehmer Erinnerung behalten.
гениальный	**genial**
А. Эйнштейн был гениальным учёным.	A. Einstein war ein genialer Wissenschaftler.
гений *m*	**Genie** *n*
Ломоносов был гением.	Lomonossow war ein Genie.
глупость *f*	**Dummheit** *f*
Он сделал большую глупость: продал дом.	Er beging eine große Dummheit: er verkaufte das Haus.
глупый	**dumm**
Не задавай мне глупых вопросов.	Stell mir keine dummen Fragen.
запоминать/запомнить	**sich merken, im Gedächtnis behalten**
Я попытаюсь запомнить ваш адрес.	Ich versuche, mir Ihre Adresse zu merken.
интересовать	**interessieren**
А почему это тебя интересует?	Warum interessiert dich denn das?
интересоваться	**sich interessieren**
Чем вы интересуетесь? – Искусством.	Wofür interessieren Sie sich? – Für Kunst.
недоразумение *n*	**Mißverständnis** *n*
Извините, пожалуйста, это недоразумение.	Entschuldigen Sie bitte, das ist ein Mißverständnis.

Charakter, Wesen

ра́зум *m*
Ра́зум – э́то спосо́бность челове́ка тво́рчески и логи́чески мы́слить.

Verstand *m*, **Vernunft** *f*
Der Verstand ist die Fähigkeit des Menschen, schöpferisch und logisch zu denken.

сумасше́дший
В э́том до́ме живёт сумасше́дшая же́нщина.

verrückt, geisteskrank
In diesem Haus wohnt eine geisteskranke Frau.

тала́нтливый
Игра́ тала́нтливого музыка́нта всем понра́вилась.

talentiert
Allen gefiel das Spiel des talentierten Musikers.

ум *m*
Ты не в своём уме́! Когда́ ты, наконе́ц, возьмёшься за ум?

Verstand *m*; **Vernunft** *f*
Du bist wohl nicht bei Verstand! Wann wirst du endlich zur Vernunft kommen?

1.1.1.4 Charakter, Wesen

« 1–2000 »

ве́рный
Ве́рный друг не оста́вит тебя́ в беде́.

treu
Ein treuer Freund läßt dich nicht im Stich.

ве́село *Adv*
У моего́ дру́га всегда́ ве́село.

lustig
Bei meinem Freund ist es immer lustig.

весёлый
Он предложи́л посмотре́ть весёлый фильм.

lustig
Er schlug vor, sich einen lustigen Film anzusehen.

во́ля *f*
Сын жени́лся про́тив во́ли роди́телей.

Wille *m*
Der Sohn heiratete gegen den Willen der Eltern.

го́рдый
Он мне не нра́вится потому́, что он сли́шком го́рдый.

stolz
Er gefällt mir nicht, weil er zu stolz ist.

гру́бый
Она́ ненави́дела гру́бых люде́й.

grob
Sie haßte grobe Menschen.

до́брый
Мне ка́жется, он о́чень до́брый челове́к.

gut, gutmütig
Mir scheint, er ist ein guter Mensch.

Charakter, Wesen

жесто́кий — **brutal, hart**
К сожале́нию, по телеви́зору пока́зывают сли́шком мно́го жесто́ких фи́льмов.
Leider zeigt man im Fernsehen zu viele brutale Filme.

замеча́ть/заме́тить — **(be)merken, feststellen**
Никто́ не заме́тил, что у неё но́вая причёска.
Keiner merkte, daß sie eine neue Frisur hatte.

злой — **böse**
Ты ошиба́ешься, он не злой, а о́чень до́брый.
Du irrst dich, er ist nicht böse, sondern sehr gutmütig.

ли́чность f — **Persönlichkeit** f
За́втра я пойду́ на ле́кцию о ро́ли ли́чности в исто́рии.
Morgen gehe ich zu einer Vorlesung über die Rolle der Persönlichkeit in der Geschichte.

ми́лый — **lieb**
Ми́лая Та́ня! Вчера́ я получи́ла твоё письмо́.
Liebe Tanja! Gestern habe ich Deinen Brief erhalten.

недоста́ток m — **Mangel** m, **Fehler** m
У ка́ждого есть свои́ недоста́тки и свои́ досто́инства.
Jeder hat seine Tugenden und Fehler.

серьёзно Adv — **ernst, ernsthaft**
Прошу́ тебя́, займи́сь серьёзно матема́тикой.
Ich bitte dich, beschäftige dich ernsthaft mit der Mathematik.

серьёзный — **ernst**
Но́вый колле́га о́чень серьёзный челове́к.
Der neue Kollege ist ein sehr ernster Mensch.

стро́гий — **streng**
Мне ка́жется, ты о́чень строг к де́тям.
Ich glaube, du bist sehr streng zu den Kindern.

стро́го Adv — **streng**
Прошу́ тебя́, не суди́ об э́том сли́шком стро́го.
Ich bitte dich, urteile darüber nicht zu streng.

уве́ренный — **sicher, überzeugt**
Его́ движе́ния бы́ли бы́стрыми и уве́ренными.
Seine Bewegungen waren schnell und sicher.

хара́ктер m — **Charakter** m
У его́ отца́ тяжёлый хара́ктер.
Sein Vater hat einen schwierigen Charakter.

хи́трый — **listig, schlau**
Лиса́ счита́ется хи́трым живо́тным.
Den Fuchs hält man für ein schlaues Tier.

Charakter, Wesen

черта́ *f*	**(Gesichts-)Zug** *m;* **(Charakter-)Eigenschaft** *f*
У де́вушки то́нкие черты́ лица́.	Das Mädchen hat feine Gesichtszüge.
Назови́ положи́тельные черты́ хара́ктера твоего́ дру́га.	Nenne positive Charaktereigenschaften deines Freundes.
че́стно *Adv*	**ehrlich**
«Э́то ты разби́л окно́?», – «Да», – че́стно отве́тил он.	„Hast du das Fenster zerschlagen?" – „Ja", – antwortete er ehrlich.
че́стный	**ehrlich**
Все счита́ли его́ че́стным челове́ком.	Alle hielten ihn für einen ehrlichen Menschen.

«2001–4000»

гру́бо *Adv*	**grob**
Почему́ ты так гру́бо со мной разгова́риваешь?	Warum sprichst du so grob mit mir?
досто́инство *n*	**Würde** *f*
Он счита́ет ни́же своего́ досто́инства мыть посу́ду.	Er hält es für unter seiner Würde, das Geschirr abzuwaschen.
жа́дный	**geizig**
Мне не нра́вится твой друг, он жа́дный.	Mir gefällt dein Freund nicht, er ist (zu) geizig.
жизнера́достный	**lebenslustig**
Наш сосе́д жизнера́достный челове́к.	Unser Nachbar ist ein lebenslustiger Mensch.
легкомы́сленный	**leichtsinnig**
Я не ожида́ла от тебя́ тако́го легкомы́сленного посту́пка.	Ich habe von dir solch ein leichtsinniges Auftreten nicht erwartet.
лени́вый	**faul**
Са́ша был спосо́бным, но лени́вым ученико́м.	Sascha war zwar ein begabter, aber fauler Schüler.
любозна́тельный	**wißbegierig**
Ребёнок мое́й подру́ги о́чень любозна́тельный.	Das Kind meiner Freundin ist sehr wißbegierig.
любопы́тный	**neugierig**
Како́й у вас любопы́тный ребёнок! Он всё вре́мя задаёт вопро́сы.	Sie haben aber ein neugieriges Kind. Es fragt ständig.

Charakter, Wesen

любопы́тство *n* — **Neugier** *f*
Ко́ля с любопы́тством рассма́тривал стра́нную маши́ну.
Voller Neugier betrachtete Kolja das seltsame Auto.

менталите́т *m* — **Mentalität** *f*
Психо́лог говори́л о менталите́те ру́сских и америка́нцев.
Der Psychologe sprach über die Mentalität von Russen und Amerikanern.

му́жественно *Adv* — **mutig**
Наро́д э́той страны́ му́жественно боро́лся за свобо́ду.
Das Volk dieses Landes kämpfte mutig für die Freiheit.

насто́йчиво *Adv* — **beharrlich, hartnäckig**
Он насто́йчиво добива́ется свое́й це́ли.
Er verfolgt hartnäckig sein Ziel.

осторо́жный — **vorsichtig**
Бу́дьте осторо́жны при перехо́де че́рез у́лицу!
Seien Sie vorsichtig beim Überqueren der Straße!

приве́тливый — **freundlich**
Нас приняла́ приве́тливая хозя́йка.
Uns empfing eine freundliche Hausfrau.

приле́жный — **fleißig**
Ле́на была́ приле́жной учени́цей.
Lena war eine fleißige Schülerin.

принципиа́льный — **grundsätzlich, prinzipientreu**
Все счита́ют его́ принципиа́льным челове́ком.
Alle halten ihn für einen prinzipientreuen Menschen.

равноду́шный — **gleichgültig**
Равноду́шные лю́ди мне не нра́вятся.
Gleichgültige Menschen gefallen mir nicht.

ро́бкий — **zaghaft, schüchtern**
Не будь таки́м ро́бким!
Sei nicht so schüchtern!

самоуве́ренный — **selbstsicher**
Н. – самоуве́ренный челове́к.
N. ist ein selbstsicherer Mensch.

скро́мный — **bescheiden**
Таки́х скро́мных люде́й, как твои́ роди́тели, я не ви́дел.
Solch bescheidene Leute wie deine Eltern habe ich noch nicht gesehen.

терпели́вый — **geduldig**
Ма́ма – са́мый терпели́вый челове́к в на́шей семье́.
Mutti ist der geduldigste Mensch in unserer Familie.

терпе́ние n
Учи́тель до́лжен облада́ть терпе́нием.

Geduld f
Ein Lehrer muß Geduld haben.

упо́рно Adv
Несмотря́ на не́сколько пораже́ний, спортсме́н упо́рно тренирова́лся.

hartnäckig
Trotz einiger Niederlagen trainierte der Sportler hartnäckig weiter.

упо́рный
Упо́рный спортсме́н доби́лся отли́чных результа́тов.

hartnäckig, beharrlich
Der beharrliche Sportler erreichte ausgezeichnete Ergebnisse.

упря́мый
Упря́мый челове́к поступа́ет так, как он хо́чет, да́же е́сли э́то непра́вильно.

trotzig, dickköpfig
Ein dickköpfiger Mensch macht das, was er will, sogar wenn es falsch ist.

хра́брый
Де́ти лю́бят слу́шать ска́зку о хра́бром солда́те.

tapfer
Die Kinder hören sehr gern das Märchen vom tapferen Soldaten.

че́стность f
Его́ че́стность меня́ всегда́ поража́ла.

Ehrlichkeit f
Seine Ehrlichkeit hat mich immer verwundert.

эгои́ст m
Я не ду́мала, что ты тако́й эгои́ст.

Egoist m
Ich habe nicht gedacht, daß du solch ein Egoist bist.

энерги́чный
Но́вый учи́тель – молодо́й, энерги́чный челове́к.

energisch
Der neue Lehrer ist ein junger energischer Mensch.

1.1.1.5 POSITIVE UND NEUTRALE GEFÜHLE

«1–2000»

люби́ть
Не понима́ю, почему́ она́ лю́бит э́того челове́ка.
Все де́ти о́чень лю́бят макаро́ны.

lieben, gern haben, mögen
Ich verstehe nicht, warum sie diesen Menschen liebt.
Alle Kinder mögen Makkaroni.

любо́вь f
Он объясни́лся ей в любви́.

Liebe f
Er hat ihr seine Liebe erklärt.

Positive und neutrale Gefühle

наде́жда f
Никогда́ не на́до теря́ть наде́жду.

Hoffnung f
Man darf nie die Hoffnung verlieren.

наде́яться/понаде́яться
Я наде́юсь, что всё изме́нится к лу́чшему.

hoffen
Ich hoffe, daß sich alles zum Besten wendet.

настрое́ние n
Почему́ у тебя́ сего́дня тако́е плохо́е настрое́ние?

Stimmung f, **Laune** f
Warum hast du heute so schlechte Laune?

оптими́зм m
Мой друг с оптими́змом расска́зывал о своём бу́дущем.

Optimismus m
Mein Freund erzählte voller Optimismus von seiner Zukunft.

нра́виться/понра́виться
Рома́ны э́того писа́теля мне не нра́вятся.

gefallen
Die Romane dieses Schriftstellers gefallen mir nicht.

ра́доваться/обра́доваться
Ребёнок о́чень обра́довался но́вой кни́ге ска́зок.

sich freuen
Das Kind freute sich sehr über das neue Märchenbuch.

ра́дость f
Я с ра́достью приняла́ приглаше́ние на у́жин.

Freude f
Ich habe mit Freude die Einladung zum Abendessen angenommen.

смех m
Его́ слова́ вы́звали всео́бщий смех.
Он не мог удержа́ться от сме́ха.

Gelächter n, **Lachen** n
Seine Worte lösten allgemeines Gelächter aus.
Er konnte sich das Lachen nicht verbeißen.

смея́ться
Все гро́мко смея́лись.

lachen
Alle lachten laut.

счастли́вый
Я жела́ю вам счастли́вого пути́.

glücklich
Ich wünsche euch eine glückliche Reise.

удово́льствие n
Я с удово́льствием расскажу́ тебе́ о мое́й пое́здке в Росси́ю.

Vergnügen n
Ich erzähle dir mit Vergnügen von meiner Reise nach Rußland.

улыба́ться/улыбну́ться
Он ве́жливо улыба́лся, но ничего́ не говори́л.

lächeln
Er lächelte höflich, sagte aber nichts.

улы́бка f
Он сказа́л э́то с улы́бкой.

Lächeln n
Er sagte das mit einem Lächeln.

Positive und neutrale Gefühle

чу́вство *n*	**Gefühl** *n*
Моя́ подру́га не уме́ет скрыва́ть свои́х чувств.	Meine Freundin kann ihre Gefühle nicht verbergen.
весели́ться	**sich vergnügen**
На пра́зднике все го́сти весели́лись.	Auf der Feier haben sich alle Gäste vergnügt.

«2001–4000»

восто́рг *m*	**Begeisterung** *f*
Ма́льчик с восто́ргом расска́зывал о пе́рвом дне в шко́ле.	Der Junge erzählte mit Begeisterung über seinen ersten Schultag.
восхище́ние *n*	**Entzücken** *n*, **Bewunderung** *f*
Же́нщина не могла́ скрыть своего́ восхище́ния.	Die Frau konnte ihr Entzücken nicht verbergen.
дово́льный	**zufrieden**
Оте́ц дово́лен сы́ном.	Der Vater ist mit dem Sohn zufrieden.
жале́ть/пожале́ть	**bedauern**
Он пожале́л, что не смог пойти́ в теа́тр.	Er bedauerte, daß er nicht ins Theater gehen konnte.
ла́сково *Adv*	**zärtlich**
Ба́бушка расска́зывала ска́зку и ла́сково гла́дила вну́ка по голове́.	Die Großmutter erzählte ein Märchen und streichelte dem Enkel zärtlich über den Kopf.
ла́сковый	**zärtlich**
Я по́мню ла́сковый го́лос ма́мы, чита́ющей мне ска́зку.	Ich kann mich an die zärtliche Stimme der Mutter erinnern, die mir ein Märchen vorlas.
любова́ться	**bewundern, sich ergötzen**
Тури́сты любова́лись краси́вым ви́дом.	Die Touristen bewunderten die schöne Aussicht.
му́жество *n*	**Mut** *m*
В расска́зе идёт речь о му́жестве солда́т.	In der Erzählung geht es um den Mut der Soldaten.
не́жный	**zärtlich**
У мое́й подру́ги не́жный и ла́сковый муж.	Meine Freundin hat einen lieben und zärtlichen Mann.
оптимисти́чный	**optimistisch**
Я не могу́ поня́ть твоего́ оптимисти́чного настрое́ния.	Ich kann deine optimistische Stimmung nicht verstehen.

полюби́ть	**liebgewinnen**
Ей каза́лось, что она́ никогда́ в жи́зни не полю́бит э́того челове́ка.	Es schien ihr, als würde sie diesen Menschen nie im Leben liebgewinnen.
ра́достно *Adv*	**froh, freudig**
«Я получи́л пятёрку», – ра́достно сообщи́л сын.	„Ich habe eine 1 bekommen" – verkündete freudig der Sohn.
ра́достный	**froh, freudig**
Са́ша сообщи́л роди́телям ра́достную но́вость.	Sascha teilte den Eltern die freudige Nachricht mit.
смешно́ *Adv*	**lustig**
Он о́чень смешно́ опи́сывает вне́шность знако́мых и друзе́й.	Er beschreibt sehr lustig das Äußere von Bekannten und Freunden.
смешно́й	**lustig**
Э́тот писа́тель пи́шет смешны́е расска́зы для дете́й.	Dieser Schriftsteller schreibt lustige Erzählungen für Kinder.
уве́ренность	**Sicherheit** *f;* **Bestimmtheit** *f;* **Gewißheit** *f*
Успе́х прида́л ему́ уве́ренности.	Der Erfolg hat ihm Sicherheit gegeben.
Я не могу́ с уве́ренностью э́то утвержда́ть.	Das kann ich nicht mit Bestimmtheit sagen.
Позво́льте мне вы́разить уве́ренность в успе́хе на́шей рабо́ты.	Gestatten Sie mir, meine Gewißheit über den Erfolg unserer Arbeit zum Ausdruck zu bringen.

1.1.1.6 NEGATIVE EMPFINDUNGEN

«1–2000»

боя́ться	**Angst haben, sich fürchten**
Ма́ленькая де́вочка бои́ться соба́к.	Das kleine Mädchen fürchtet sich vor Hunden.
винова́тый	**schuldig**
Он чу́вствует себя́ винова́тым в сме́рти дру́га.	Er fühlt sich am Tod des Freundes schuldig.
волнова́ть/взволнова́ть	**aufregen**
Что случи́лось? Ты так взволно́ван.	Was ist los? Du bist so aufgeregt.

Negative Empfindungen

волнова́ться	**sich aufregen, besorgt sein**
Больно́му нельзя́ волнова́ться.	Der Kranke darf sich nicht aufregen.
го́ре *n*	**Kummer** *m*
У э́той же́нщины большо́е го́ре – у́мер её муж.	Diese Frau hat großen Kummer – ihr Mann ist gestorben.
за́висть *f*	**Neid** *m*
За́висть – э́то о́чень нехо́рошее чу́вство.	Neid ist ein schlechtes Gefühl.
запла́кать	**weinen**
Снача́ла она́ ве́село расска́зывала о себе́, а пото́м вдруг запла́кала.	Zunächst erzählte sie fröhlich über sich, fing dann aber plötzlich an zu weinen.
оби́да *f*	**Beleidigung** *f*, **Kränkung** *f*
Она́ не мо́жет забы́ть э́той оби́ды.	Sie kann diese Beleidigung nicht vergessen.
обижа́ться/оби́деться	**beleidigt sein, böse sein**
Не обижа́йся, пожа́луйста, но я не смогу́ прийти́ к тебе́.	Sei bitte nicht böse, aber ich kann nicht zu dir kommen.
пессими́зм *m*	**Pessimismus** *m*
Его́ пессими́зм де́йствует мне на не́рвы.	Sein Pessimismus geht mir auf die Nerven.
печа́льный	**traurig**
У э́той по́вести печа́льный коне́ц.	Diese Erzählung hat ein trauriges Ende.
пла́кать	**weinen**
Не плачь, прошу́ тебя́, он вернётся.	Weine bitte nicht, er kommt zurück.
слеза́ *f*	**Träne** *f*
Она́ ти́хо пла́кала, а он успока́ивал её и вытира́л слёзы.	Sie weinte leise, aber er beruhigte sie und wischte ihr die Tränen ab.
сожале́ть	**bedauern**
Он о́чень сожале́л, что не смог посмотре́ть э́тот фильм.	Er bedauerte sehr, daß er sich diesen Film nicht ansehen konnte.
страх *m*	**Angst** *f*
От стра́ха ребёнок спря́тался под одея́ло.	Vor Angst versteckte sich das Kind unter der Decke.

Negative Empfindungen

« 2001–4000 »

беспоко́ить	**beunruhigen, stören**
Ле́на о́чень за́нята, не звони́ ей, не беспоко́й её.	Lena ist sehr beschäftigt, ruf sie nicht an, störe sie nicht.
беспоко́иться	**sich beunruhigen, sich Sorgen machen**
Не беспоко́йся, твоя́ дочь обяза́тельно вы́здоровеет.	Beunruhige dich nicht, deine Tochter wird wieder gesund.
беспоко́йный	**unruhig**
У моего́ дру́га о́чень беспоко́йная жизнь, так как он ча́сто е́здит в командиро́вки.	Mein Freund hat ein sehr unruhiges Leben, da er oft auf Dienstreise ist.
вина́ *f*	**Schuld** *f*
На суде́бном проце́ссе доказа́ли его́ вину́.	In der Gerichtsverhandlung/Im Prozeß wurde seine Schuld bewiesen.
волне́ние *n*	**Aufregung** *f*
От волне́ния он не мог говори́ть.	Vor Aufregung konnte er nicht sprechen.
гру́стный	**traurig**
По вечера́м она́ лю́бит слу́шать гру́стные пе́сни о несча́стной любви́.	Abends hört sie gern traurige Lieder über eine unglückliche Liebe.
недово́льный	**unzufrieden**
Учи́тельница недово́льна поведе́нием ученика́.	Die Lehrerin ist mit dem Verhalten des Schülers unzufrieden.
не́нависть *f*	**Haß** *m*
К проти́внику он не испы́тывал не́нависти.	Seinem Widersacher gegenüber spürte er keinen Haß.
пессимисти́чный	**pessimistisch**
Почему́ у тебя́ тако́е пессимисти́чное настрое́ние?	Warum bist du solch pessimistischer Stimmung?
разочаро́вывать/разочарова́ть	**enttäuschen**
Я вас разочару́ю: э́той кни́ги у нас нет.	Ich muß Sie enttäuschen: Dieses Buch haben wir nicht.
растеря́ться	**verwirrt sein, den Kopf verlieren**
В незнако́мой обстано́вке он совсе́м растеря́лся.	In dieser unbekannten Situation war er vollkommen verwirrt.

Negative Empfindungen

сердито *Adv*
Не понимаю, почему он так сердито посмотрел на меня.

böse, zornig
Ich verstehe nicht, warum er mich so böse angesehen hat.

сердитый
Я очень сердита на мою подругу: обещала прийти и не пришла.

böse, zornig
Ich bin sehr böse auf meine Freundin: Sie hatte versprochen zu kommen, kam aber nicht.

сердиться/рассердиться
Я рассердилась на мою подругу за то, что она не пришла.

sich ärgern, böse sein
Ich ärgerte mich über meine Freundin, weil sie nicht kam.

скучать
Родители скучают по детям, которые уехали в Германию.

Без подруги она скучает.

sich sehnen; sich langweilen
Die Eltern sehnen sich nach den Kindern, die nach Deutschland gefahren sind.
Sie langweilt sich ohne ihre Freundin.

скучно *Adv*
Здесь ужасно скучно.

langweilig
Hier ist es schrecklich langweilig.

скучный
Эту скучную книгу я до конца не дочитала.

langweilig
Dieses langweilige Buch habe ich nicht bis zum Ende gelesen.

стесняться
Проходите, не стесняйтесь, чувствуйте себя как дома.

sich genieren
Treten Sie ein, genieren Sie sich nicht, fühlen Sie sich wie zu Hause.

стыдно *Adv*
Ей было стыдно, так как она опять забыла книгу.

peinlich, beschämend
Es war ihr peinlich, weil sie wieder ihr Buch vergessen hatte.

тревога *f*
Состояние больного вызывает тревогу.

Besorgnis *f*, **Unruhe** *f*
Der Zustand des Kranken ruft Besorgnis hervor.

тревожный
Мой папа любит песню «О тревожной молодости»

unruhig
Mein Vater mag das „Lied der unruhvollen Jugend".

1.1.1.7 GESUNDHEIT UND KRANKHEIT
(Siehe auch ARZT UND KRANKENHAUS 1.2.8)

« 1–2000 »

боле́знь f
Врач сказа́л, что у ребёнка тяжёлая боле́знь.

Krankheit f
Der Arzt sagte, daß das Kind eine schwere Krankheit hat.

боле́ть
Уже́ не́сколько дней у меня́ боли́т нога́.

weh tun, Schmerzen haben
Seit einigen Tagen tut mir mein Bein weh.

бо́льно Adv
У меня́ анги́на, мне бо́льно глота́ть.

weh tun
Ich habe Angina, es tut weh beim Schlucken.

грипп m
Пе́тя сего́дня не пришёл в шко́лу, так как у него́ грипп.

Grippe f
Petja kam heute nicht in die Schule, weil er Grippe hat.

здоро́вье n
У ребёнка сла́бое здоро́вье.

Gesundheit f
Das Kind hat eine instabile Gesundheit.

зре́ние n
Зре́ние на́до регуля́рно проверя́ть.

Sehkraft f
Die Sehkraft muß regelmäßig überprüft werden.

на́сморк m
Мне тру́дно дыша́ть, так как у меня́ си́льный на́сморк.

Schnupfen m
Ich bekomme schlecht Luft, weil ich starken Schnupfen habe.

переноси́ть/перенести́
Ма́льчик перенёс тяжёлую боле́знь.

überstehen
Der Junge hat eine schwere Krankheit überstanden.

пло́хо Adv
Я пло́хо ви́жу, мне, наве́рное, нужны́ очки́.

schlecht
Ich sehe schlecht, vielleicht brauche ich eine Brille.

рак m
Всё ча́ще де́ти заболева́ют ра́ком.

Krebs m
Kinder erkranken immer häufiger an Krebs.

си́ла f
Больно́й так слаб, что у него́ нет сил держа́ть ло́жку.

Kraft f
Der Kranke ist so schwach, daß er keine Kraft hat, den Löffel zu halten.

си́льно Adv
У меня́ си́льно боли́т спина́.

stark, sehr
Ich habe starke Rückenschmerzen.

Gesundheit und Krankheit

си́льный
У большо́го не прохо́дят си́льные головны́е бо́ли.

stark
Der Kranke wird seine starken Kopfschmerzen nicht los.

сла́бый
Пацие́нт по́сле опера́ции ещё о́чень слаб.

schwach
Der Patient ist nach der Operation noch sehr schwach.

созна́ние *n*
Больно́й потеря́л созна́ние.

Bewußtsein *n*
Der Kranke verlor das Bewußtsein.

температу́ра *f*
Ве́чером температу́ра те́ла обы́чно вы́ше, чем у́тром.

Temperatur *f*
Am Abend ist die Körpertemperatur gewöhnlich höher als am Morgen.

устава́ть/уста́ть
Це́лый день он рабо́тал и о́чень уста́л.

müde werden
Den ganzen Tag lang hat er gearbeitet und ist sehr müde.

«2001–4000»

боле́ть
Ребёнок ча́сто боле́ет.
Он боле́л анги́ной.

krank sein, leiden
Das Kind ist oft krank.
Er hatte Angina.

боль *f*
Боль в ноге́ до́лго не проходи́ла.

Schmerz *m*
Der Schmerz im Bein ließ lange nicht nach.

выздора́вливать/вы́здороветь
Ма́льчик две неде́ли лежа́л в больни́це и, наконе́ц, вы́здоровел.

genesen, gesund werden
Der Junge lag zwei Wochen im Krankenhaus und wurde endlich gesund.

глухо́й
Говори́те гро́мче, я глуха́ на ле́вое у́хо.

taub
Sprechen Sie lauter, ich bin auf dem linken Ohr taub.

здоро́вый
Мне ка́жется, ты ещё не совсе́м здоро́в.

gesund
Mir scheint, du bist noch nicht völlig gesund.

ка́шель *m*
Всю ночь меня́ му́чил си́льный ка́шель.

Husten *m*
Die ganze Nacht quälte mich ein starker Husten.

нева́жно *Adv*
Я нева́жно себя́ чу́вствую, ка́жется, у меня́ грипп.

nicht gut, schlecht
Ich fühle mich nicht gut, es scheint, ich habe Grippe.

Gesundheit und Krankheit 21

немо́й
Немы́х дете́й мо́жно научи́ть говори́ть.

stumm
Stummen Kindern kann man das Sprechen beibringen.

не́рвный
Ты о́чень не́рвный сего́дня. Что́-то случи́лось?

nervös
Du bist heute so nervös. Ist etwas passiert?

о́бморок *m*
Ну́жно сро́чно вы́звать врача́, Лена́ упа́ла в о́бморок.

Ohnmacht *f*
Man muß sofort einen Arzt rufen: Lena ist in Ohnmacht gefallen.

поправля́ться/попра́виться
Благодаря́ но́вому лека́рству больно́й бы́стро попра́вился.

genesen, gesund werden
Dank der neuen Arznei wurde der Kranke schnell gesund.

просту́да *f*
Из-за си́льной просту́ды я не смог пое́хать в о́тпуск.

Erkältung *f*
Wegen starker Erkältung konnte ich nicht in den Urlaub fahren.

простужа́ться/простуди́ться
Наде́нь тёплое пальто́, а то ты просту́дишься.

sich erkälten
Zieh den warmen Mantel an, sonst erkältest du dich.

ра́на *f*
На ноге́ у него́ была́ глубо́кая ра́на.

Wunde *f*
Er hatte eine tiefe Wunde am Bein.

ра́неный
На земле́ лежа́л ра́неный солда́т.
Ра́неного отвезли́ в больни́цу.

verwundet; Verwundete(r)
Auf der Erde lag ein verwundeter Soldat.
Den Verwundeten brachte man ins Krankenhaus.

слепо́й
В де́тстве я чита́ла расска́з Короле́нко «Слепо́й музыка́нт».
Кни́ги для слепы́х тру́дно доста́ть.

blind; Blinde(r)
In der Kindheit las ich die Erzählung von Korolenko „Der blinde Musiker".
Es ist schwierig, für Blinde Bücher zu besorgen.

термо́метр *m*
Принеси́ мне, пожа́луйста, термо́метр. Мне ка́жется, у меня́ температу́ра.

Thermometer *n*
Bring mir bitte das Thermometer. Ich glaube, ich habe Fieber.

уста́лый
Он каза́лся о́чень уста́лым.

müde
Er schien sehr müde zu sein.

1.1.1.8 LEBEN UND TOD

«1–2000»

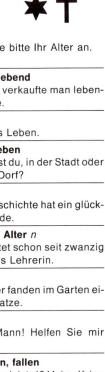

во́зраст *m*
Укажи́те, пожа́луйста, ваш во́зраст.

Alter *n*
Geben Sie bitte Ihr Alter an.

живо́й
В магази́не продава́ли живу́ю ры́бу.

lebendig, lebend
Im Laden verkaufte man lebende Fische.

жизнь *f*
Такова́ жизнь!

Leben *n*
So ist das Leben.

жить
Где ты живёшь, в го́роде или в дере́вне?

wohnen, leben
Wo wohnst du, in der Stadt oder auf dem Dorf?

коне́ц *m*
У э́той исто́рии счастли́вый коне́ц.

Ende *n*
Diese Geschichte hat ein glückliches Ende.

лета́ *nur Pl, GPl* **лет**
Она́ рабо́тает учи́тельницей уже́ два́дцать лет.

Jahre *(Pl)*, **Alter** *n*
Sie arbeitet schon seit zwanzig Jahren als Lehrerin.

мёртвый
Де́ти нашли́ в саду́ мёртвую ко́шку.

tot
Die Kinder fanden im Garten eine tote Katze.

молодо́й
Молодо́й челове́к! Помоги́те мне, пожа́луйста.

jung
Junger Mann! Helfen Sie mir bitte.

погиба́ть/поги́бнуть
Мой дя́дя поги́б на войне́ в 1944 году́.

umkommen, fallen
Mein Onkel ist 1944 im Krieg gefallen.

рожда́ться/роди́ться
Где и когда́ ты роди́лся?

geboren werden
Wo und wann bist du geboren?

смерть *f*
Из письма́ мы узна́ли о сме́рти де́душки.

Tod *m*
Aus dem Brief erfuhren wir vom Tod des Großvaters.

стари́к *m*
Высо́кий стро́йный стари́к ка́ждый день гуля́ет с соба́кой в па́рке.

Alte(r) *m*
Ein großer schlanker Alter geht jeden Tag mit seinem Hund im Park spazieren.

Leben und Tod 23

стару́ха *f* Жи́ли-бы́ли стари́к со стару́хой ...	**Alte** *f* Es lebten einmal ein Alter und eine Alte ...
ста́рый Его́ ста́рые роди́тели живу́т в дере́вне.	**alt** Seine alten Eltern leben auf dem Lande.
умира́ть/умере́ть От чего́ у́мер твой де́душка?	**sterben** Woran ist dein Opa gestorben?
хорони́ть/похорони́ть Я не зна́ю, где похоро́нены де́душка и ба́бушка.	**beisetzen, begraben** Ich weiß nicht, wo Großvater und Großmutter begraben sind.
ю́ность *f* В ю́ности он писа́л стихи́.	**Jugend** *f* In seiner Jugend schrieb er Gedichte.

«2001–4000»

бессме́ртный В рома́не идёт речь о том, как учёные сде́лали люде́й бессме́ртными.	**unsterblich** Der Roman handelt davon, wie die Wissenschaftler Menschen unsterblich machten.
вено́к *m* В день сме́рти на моги́лу положи́ли большо́й вено́к.	**Kranz** *m* Am Todestag legte man einen großen Kranz auf das Grab.
ве́чный На моги́ле неизве́стного солда́та гори́т ве́чный ого́нь.	**ewig** Am Grab des unbekannten Soldaten brennt die ewige Flamme.
взро́слый Взро́слые пра́здновали обы́чно одни́, без дете́й. Роди́тели не должны́ вме́шиваться в жизнь взро́слых дете́й.	**Erwachsene(r)** *m;* **erwachsen** Die Erwachsenen feierten gewöhnlich allein, ohne Kinder. Die Eltern sollen sich nicht in das Leben ihrer erwachsenen Kinder einmischen.
кла́дбище *n* Когда́ мы бы́ли на кла́дбище, шёл си́льный дождь.	**Friedhof** *m* Als wir auf dem Friedhof waren, regnete es stark.
моги́ла *f* У моги́лы стоя́ли друзья́ и ро́дственники.	**Grab** *n* Am Grab standen Freunde und Verwandte.

Sinneswahrnehmungen und Körperfunktionen

пожило́й
В трамва́й вошёл пожило́й мужчи́на.

betagt, ältere(r)
In die Straßenbahn stieg ein älterer Mann ein.

поко́йник *m*
С поко́йником пришли́ прости́ться друзья́ и знако́мые.

Verstorbene(r) *m*
Von dem Verstorbenen haben Freunde und Bekannte Abschied genommen.

по́хороны *nur Pl*
Во вре́мя по́хорон все пла́кали.

Begräbnis *n*
Während des Begräbnisses weinten alle.

прожи́ть
Они́ про́жили вме́сте со́рок лет.

leben *(eine bestimmte Zeit)*
Sie lebten vierzig Jahre zusammen.

рожде́ние *n*
В семье́ пра́здновали рожде́ние пе́рвого ребёнка.

Geburt *f*
In der Familie wurde die Geburt des ersten Kindes gefeiert.

ста́рость *f*
В ста́рости он пло́хо ви́дел.

hohes Alter *n*, **Alter** *n*
Im hohen Alter sah er schlecht.

убива́ть/уби́ть
Сын э́той же́нщины был уби́т в после́дний день войны́.

töten, erschlagen
Der Sohn dieser Frau wurde am letzten Kriegstag getötet.

ю́ный
В ю́ном во́зрасте ле́гче запомина́ются иностра́нные слова́.

jung, jugendlich
Im jugendlichen Alter merkt man sich leichter fremdsprachige Vokabeln.

1.1.2 AKTIVITÄTEN

1.1.2.1 SINNESWAHRNEHMUNGEN UND KÖRPERFUNKTIONEN

«1–2000»

ви́деть/уви́деть
По телеви́зору я ви́дел интере́сную переда́чу о зверя́х.

sehen, bemerken
Im Fernsehen sah ich eine interessante Tiersendung.

за́пах *m*
У э́тих цвето́в не́жный прия́тный за́пах.

Geruch *m*, **Duft** *m*
Diese Blumen haben einen feinen, angenehmen Duft.

засыпа́ть/засну́ть
Вчера́ я до́лго не могла́ засну́ть.

einschlafen
Gestern konnte ich lange nicht einschlafen.

Sinneswahrnehmungen und Körperfunktionen

отражать/отразить
В романе отражена жизнь русских крестьян.

widerspiegeln
Der Roman spiegelt das Leben der russischen Bauern wider.

взгляд *m*
Это была любовь с первого взгляда.

Blick *m*
Es war Liebe auf den ersten Blick.

просыпаться/проснуться
Сегодня я проснулся очень рано.

aufwachen
Heute wachte ich sehr früh auf.

сон *m*
У пожилых людей часто чуткий сон.
Мне приснился страшный сон.

Schlaf *m*; **Traum** *m*
Ältere Menschen haben oft einen leichten Schlaf.
Ich hatte einen schrecklichen Traum.

спать
В этой комнате спят дети.

schlafen
In diesem Zimmer schlafen Kinder.

чувствовать/почувствовать себя
На третий день больной почувствовал себя лучше.

sich fühlen
Am dritten Tag fühlte sich der Kranke besser.

слышать/услышать
Старик плохо слышит, потому что он почти глухой.

hören
Der Alte hört schlecht, da er fast taub ist.

шум *m*
Вдруг в соседней комнате раздался сильный шум.

Lärm *m*
Plötzlich erhob sich im Nebenzimmer ein großer Lärm.

шуметь
Во дворе шумели дети.

lärmen
Im Hof lärmten Kinder.

«2001–4000»

вкус *m*
У соуса приятный, сладковатый вкус.
Моя подруга одевается со вкусом.

Geschmack *m*
Die Soße hat einen angenehmen, süßlichen Geschmack.
Meine Freundin kleidet sich mit Geschmack.

дышать
Врач говорит пациенту: «Дышите глубже».

atmen
Der Arzt sagte zum Patienten: „Atmen Sie tiefer."

замерза́ть/замёрзнуть
На у́лице бы́ло хо́лодно, поэ́тому у меня́ замёрзли ру́ки.

frieren
Draußen war es kalt, deshalb fror ich an den Händen.

отраже́ние *n*
На стене́ висе́ло зе́ркало, в кото́ром он уви́дел своё отраже́ние.

Widerspiegelung *f*, **Spiegelbild** *n*
An der Wand hing ein Spiegel, in dem er sein Spiegelbild sah.

слух *m*
Что́бы стать музыка́нтом, на́до име́ть хоро́ший слух.

Gehör *n*
Um Musiker zu werden, braucht man ein gutes Gehör.

шу́мный
Движе́ние на у́лице бы́ло шу́мным.

laut, lärmend
Der Verkehr auf der Straße war laut.

1.1.2.2 KÖRPERPFLEGE UND SAUBERKEIT

«1–2000»

блесте́ть
Её глаза́ блесте́ли от ра́дости.

glänzen, strahlen
Ihre Augen glänzten vor Freude.

бри́тва *f*
Де́душка бре́ется ста́рой бри́твой.

Rasiermesser *n*
Der Großvater rasiert sich mit einem alten Rasiermesser.

бри́ться/побри́ться
Он бре́ется приблизи́тельно де́сять мину́т.

sich rasieren
Er rasiert sich ungefähr zehn Minuten.

ва́нна *f*
К сожале́нию, у меня́ нет ва́нны, есть то́лько душ.

(Bade-)Wanne *f*
Leider habe ich keine Wanne, nur eine Dusche.

вла́жный
С мо́ря дул вла́жный холо́дный ве́тер.

feucht
Vom Meer her blies ein kalter, feuchter Wind.

вытира́ть/вы́тереть
По́сле обе́да на́до бы́ло помы́ть и вы́тереть посу́ду.

abtrocknen
Nach dem Essen mußte man abwaschen und das Geschirr abtrocknen.

гря́зный
Помо́й ру́ки, они́ у тебя́ гря́зные.

schmutzig, dreckig
Wasch dir deine Hände, sie sind schmutzig.

Körperpflege und Sauberkeit 27

грязь f
В коридо́ре мно́го гря́зи, так как на у́лице идёт дождь.

Schmutz m, **Dreck** m
Im Flur ist viel Dreck, weil es draußen regnet.

душ m
Ты стои́шь под ду́шем уже́ це́лый час.

Dusche f
Du stehst schon eine Stunde unter der Dusche.

мыть/вы́мыть
Мо́йте ру́ки пе́ред едо́й!

waschen
Wascht die Hände vor dem Essen!

пыль f
Она́ вытира́ет пыль в ко́мнате ка́ждый второ́й день.

Staub m
Sie wischt jeden zweiten Tag Staub im Zimmer.

пятно́ n
На бе́лой ска́терти бы́ло большо́е жёлтое пятно́.

Fleck m
Auf der weißen Tischdecke war ein großer gelber Fleck.

убира́ть/убра́ть
Де́вочка не лю́бит убира́ть свою́ ко́мнату.

aufräumen
Das Mädchen räumt sein Zimmer nicht gern auf.

чи́сто Adv
В ко́мнате бы́ло чи́сто.

sauber
Im Zimmer war es sauber.

чи́стый
Принеси́ мне, пожа́луйста, чи́стый стака́н.

sauber
Bring mir bitte ein sauberes Glas.

«2001–4000»

зубно́й
Не забу́дь взять с собо́й зубну́ю щётку.

Zahn-
Vergiß nicht, die Zahnbürste mitzunehmen.

купа́ться/искупа́ться
Ле́том де́ти купа́ются в реке́.

baden
Im Sommer baden die Kinder im Fluß.

му́сор m
Ли́да, вы́неси, пожа́луйста, му́сор.

Müll m
Lida, bring bitte den Müll 'runter.

мы́ло n
Вы́мой ру́ки с мы́лом.

Seife f
Wasch die Hände mit Seife.

парикма́херская f
Моя́ подру́га рабо́тает в парикма́херской.

Frisiersalon m
Meine Freundin arbeitet in einem Frisiersalon.

Körperpflege und Sauberkeit

подметáть/подмести́	**fegen**
Подмети́, пожа́луйста, пол в коридо́ре.	Fege bitte den Fußboden im Korridor.
полоте́нце *n*	**Handtuch** *n*
Дай мне другóе полотéнце. Это ужé мóкрое.	Gib mir ein anderes Handtuch. Dieses hier ist schon naß.
пра́чечная *f*	**Wäscherei** *f*
За́втра тебе́ на́до забра́ть бельё из пра́чечной.	Morgen mußt du die Wäsche aus der Wäscherei abholen.
причёсываться/причеса́ться	**sich die Haare kämmen**
Дéвушка причёсывается пéред зéркалом.	Das Mädchen kämmt sich sein Haar vor dem Spiegel.
пылесо́с *m*	**Staubsauger** *m*
Мне на́до купи́ть но́вый пылесо́с.	Ich muß einen neuen Staubsauger kaufen.
пы́льный	**staubig, verstaubt**
На полу́ лежа́л ста́рый пы́льный ковёр.	Auf dem Fußboden lag ein alter, staubiger Teppich.
стира́ть/вы́стирать	**waschen** *(etw)*
Бельё я не стира́ю, а отношу́ в пра́чечную.	Die Wäsche wasche ich nicht, ich schaffe sie in die Wäscherei.
суши́ть/вы́сушить	**trocknen**
По́сле дождя́ появи́лось со́лнце и вы́сушило зе́млю.	Nach dem Regen kam die Sonne (heraus) und trocknete die Erde.
убо́рка *f*	**Saubermachen** *n*, **Aufräumen** *n*
На убо́рку кварти́ры у же́нщины ухо́дит мно́го вре́мени.	Für das Aufräumen der Wohnung benötigt die Frau viel Zeit.
умыва́ться/умы́ться	**sich waschen**
По утра́м и вечера́м она́ умыва́ется холо́дной водо́й.	Sie wäscht sich früh und abends mit kaltem Wasser.
химчи́стка *f*	**chemische Reinigung** *f*
Это пла́тье нельзя́ стира́ть, его́ на́до отда́ть в химчи́стку.	Dieses Kleid darf man nicht waschen, es muß in die chemische Reinigung gegeben werden.
чи́стить/почи́стить	**putzen, reinigen, bürsten**
Твой костю́м гря́зный, его́ на́до почи́стить.	Dein Anzug ist schmutzig, er muß gereinigt werden.

чистота́ f	**Sauberkeit** f
В её ко́мнате всегда́ цари́т чистота́ и поря́док.	In ihrem Zimmer herrscht immer Ordnung und Sauberkeit.
щётка f	**Bürste** f
Для э́того тебе́ нужна́ мя́гкая щётка.	Dafür brauchst du eine weiche Bürste.

1.1.2.3 TÄTIGKEITEN (ALLGEMEIN)

«1–2000»

бра́ться/взя́ться — sich an die Arbeit machen
Но́вый дире́ктор энерги́чно взя́лся за рабо́ту.
Der neue Direktor machte sich energisch an die Arbeit.

де́йствовать — handeln
Для того́, что́бы реши́ть э́ту пробле́му, на́до де́йствовать, а не дискути́ровать.
Um dieses Problem zu lösen, muß man handeln und nicht diskutieren.

де́лать/сде́лать — machen, tun
Что ты де́лал весь ве́чер?
Was hast du den ganzen Abend getan?

де́ятельность f — Tätigkeit f, Wirken n
В кни́ге шла речь о жи́зни и де́ятельности изве́стного учёного.
Im Buch ging es um Leben und Wirken eines bekannten Wissenschaftlers.

добива́ться/доби́ться — erreichen
Он всегда́ добива́ется це́ли.
Er erreicht immer sein Ziel.

занима́ться/заня́ться — sich beschäftigen (mit)
Э́той пробле́мой он занима́л всю жизнь.
Mit diesem Problem beschäftigte er sich sein ganzes Leben.

легко́ Adv — leicht
Ле́гче сказа́ть, чем сде́лать.
Das ist leichter gesagt als getan.

мочь/смочь — können
К сожале́нию, я не смог доста́ть биле́ты на конце́рт.
Leider konnte ich keine Karten für das Konzert besorgen.

обы́чно Adv — gewöhnlich
Обы́чно я встаю́ в 7 часо́в утра́.
Gewöhnlich stehe ich früh um 7 Uhr auf.

Tätigkeiten (allgemein)

организо́вывать/организова́ть
Учи́тель организова́л интере́сную экску́рсию на заво́д.

organisieren
Der Lehrer organisierte eine interessante Exkursion ins Werk.

подгота́вливать/подгото́вить
К среде́ мне ну́жно подгото́вить докла́д о ру́сской литерату́ре.

vorbereiten
Für Mittwoch muß ich einen Vortrag über die russische Literatur vorbereiten.

появля́ться/появи́ться
В э́том ме́сяце появи́лся но́вый рома́н изве́стного писа́теля.

erscheinen
In diesem Monat erschien der neue Roman eines bekannten Schriftstellers.

пра́ктика *f*
Студе́нты четвёртого ку́рса прохо́дят пра́ктику в шко́ле.

Praktikum *n*
Die Studenten des 4. Studienjahres führen ein Schulpraktikum durch.

практи́ческий
Для учёбы на э́том факульте́те ну́жен о́пыт практи́ческой рабо́ты.

praktisch
Für das Studium an dieser Fakultät braucht man praktische Erfahrungen.

привыка́ть/привы́кнуть
Он до́лго не мог привы́кнуть к ю́жному кли́мату.

sich gewöhnen *(an)*
Er konnte sich lange nicht an das südliche Klima gewöhnen.

провести́/проводи́ть
На́ша семья́ прово́дит зи́мний о́тпуск в гора́х.
Но́вый учи́тель провёл пе́рвый уро́к о́чень интере́сно.

verbringen; durchführen
Unsere Familie verbringt den Winterurlaub in den Bergen.
Der neue Lehrer führte die erste Stunde sehr interessant durch.

пыта́ться/попыта́ться
Я попыта́юсь доста́ть э́ту кни́гу у знако́мого.

versuchen
Ich versuche, dieses Buch bei einem Bekannten zu besorgen.

реша́ть/реши́ть
Шко́льники бы́стро реши́ли зада́чу по фи́зике.
Мы реши́ли купи́ть маши́ну.

lösen; beschließen
Die Schüler lösten die Physikaufgabe schnell.
Wir beschlossen, ein Auto zu kaufen.

стара́ться/постара́ться
Я постара́юсь узна́ть их но́вый а́дрес.

sich bemühen, Mühe geben
Ich bemühe mich, ihre neue Adresse zu erfahren.

Tätigkeiten (allgemein) 31

суме́ть
Я ду́маю, что суме́ю перевести́ э́тот текст.

können, vermögen
Ich denke, ich kann diesen Text übersetzen.

тру́дно *Adv*
Мне тру́дно отве́тить на э́тот вопро́с.

schwierig
Es fällt mir schwer, auf diese Frage zu antworten.

уме́ть
Ма́льчик хорошо́ уме́ет пла́вать.

können, vermögen
Der Junge kann gut schwimmen.

«2001–4000»

акти́вный
Он акти́вный член на́шего клу́ба.

aktiv
Er ist ein aktives Mitglied unseres Klubs.

заня́тие *n*
Чте́ние – его́ люби́мое заня́тие.

Beschäftigung *f*
Lesen ist seine Lieblingsbeschäftigung.

осуществля́ть/осуществи́ть
Он смог осуществи́ть мечту́ де́тства.

verwirklichen
Er konnte seinen Kindheitstraum verwirklichen.

подгото́вка *f*
Студе́нты говори́ли о подгото́вке к конфере́нции.

В э́том институ́те начала́сь подгото́вка инжене́ров.

Vorbereitung *f*; Ausbildung *f*
Die Studenten sprachen über die Vorbereitung auf die Konferenz.

An diesem Institut begann die Ausbildung von Ingenieuren.

посту́пок *m*
Все благодари́ли мужчи́ну за благоро́дный посту́пок.

Tat *f*, Handlung *f*
Alle dankten dem Mann für seine edle Tat.

прекраща́ть/прекрати́ть
«Прекрати́те разгова́ривать!» – стро́го сказа́л учи́тель ученика́м.

aufhören
„Hört auf zu sprechen!" – sagte der Lehrer streng zu den Schülern.

преодолева́ть/преодоле́ть
Спорт помога́ет челове́ку преодолева́ть тру́дности.

überwinden
Der Sport hilft dem Menschen, Schwierigkeiten zu überwinden.

привы́чка *f*
Кури́ть в крова́ти – э́то вре́дная и плоха́я привы́чка.

(An)gewohnheit *f*
Es ist eine schlechte Angewohnheit, im Bett zu rauchen.

Sichbewegen und Verweilen

реша́ться/реши́ться	**sich entschließen**
Наконе́ц он реши́лся е́хать в Сиби́рь.	Endlich entschloß er sich, nach Sibirien zu fahren.
соверша́ть/соверши́ть	**verrichten, vollbringen, begehen**
Мне ка́жется, ты соверши́л серьёзную оши́бку.	Mir scheint, du hast einen schwerwiegenden Fehler begangen.
стуча́ть/постуча́ть	**klopfen, pochen**
Кто́-то стучи́т в дверь, откро́й, пожа́луйста.	Jemand klopft an der Tür, mach bitte auf.
управля́ть/упра́вить	**leiten, regieren**
О́чень тру́дно управля́ть тако́й огро́мной страно́й.	Es ist schwierig, dieses Riesenland zu regieren.
уси́лие *n*	**Bemühung** *f*, **Anstrengung** *f*
Благодаря́ уси́лиям всего́ коллекти́ва мы зако́нчили рабо́ту в срок.	Dank der Bemühungen des ganzen Kollektivs beendeten wir die Arbeit termingemäß.

1.1.2.4 SICHBEWEGEN UND VERWEILEN

«1–2000»

бежа́ть	**laufen, rennen**
Куда́ ты бежи́шь?	Wohin läufst du?
быва́ть	**sein, weilen**
Мы ча́сто быва́ем в Берли́не.	Wir sind oft in Berlin.
быть	**sein**
Ты не зна́ешь, где па́па? – Он в коридо́ре.	Weißt du nicht, wo der Papa ist? Er ist im Korridor.
Он уже́ мно́го раз был в Москве́.	Er war schon viele Male in Moskau.
верну́ться	**zurückkehren**
Мой сын верну́лся домо́й по́здно ве́чером.	Mein Sohn kehrte spät am Abend zurück.
возвраща́ться/возврати́ться	**zurückkehren**
Он возврати́лся в родно́й го́род че́рез 20 лет.	Er kehrte nach 20 Jahren in seine Heimatstadt zurück.
встава́ть/встать	**aufstehen**
Когда́ ты обы́чно встаёшь?	Wann stehst du gewöhnlich auf?

Sichbewegen und Verweilen 33

входи́ть/войти́
В ко́мнату вошёл незнако́мый челове́к.

(hinein-), hereingehen
Ein unbekannter Mann ging ins Zimmer hinein.

выходи́ть/вы́йти
Из до́ма вы́шла ма́ленькая де́вочка с мячо́м.

(hinaus-), herausgehen
Ein kleines Mädchen mit einem Ball ging aus dem Haus hinaus.

дви́гаться/дви́нуться
Не дви́гайтесь, пожа́луйста, я хочу́ вас сфотографи́ровать.

sich bewegen
Bewegt euch nicht, ich möchte ein Foto von euch machen.

доходи́ть/дойти́
Мы дошли́ до ста́нции за 15 мину́т.

erreichen, gelangen
Nach 15 Minuten erreichten wir die Station.

ждать
Мы до́лго жда́ли трамва́я.

warten, erwarten
Wir warteten lange auf die Straßenbahn.

идти́
Ма́льчик идёт в шко́лу.
Мы шли че́рез лес.
Куда́ идёт э́тот авто́бус?

gehen; fahren
Der Junge geht zur Schule.
Wir gingen durch den Wald.
Wohin fährt dieser Autobus?

исчеза́ть/исче́знуть
Ма́льчик вдруг исче́з в толпе́.

verschwinden
Der Junge verschwand plötzlich in der Menschenmenge.

лежа́ть
На столе́ лежа́т кни́ги и журна́лы.

liegen
Auf dem Tisch liegen Bücher und Zeitschriften.

ложи́ться/лечь
Ты вы́глядишь уста́лым, ляг, отдохни́ немно́го.

sich hinlegen
Du siehst müde aus, leg dich hin, ruh dich ein bißchen aus.

находи́ться
Мы находи́лись в тру́дном положе́нии.

sich befinden
Wir befanden uns (waren) in einer schwierigen Lage.

остава́ться/оста́ться
Мо́жете ли Вы оста́ться ещё пять мину́т?

bleiben
Könnten Sie noch 5 Minuten hier bleiben?

оставля́ть/оста́вить
Све́жую газе́ту я оста́вила на столе́.

liegenlassen
Ich ließ die neue Zeitung auf dem Tisch liegen.

па́дать/упа́сть
Ма́льчик упа́л и не мо́жет встать.

(hin)fallen
Der Junge ist hingefallen und kann nicht aufstehen.

Sichbewegen und Verweilen

переходи́ть/перейти́
Ма́льчик помо́г пожило́й же́нщине перейти́ че́рез у́лицу.

(hin)übergehen, überqueren
Der Junge half einer älteren Frau, die Straße zu überqueren.

поднима́ться/подня́ться
Тури́сты подняли́сь на верши́ну горы́.

steigen
Die Touristen stiegen auf die Bergspitze.

подожда́ть
«Подожди́ немно́го, отдохнёшь и ты.»

warten, erwarten
„Warte nur, balde ruhest du auch." (Goethe)

подходи́ть/подойти́
Мы подошли́ к дворцу́ с друго́й стороны́.

herankommen, -treten, -gehen, sich nähern
Wir näherten uns dem Schloß von der anderen Seite.

пое́хать
Мой друг предложи́л пое́хать в Гре́цию.

(hin)fahren, losfahren
Mein Freund schlug vor, nach Griechenland zu fahren.

пойти́
Ма́мы до́ма нет, она́ пошла́ в магази́н.

(hin)gehen
Die Mutter ist nicht zu Hause, sie ist einkaufen gegangen.

попада́ть/попа́сть
Мой друг попа́л в тру́дное положе́ние.

geraten
Mein Freund ist in eine schwierige Lage geraten.

приезжа́ть/прие́хать
По́езд прие́хал в Санкт-Петербу́рг ра́но у́тром.

(an)kommen
Der Zug kam am frühen Morgen in Sankt-Petersburg an.

сади́ться/сесть
Сади́тесь, пожа́луйста!
Он сел на стул.

sich setzen
Setzen Sie sich bitte!
Er setzte sich auf den Stuhl.

сиде́ть
Го́сти сиде́ли за пра́здничным столо́м.

sitzen
Die Gäste saßen an der Festtafel.

сле́довать/после́довать
Сле́дуйте за мной!

folgen
Folgen Sie mir!

стоя́ть
У окна́ стоя́ла же́нщина.

stehen
Am Fenster stand eine Frau.

убега́ть/убежа́ть
Из тюрьмы́ убежа́л опа́сный престу́пник.

weglaufen, flüchten
Ein gefährlicher Verbrecher flüchtete aus dem Gefängnis.

уезжа́ть/уе́хать
Моя́ подру́га уе́хала во Фра́нцию.

(weg)fahren
Meine Freundin ist nach Frankreich gefahren.

уходи́ть/уйти́
Уже́ по́здно, мне пора́ уходи́ть.

(weg)gehen
Es ist schon spät, ich muß gehen.

ходи́ть
Два ра́за в ме́сяц мы хо́дим в теа́тр.

gehen, laufen
Zweimal im Monat gehen wir ins Theater.

шаг *m*
Ребёнок де́лает пе́рвые шаги́.

Schritt *m*
Das Kind macht erste Schritte.

« 2001–4000 »

броди́ть
Це́лый день мы броди́ли по́ лесу.

(umher)wandern
Den ganzen Tag wanderten wir durch den Wald.

вска́кивать/вскочи́ть
От волне́ния он вска́кивал и ходи́л по ко́мнате.

aufspringen
Vor Aufregung sprang er auf und ging im Zimmer auf und ab.

выбега́ть/вы́бежать
На футбо́льное по́ле вы́бежали спортсме́ны.

(hinaus)laufen
Die Sportler liefen auf das Fußballfeld.

выпада́ть/вы́пасть
Из кни́ги вы́пало письмо́, кото́рое я до́лго иска́ла.

(hin)ausfallen
Aus dem Buch fiel ein Brief, den ich lange gesucht hatte.

доезжа́ть/дое́хать
Как дое́хать до вокза́ла?

erreichen, ankommen *(fahrend)*
Wie kann ich den Bahnhof erreichen?

дрожа́ть
Что с тобо́й? Ты вся дрожи́шь.

zittern
Was ist mit dir los? Du zitterst ja am ganzen Körper.

мча́ться
Маши́на мча́лась со ско́ростью 200 киломе́тров в час.

rasen
Das Auto raste mit einer Geschwindigkeit von 200 km/h.

направля́ться/напра́виться
Тури́сты напра́вились к музе́ю.

sich begeben
Die Touristen begaben sich zum Museum.

обходи́ть/обойти́
Мы два ра́за обошли́ вокру́г па́мятника.

um *etw.* **herumgehen**
Wir sind zweimal um das Denkmal herumgegangen.

Bewegen von Dingen und Lebewesen

отправля́ться/отпра́виться
Ра́но у́тром мы отпра́вились в путь.

aufbrechen
Am frühen Morgen brachen wir auf.

отходи́ть/отойти́
Соба́ка мо́жет тебя́ укуси́ть, отойди́ лу́чше от неё.

weggehen
Der Hund kann dich beißen, geh lieber weg von ihm.

переезжа́ть/перее́хать
На́ша семья́ перее́хала на но́вую кварти́ру.

umziehen
Unsere Familie ist in eine neue Wohnung umgezogen.

пешко́м *Adv*
Ты е́здишь на рабо́ту и́ли хо́дишь пешко́м?

zu Fuß
Fährst du zur Arbeit oder gehst du zu Fuß?

прибега́ть/прибежа́ть
Де́ти прибежа́ли поигра́ть с соба́кой.

herbeilaufen
Die Kinder liefen herbei, um mit dem Hund zu spielen.

приближа́ться/прибли́зиться
Он ме́дленно прибли́зился к соба́ке.

sich nähern
Er näherte sich langsam dem Hund.

спеши́ть
Мне на́до спеши́ть, по́езд ухо́дит че́рез 15 мину́т.

eilen, sich beeilen
Ich muß mich beeilen, der Zug fährt in 15 Minuten ab.

спуска́ться/спусти́ться
Она́ спусти́лась по ле́стнице в подва́л.

hinuntersteigen
Sie stieg die Treppe hinunter in den Keller.

шага́ть
«Куда́ ты шага́ешь?» – спроси́ла она́ его́ ирони́чески.

schreiten
„Wohin schreitest du?" – fragte sie ihn ironisch.

1.1.2.5 BEWEGEN VON DINGEN UND LEBEWESEN

«1–2000»

броса́ть/бро́сить
Спортсме́н бро́сил мяч в корзи́ну.

werfen
Der Sportler warf den Ball in den Korb.

ве́шать/пове́сить
Пове́сь пальто́ в шкаф.

(hin)hängen
Häng den Mantel in den Schrank.

Bewegen von Dingen und Lebewesen 37

вынимать/вынуть
Я вынула газеты из почтового ящика.

herausnehmen, entnehmen
Ich nahm die Zeitungen aus dem Briefkasten heraus.

выносить/вынести
Вчера я вынесла цветы на балкон.

hinaustragen
Gestern trug ich die Blumen auf den Balkon hinaus.

заходить/зайти
В комнату зашёл мой коллега.
Если будет время, заходи!

hin(ein)gehen; vorbeikommen
Mein Kollege ging ins Zimmer hinein.
Wenn du Zeit hast, komm doch mal vorbei!

изменять/изменить
Отец неожиданно изменил своё мнение.

(ver)ändern
Der Vater änderte plötzlich seine Meinung.

класть/положить
Каждый день он кладёт газеты на пол.
Положи книгу на место!

legen
Jeden Tag legt er die Zeitungen auf den Fußboden.
Leg das Buch an seinen Platz!

нести
Женщина несёт в сумке продукты.

tragen
Die Frau trägt in der Tasche Lebensmittel.

поднимать/поднять
Он поднял с пола газету.

aufheben
Er hob die Zeitung vom Fußboden auf.

приносить/принести
Молодой человек принёс девушке цветы.

bringen
Der junge Mann brachte dem Mädchen Blumen.

ставить/поставить
Учебники и словари он поставил на полку.

stellen
Er stellte die Lehrbücher und Wörterbücher ins Regal.

таскать
Он постоянно таскает с собой старый портфель.

(herum)schleppen
Er schleppt immer eine alte Aktentasche mit sich herum.

тащить
Куда ты тащишь мой стул?

schleppen
Wohin schleppst du meinen Stuhl?

толкать/толкнуть
В автобусе меня толкали со всех сторон.

stoßen, anstoßen
Im Bus hat man mich von allen Seiten gestoßen.

тянуть
Мужчины тянут лодку на берег.

ziehen
Die Männer ziehen das Boot ans Ufer.

«2001–4000»

выбра́сывать/вы́бросить
Не выбра́сывай э́ту газе́ту!

hinauswerfen, wegwerfen
Wirf diese Zeitung nicht weg!

дви́гать/дви́нуть
Больно́й не мо́жет дви́гать руко́й.

bewegen
Der Kranke kann die Hand nicht bewegen.

забира́ть/забра́ть
Де́душка забира́ет дете́й из де́тского са́да.

abholen
Der Opa holt die Kinder aus dem Kindergarten ab.

коло́ть/расколо́ть
Оте́ц ко́лет во дворе́ дрова́.

spalten, *(Holz)* **hacken**
Der Vater hackt Holz auf dem Hof.

отвози́ть/отвезти́
Мы отвезли́ ме́бель на но́вую кварти́ру.

(weg)bringen, wegfahren
Wir brachten die Möbel in die neue Wohnung.

отрыва́ть/оторва́ть
По утра́м он отрыва́ет листо́к календаря́.

abreißen
Morgens reißt er ein Kalenderblatt ab.

1.1.2.6 GEBEN UND NEHMEN

«1–2000»

брать/взять
Учени́к берёт уче́бник со стола́.
Возьми́ с собо́й в шко́лу за́втрак.

nehmen
Der Schüler nimmt das Lehrbuch vom Tisch.
Nimm dein Frühstück mit in die Schule.

дава́ть/дать
Да́йте мне, пожа́луйста, ваш но́мер телефо́на.

geben
Geben Sie mir bitte Ihre Telefonnummer.

занима́ть/заня́ть

Пассажи́ров про́сят занима́ть места́.
Мне на́до бы́ло заня́ть 1000 рубле́й.

einnehmen; sich leihen, sich borgen
Die Passagiere werden gebeten, ihre Plätze einzunehmen.
Ich mußte mir 1000 Rubel leihen.

отдава́ть/отда́ть
Я до́лжен отда́ть кни́гу дру́гу.

zurückgeben, abgeben
Ich muß dem Freund das Buch zurückgeben.

Geben und Nehmen

передава́ть/переда́ть	**(weiter)geben, reichen**
Переда́йте, пожа́луйста, запи́ску да́льше.	Geben Sie bitte den Zettel weiter.
подава́ть/пода́ть	**reichen**
К обе́ду обы́чно подава́ли кра́сное вино́.	Zum Mittagessen wurde gewöhnlich Rotwein gereicht.
получа́ть/получи́ть	**bekommen, erhalten**
Он ча́сто получа́ет пи́сьма от друзе́й.	Er bekommt oft Briefe von Freunden.
предлага́ть/предложи́ть	**anbieten; vorschlagen**
Хозя́йка предложи́ла го́стю ча́шку ча́я.	Die Gastgeberin bot dem Gast eine Tasse Tee an.
Я предлага́ю пойти́ в кино́.	Ich schlage vor, ins Kino zu gehen.

«2001–4000»

верну́ть	**zurückgeben**
Э́ту газе́ту ты мне до́лжен верну́ть.	Diese Zeitung mußt du mir zurückgeben.
возврати́ть/возвраща́ть	**zurückgeben**
Зри́тели мо́гут возврати́ть биле́ты в ка́ссу.	Die Zuschauer können die Eintrittskarten an der Kasse zurückgeben.
вруча́ть/вручи́ть	**aushändigen**
Почтальо́н вручи́л сосе́ду телегра́мму.	Der Briefträger händigte dem Nachbarn das Telegramm aus.
выдава́ть/вы́дать	**ausgeben; auszahlen**
Кни́ги выдаю́т с 10 до 17 часо́в.	Die Bücher werden von 10 bis 17 Uhr ausgegeben.
Зарпла́ту за май уже́ вы́дали.	Der Lohn für Mai wurde schon ausgezahlt.
дари́ть/подари́ть	**schenken**
Мне подари́ли интере́сную кни́гу.	Man hat mir ein interessantes Buch geschenkt.
заменя́ть/замени́ть	**ersetzen, auswechseln**
Ла́мпочка не гори́т, её на́до замени́ть.	Die Glühbirne brennt nicht, sie muß ausgewechselt werden.
ода́лживать/одолжи́ть	**leihen, borgen**
Одолжи́ мне, пожа́луйста, 100 рубле́й до за́втра.	Leih mir bitte bis morgen 100 Rubel.

40 Umgang mit Dingen

пода́рок *m*
Де́вочка получи́ла мно́го пода́рков на день рожде́ния.

Geschenk *n*
Das Mädchen bekam zum Geburtstag viele Geschenke.

раздава́ть/разда́ть
На пра́зднике де́тям раздава́ли пода́рки.

verteilen
Bei der Feier wurden an die Kinder Geschenke verteilt.

распределя́ть/распредели́ть
Шеф распредели́л рабо́ту ме́жду сотру́дниками.

verteilen, aufteilen

Der Chef teilte die Arbeit unter den Mitarbeitern auf.

угоща́ть/угости́ть
Хозя́йка угости́ла нас вку́сным пирого́м.

bewirten, vorsetzen
Die Hausfrau setzte uns einen schmackhaften Kuchen vor.

1.1.2.7 UMGANG MIT DINGEN

«1–2000»

вещь *f*
Она́ рассказа́ла мне интере́сную вещь.

Ding *n*, **Sache** *f*
Sie erzählte mir eine interessante Sache.

включа́ть/включи́ть
Рабо́чий включи́л мото́р.

einschalten
Der Arbeiter schaltete den Motor ein.

выключа́ть/вы́ключить
Вы́ключи, пожа́луйста, ра́дио, оно́ мне меша́ет.

ausschalten, ausmachen
Mach das Radio bitte aus, es stört mich.

зажига́ть/заже́чь
В ко́мнате темно́, зажги́, пожа́луйста, свет.

einschalten, anzünden
Im Zimmer ist es dunkel, schalte bitte das Licht ein.

закрыва́ть/закры́ть
Закро́й дверь на замо́к.
Закро́й окно́, мне хо́лодно.

(ab)schließen; zumachen
Schließ bitte die Tür ab.
Mach das Fenster zu, mir ist kalt.

испо́льзовать
Учёные испо́льзуют но́вые ме́тоды обрабо́тки да́нных.

В се́льском хозя́йстве испо́льзуют но́вую те́хнику.

(aus)nutzen; einsetzen
Die Wissenschaftler nutzen neue Methoden der Datenverarbeitung (aus).

In der Landwirtschaft wird neue Technik eingesetzt.

Umgang mit Dingen

исправля́ть/испра́вить
Учи́тель исправля́ет оши́бки.

Замо́к слома́лся, его́ на́до испра́вить.

korrigieren; reparieren
Der Lehrer korrigiert die Fehler.
Das Schloß ist defekt, es muß repariert werden.

открыва́ть/откры́ть
Магази́н сего́дня откры́т до 20 часо́в.
Ученики́ должны́ бы́ли откры́ть уче́бники на тридца́той страни́це.

öffnen; aufschlagen
Der Laden ist heute bis 20 Uhr geöffnet.
Die Schüler mußten ihre Lehrbücher auf der Seite 30 aufschlagen.

по́льзоваться
Во вре́мя экза́мена мо́жно по́льзоваться словарём.

(be)nutzen
Während der Prüfung darf man ein Wörterbuch benutzen.

примене́ние
Возмо́жности примене́ния но́вого лека́рства опублико́ваны в журна́ле.

Anwendung
Die Anwendungsmöglichkeiten der neuen Arznei wurden in der Zeitschrift veröffentlicht.

применя́ть/примени́ть
Учёный примени́л но́вый ме́тод иссле́дования.

anwenden, verwenden
Der Wissenschaftler wandte eine neue Forschungsmethode an.

проверя́ть/прове́рить
Пи́сьменный перево́д он прове́рил два ра́за.

(nach)prüfen, kontrollieren
Die schriftliche Übersetzung kontrollierte er zweimal.

ста́вить/поста́вить
Он поста́вил ва́зу с цвета́ми на стол.

stellen
Er stellte eine Vase mit Blumen auf den Tisch.

«2001–4000»

жечь/сжечь
Писа́тель сжёг второ́й том рома́на.

verbrennen
Der Schriftsteller verbrannte den 2. Band des Romans.

завёртывать/заверну́ть
Он заверну́л кни́гу в краси́вую бума́гу.

einwickeln
Er wickelte das Buch in schönes Papier ein.

кле́ить/скле́ить
Де́вочка скле́ила краси́вую коро́бку и подари́ла её бра́ту.

kleben
Das Mädchen klebte eine schöne Schachtel und schenkte sie dem Bruder.

Umgang mit Dingen

ломáть/сломáть	**zerstören, kaputtmachen**
Ребёнок постоянно ломáет свои игрýшки.	Das Kind macht ständig seine Spielsachen kaputt.
отклáдывать/отложи́ть	**beiseite legen; verschieben**
Он отложи́л газéты и нáчал писáть письмó.	Er legte die Zeitungen beiseite und begann den Brief zu schreiben.
Лéкцию отложи́ли на две недéли.	Die Vorlesung wurde um 2 Wochen verschoben.
относи́ть/отнести́	**wegbringen, -schaffen, zurückbringen**
Мне нýжно отнести́ кни́гу в библиотéку.	Ich muß das Buch in die Bibliothek zurückschaffen.
отрезáть/отрéзать	**abschneiden**
Хозя́йка отрéзала нéсколько кускóв хлéба.	Die Hausfrau schnitt ein paar Scheiben Brot ab.
покидáть/поки́нуть	**verlassen**
Во врéмя войны́ нáша семья́ поки́нула э́тот гóрод.	Während des Krieges verließ unsere Familie diese Stadt.
пóртить/испóртить	**verderben**
Не читáй при плохóм освещéнии, испóртишь зрéние.	Lies nicht bei schlechtem Licht, du verdirbst dir die Augen.
разрушáть/разрýшить	**zerstören**
Во врéмя войны́ бы́ли разрýшены мнóгие городá.	Während des Krieges wurden viele Städte zerstört.
рéзать	**(ab)schneiden**
Хозя́йка рéжет мя́со на мáленькие куски́.	Die Hausfrau schneidet das Fleisch in kleine Stücke.
сюрпри́з *m*	**Überraschung** *f*
Ко дню рождéния дéти приготóвили мáме сюрпри́з.	Die Kinder bereiteten der Mutter zum Geburtstag eine Überraschung.
туши́ть/потуши́ть	**ausmachen**
Ужé пóздно, туши́ свет, ложи́сь спать.	Es ist schon spät, mach das Licht aus und geh schlafen.
храни́ть	**aufbewahren**
Скоропóртящиеся продýкты питáния храня́т в холоди́льнике.	Leichtverderbliche Lebensmittel werden im Kühlschrank aufbewahrt.

1.1.2.8 UMGANG MIT DINGEN UND LEBEWESEN

«1–2000»

держа́ть
В руке́ он держа́л буке́т цвето́в.

halten
In der Hand hielt er einen Blumenstrauß.

иска́ть
Я до́лго иска́ла очки́ и наконе́ц-то нашла́ их.

suchen
Ich suchte lange die Brille und fand sie endlich.

найти́
Кто и́щет, тот всегда́ найдёт.

finden
Wer sucht, der findet.

приводи́ть/привести́
Ма́ма привела́ ма́льчика пе́рвого сентября́ в шко́лу.

bringen
Am ersten September brachte die Mutter den Jungen zur Schule.

пря́тать/спря́тать
Спи́чки я должна́ всегда́ пря́тать.

verstecken
Die Streichhölzer muß ich immer verstecken.

сохраня́ть/сохрани́ть
Она́ сохрани́ла ста́рые фотогра́фии.

aufbewahren, aufheben
Sie bewahrte alte Fotos auf.

тро́гать/тро́нуть
Экспона́ты на вы́ставке нельзя́ тро́гать рука́ми.

berühren
Die Ausstellungsstücke darf man nicht berühren.

«2001–4000»

накрыва́ть/накры́ть
Мать накры́ла ребёнка тёплым одея́лом.

zudecken
Die Mutter deckte das Kind mit einer warmen Decke zu.

отводи́ть/отвести́
Го́стя отвели́ в пригото́вленную для него́ ко́мнату.

(weg)bringen
Den Gast brachte man in das für ihn vorbereitete Zimmer.

спор *m*
Спор о воспита́нии дете́й ни к чему́ не привёл.

Streit *m*
Der Streit über die Erziehung der Kinder führte zu nichts.

терпе́ть/потерпе́ть
Он му́жественно терпе́л го́лод и хо́лод.

erdulden, ertragen
Er ertrug tapfer Hunger und Kälte.

удáр *m*
Спортсмéн получи́л си́льный удáр в живóт.

Schlag *m*
Der Sportler bekam einen kräftigen Schlag in den Bauch.

1.1.2.9 LERNEN UND WISSEN
(Siehe auch SCHULE UND AUSBILDUNG 1.2.4)

«1–2000»

знáние *n*
Учёный облáдает обши́рными знáниями в э́той óбласти.

Kenntnis *f*, **Wissen** *n*
Der Wissenschaftler verfügt über umfangreiche Kenntnisse auf diesem Gebiet.

знать
Мы ничегó не знáли о послéдних собы́тиях.
Они́ ужé давнó знáют друг дрýга.

wissen; kennen
Wir wußten nichts über die neuesten Ereignisse.
Sie kennen einander schon lange.

культýра *f*
Профéссор Р. читáет лéкции по истóрии культýры.

Kultur *f*
Professor R. hält Vorlesungen zur Kulturgeschichte.

лёгкий
В рукé у неё былá тóлько лёгкая сýмка.

leicht
Sie hatte nur eine leichte Tasche in der Hand.

наблюдáть
Учи́тельница наблюдáла за игрóй шкóльников.

beobachten
Die Lehrerin beobachtete das Spiel der Schüler.

напримéр
ВВорóнеже жи́ли извéстные рýсские поэ́ты, напримéр, Кольцóв и Некрáсов.

zum Beispiel
In Woronesh lebten berühmte russische Dichter, zum Beispiel Kolzow und Nekrassow.

наýка *f*
Лингви́стика – э́то наýка о языкé.

Wissenschaft *f*
Die Linguistik ist die Wissenschaft von der Sprache.

наýчный
Студéнты принимáли учáстие в наýчной конферéнции.

wissenschaftlich
Die Studenten nahmen an einer wissenschaftlichen Konferenz teil.

óпыт *m*
Он говори́л о своём óпыте обучéния инострáнным языкáм.

Erfahrung *f*
Er sprach über seine Erfahrungen beim Unterrichten von Fremdsprachen.

Lernen und Wissen 45

понима́ть/поня́ть — verstehen
Ему́ ка́жется, что никто́ его́ не понима́ет.
Ihm scheint es, daß ihn keiner versteht.

поня́тно *Adv* — verständlich
Учи́тель объясня́ет про́сто и поня́тно.
Der Lehrer erklärt einfach und verständlich.

про́сто *Adv* — einfach
Реши́ть э́ту зада́чу мо́жно о́чень про́сто.
Man kann diese Aufgabe sehr einfach lösen.

просто́й — einfach
Э́то совсе́м просто́й вопро́с.
Das ist eine einfache Frage.

реше́ние *n* — Lösung *f;* Entschluß *m*
Реше́ние зада́чи на́до прове́рить.
Die Lösung der Aufgabe muß man überprüfen.
Моё реше́ние уе́хать я не измени́л.
Meinen Entschluß wegzufahren, änderte ich nicht.

рису́нок *m* — Zeichnung *f*
Расскажи́, пожа́луйста, что ты ви́дишь на э́том рису́нке.
Erzähle bitte, was du auf dieser Zeichnung siehst.

сло́жный — zusammengesetzt; kompliziert, schwierig
На уро́ке шко́льники анализи́руют сло́жное предложе́ние.
Im Unterricht analysieren die Schüler einen zusammengesetzten Satz.
В Сиби́ри сло́жные усло́вия рабо́ты.
In Sibirien herrschen schwierige Arbeitsbedingungen.

спосо́бность *f* — Fähigkeit *f,* Begabung *f*
Музыка́льные спосо́бности дете́й на́до развива́ть.
Man muß die musikalische Begabung von Kindern fördern.

спосо́бный — begabt, talentiert
Он необыкнове́нно спосо́бный музыка́нт.
Er ist ein sehr begabter Musiker.

тру́дный — schwer, schwierig
Мои́ роди́тели жи́ли в тру́дное вре́мя.
Meine Eltern lebten in einer schweren Zeit.

узнава́ть/узна́ть — erfahren; (wieder)erkennen
На уро́ках ученики́ узнаю́т мно́го но́вого.
Im Unterricht erfahren die Schüler viel Neues.
Я тебя́ не узна́ла, ты о́чень измени́лась.
Ich habe dich nicht wiedererkannt, du hast dich sehr verändert.

уме́ть Óля хорошо́ уме́ет пла́вать.	**können** Olja kann gut schwimmen.
учёный *m* Кру́пные учёные чита́ют ле́кции в университе́те.	**Gelehrte(r)** *m*, **Wissenschaftler** *m* An der Universität halten bekannte Wissenschaftler Vorlesungen.
учи́ть В шко́ле я учи́ла неме́цкий язы́к.	**lernen** In der Schule lernte ich Deutsch.
учи́ть/вы́учить Все вы́учили но́вые слова́?	**(auswendig) lernen** Haben alle die neuen Wörter gelernt?
учи́ть/научи́ть Подру́га у́чит своего́ сы́на неме́цкому языку́.	**beibringen, lehren** Meine Freundin lehrt ihren Sohn Deutsch.

«2001–4000»

библиоте́ка *f* Я ча́сто беру́ кни́ги в библиоте́ке.	**Bibliothek** *f* Ich leihe oft Bücher aus der Bibliothek aus.
наизу́сть *Adv* Стихотворе́ние вам на́до вы́учить наизу́сть.	**auswendig** Das Gedicht müßt ihr auswendig lernen.
неизве́стный Журна́л напеча́тал неизве́стный расска́з Ге́нриха Бёлля.	**unbekannt** Die Zeitschrift druckte eine unbekannte Erzählung von Heinrich Böll.
непоня́тный В те́ксте бы́ло то́лько одно́ непоня́тное сло́во.	**unverständlich** Im Text gab es nur ein unverständliches Wort.
разбира́ться/разобра́ться Он хорошо́ разбира́ется в исто́рии иску́сств.	**sich auskennen** Er kennt sich gut in der Kunstgeschichte aus.
рисова́ть/нарисова́ть На уро́ке де́ти рисова́ли цветы́.	**malen, zeichnen** Die Kinder malten im Unterricht Blumen.
счита́ть Шестиле́тний ма́льчик уме́ет счита́ть до ты́сячи.	**zählen** Der sechsjährige Junge kann bis Tausend zählen.

упражне́ние n
Это упражне́ние о́чень лёгкое.

Übung f
Diese Übung ist sehr einfach.

учи́ться
Мой мла́дший сын у́чится в шко́ле, а ста́рший у́чится в университе́те.

lernen; studieren
Mein jüngerer Sohn lernt in der Schule, und der ältere studiert an der Universität.

учи́ться/научи́ться
Ма́льчик бы́стро научи́лся чита́ть.

lernen
Der Junge lernte schnell lesen.

черни́ла n Pl
Письмо́ бы́ло напи́сано зелёными черни́лами.

Tinte f
Der Brief wurde mit grüner Tinte geschrieben.

1.1.3 SPRACHE UND SPRECHABSICHTEN

1.1.3.1 ALLGEMEINES

« 1–2000 »

владе́ть
Эти студе́нты хорошо́ владе́ют иностра́нными языка́ми.

beherrschen
Diese Studenten beherrschen die Fremdsprachen gut.

выраже́ние n
Вы́пишите из те́кста незнако́мые выраже́ния.

Redewendung f
Schreibt aus dem Text die unbekannten Redewendungen heraus.

запа́с слов m
У шко́льников двена́дцатого кла́сса бога́тый запа́с слов.

Wortschatz m
Die Schüler der 12. Klasse haben einen reichen Wortschatz.

значе́ние n
В словаре́ вы найдёте значе́ние э́того сло́ва.

Bedeutung f
Im Wörterbuch findet ihr die Bedeutung dieses Wortes.

зна́чить
Я не поняла́, что зна́чит э́то сло́во.

bedeuten
Ich verstand nicht, was dieses Wort bedeutet.

переводи́ть/перевести́
Переведи́те текст пи́сьменно.

übersetzen
Übersetzt den Text schriftlich.

поня́тие n
В журна́ле опубликова́ли статью́ «Сло́во и поня́тие».

Begriff m
In der Zeitschrift veröffentlichte man den Artikel „Wort und Begriff".

предложе́ние *n*	**Satz** *m*; **Vorschlag** *m*
Како́е э́то предложе́ние: просто́е и́ли сло́жное?	Was für ein Satz ist das: ein einfacher oder ein zusammengesetzter?
Я согла́сен с ва́шим предложе́нием.	Ich bin mit eurem Vorschlag einverstanden.
род *m* (*Gr.*)	**Geschlecht** *n*
Как мо́жно определи́ть род существи́тельных?	Wie kann man das Geschlecht der Substantive bestimmen?
сло́во *n*	**Wort** *n*
Он бы́стро запомина́ет неме́цкие слова́.	Er merkt sich deutsche Wörter schnell.
смысл *m*	**Sinn** *m*
Он пра́вильно по́нял смысл расска́за.	Er verstand den Sinn der Erzählung richtig.
употребля́ть/употреби́ть	**verwenden**
Мой друг ча́сто употребля́ет иностра́нные слова́.	Mein Freund verwendet oft Fremdwörter.
язы́к *m*	**Sprache** *f*
Я не понима́ю, на како́м языке́ они́ разгова́ривают.	Ich verstehe nicht, in welcher Sprache sie sprechen.

«2001–4000»

глаго́л *m*	**Verb** *n*
Э́тот глаго́л употребля́ется то́лько в у́стной ре́чи.	Dieses Verb wird nur in der mündlichen Rede gebraucht.
грамма́тика *f*	**Grammatik** *f*
Шко́льники изуча́ют грамма́тику ру́сского языка́.	Die Schüler lernen die russische Grammatik.
еди́нственное число́ *n*	**Einzahl** *f*, **Singular** *m*
У э́того существи́тельного есть то́лько еди́нственное число́.	Dieses Substantiv gibt es nur in der Einzahl.
же́нский	**weiblich, feminin**
Назови́те 5 существи́тельных же́нского ро́да.	Nennt 5 weibliche Substantive.
мно́жественное число́ *n*	**Mehrzahl** *f*, **Plural** *m*
Замени́те существи́тельные в еди́нственном числе́ существи́тельными во мно́жественном числе́.	Ersetzt die Substantive in der Einzahl durch Substantive in der Mehrzahl.

Sprechen 49

мужско́й
Стол – существи́тельное мужско́го ро́да.

männlich, maskulin
„Der Tisch" ist ein männliches Substantiv.

наре́чие *n*
Наре́чие мо́жет зави́сеть от глаго́ла и́ли прилага́тельного.

Adverb *n*
Das Adverb hängt vom Verb oder vom Adjektiv ab.

перево́д *m*
За перево́д те́кста с неме́цкого на ру́сский студе́нт получи́л «отли́чно».

Übersetzung *f*
Für die Übersetzung des Textes vom Deutschen ins Russische bekam der Student „ausgezeichnet".

прилага́тельное *n*
К како́му сло́ву в предложе́нии отно́сится э́то прилага́тельное?

Adjektiv *n*
Auf welches Wort bezieht sich das Adjektiv im Satz?

прича́стие *n*
В ру́сском языке́ есть 4 прича́стия.

Partizip *n*
Im Russischen gibt es 4 Partizipien.

слова́рь *m*
Значе́ние э́того сло́ва я в словаре́ не нашла́.

Wörterbuch *n*
Im Wörterbuch fand ich die Bedeutung dieses Wortes nicht.

существи́тельное *n*
Подчеркни́те в предложе́нии существи́тельные.

Substantiv *n*
Unterstreicht im Satz die Substantive.

фра́за *f*
Он повторя́ет чужи́е фра́зы.

Phrase *f*
Er wiederholt fremde Phrasen.

число́ *n*
Число́ 15 мо́жно раздели́ть на 3 и на 5.

Zahl *f*
Die Zahl 15 kann man durch 3 und 5 teilen.

1.1.3.2 SPREChEN

«1–2000»

бесе́да *f*
Корреспонде́нт вёл интере́сную бесе́ду с изве́стным поли́тиком.

Gespräch *n*
Der Korrespondent führte ein interessantes Gespräch mit einem bekannten Politiker.

говори́ть
Ты мне ничего́ не говори́л об э́том.

sagen, sprechen
Du hast mir nichts darüber gesagt.

го́лос *m* У э́той певи́цы о́чень краси́вый го́лос.	**Stimme** *f* Diese Sängerin hat eine sehr schöne Stimme.
гро́мко *Adv* Не говори́ так гро́мко, я тебя́ хорошо́ слы́шу.	**laut** Sprich nicht so laut, ich höre dich auch so gut.
каса́ться/косну́ться В ле́кции профе́ссор косну́лся национа́льного вопро́са.	**berühren** In der Vorlesung berührte der Professor die Nationalitätenfrage.
крик *m* Кри́ки дете́й, игра́вших в футбо́л во дворе́, меша́ли мне чита́ть.	**Schrei** *m*, **Ruf** *m* Die Schreie der Kinder, die auf dem Hof Fußball spielten, störten mich beim Lesen.
крича́ть/кри́кнуть На переме́не шко́льники гро́мко крича́ли.	**schreien** In der Pause schrien die Schüler laut.
молча́ть Почему́ ты молчи́шь?	**schweigen** Warum schweigst du?
па́уза *f* Учи́тель диктова́л ме́дленно, с больши́ми па́узами.	**Pause** *f* Der Lehrer diktierte langsam, mit langen Pausen.
повторя́ть/повтори́ть Повтори́те, пожа́луйста, те́му «Прилага́тельные». Слу́шайте и повторя́йте!	**wiederholen; nachsprechen** Wiederholt bitte das Thema „Adjektive". Hören Sie zu und sprechen Sie nach!
поговори́ть Мне на́до с тобо́й сро́чно поговори́ть.	**sprechen** Ich muß dich dringend sprechen.
разгова́ривать У две́ри стоя́ли две же́нщины и гро́мко разгова́ривали.	**sprechen, sich unterhalten** An der Tür standen zwei Frauen und unterhielten sich laut.
разгово́р *m* В разгово́ре уча́ствовали студе́нты и профессора́.	**Gespräch** *n* Am Gespräch nahmen Studenten und Professoren teil.
расска́зывать/рассказа́ть Расскажи́те, пожа́луйста, о том, как вы провели́ о́тпуск.	**erzählen** Erzählen Sie bitte darüber, wie Sie den Urlaub verbracht haben.

Sprechen 51

речь f
С интересной речью выступил декан факультета.
Это упражнение служит развитию навыков устной речи.

Rede f; **Sprechfähigkeit** f
Der Dekan der Fakultät hielt eine interessante Rede.
Diese Übung dient der Entwicklung der Sprechfähigkeit.

« 2001–4000 »

анекдот m
Володя хорошо умеет рассказывать анекдоты.

Witz m
Wolodja kann gut Witze erzählen.

беседовать
В комнате тихо беседовали две женщины.

sich unterhalten
Im Zimmer unterhielten sich leise zwei Frauen.

восклицать/воскликнуть
«Как она поёт!» – воскликнул Игорь.

ausrufen
„Wie schön sie singt!" – rief Igor aus.

выяснять/выяснить
Мне нужно выяснить ряд вопросов.

klären
Ich muß eine Reihe von Fragen klären.

громкий
Мне мешает читать громкая музыка.

laut
Laute Musik stört mich beim Lesen.

дискуссия f
После доклада началась дискуссия.

Diskussion f
Nach dem Vortrag begann die Diskussion.

закричать
Мальчик закричал и побежал в лес.

aufschreien
Der Junge schrie auf und lief in den Wald.

запятая f
Здесь запятая не ставится.

Komma n
Hier wird kein Komma gesetzt.

обсуждать/обсудить
Молодёжь с оживлением обсуждала новый роман.

besprechen, diskutieren
Die jungen Leute diskutierten lebhaft den neuen Roman.

описывать/описать
Опишите внешний вид вашего друга.

beschreiben
Beschreibt das Äußere eures Freundes.

отчёт m
Он выступил на собрании с отчётом.

Bericht m
Er verlas auf der Versammlung den Rechenschaftsbericht.

52 Schreiben und Lesen

произноси́ть/произнести́	**aussprechen**
Де́вочка у́чится произноси́ть звук «р».	Das Mädchen lernt den Laut „r" auszusprechen.
рассужда́ть	**sprechen, ausführen**
Мо́жно до́лго рассужда́ть о по́льзе но́вого ме́тода.	Man kann sehr lange über den Nutzen der neuen Methode sprechen.
темп *m*	**Tempo** *n*
У ди́кторов норма́льный темп ре́чи.	Die Sprecher haben ein normales Sprechtempo.
ти́хо *Adv*	**leise**
В рестора́не ти́хо игра́ла му́зыка.	Im Restaurant spielte leise Musik.
ударе́ние *n*	**Betonung** *f*
В э́том сло́ве ударе́ние па́дает на пе́рвый слог.	In diesem Wort ist die Betonung auf der ersten Silbe.
шепта́ть/шепну́ть	**flüstern**
Дочь что-то шепну́ла ма́тери на́ ухо.	Die Tochter flüsterte der Mutter etwas ins Ohr.
шёпот *m*	**Flüstern** *n*
Вдруг он услы́шал за спино́й шёпот и о́чень испуга́лся.	Plötzlich hörte er ein Flüstern hinter seinem Rücken und erschrak.

1.1.3.3 SCHREIBEN UND LESEN

«1–2000»

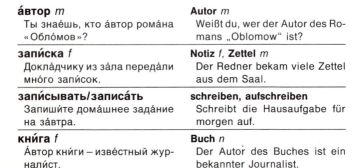

а́втор *m*	**Autor** *m*
Ты зна́ешь, кто а́втор рома́на «Обло́мов»?	Weißt du, wer der Autor des Romans „Oblomow" ist?
запи́ска *f*	**Notiz** *f*, **Zettel** *m*
Докла́дчику из за́ла переда́ли мно́го запи́сок.	Der Redner bekam viele Zettel aus dem Saal.
запи́сывать/записа́ть	**schreiben, aufschreiben**
Запиши́те дома́шнее зада́ние на за́втра.	Schreibt die Hausaufgabe für morgen auf.
кни́га *f*	**Buch** *n*
А́втор кни́ги – изве́стный журнали́ст.	Der Autor des Buches ist ein bekannter Journalist.

Schreiben und Lesen

лист *m*	**Blatt** *n*
Дай мне, пожа́луйста, лист бума́ги.	Gib mir bitte ein Blatt Papier.
литерату́ра *f*	**Literatur** *f*
Он изуча́ет в университе́те неме́цкую литерату́ру.	Er studiert an der Universität deutsche Literatur.
литерату́рный	**Literatur-**
В Слова́кии есть Литерату́рный музе́й и́мени Пу́шкина.	In der Slowakei gibt es das Puschkin-Literaturmuseum.
назва́ние *n*	**Name** *m*, **Bezeichnung** *f*
Мно́гим у́лицам да́ли но́вые назва́ния.	Viele Straßen bekamen neue Namen.
о́браз *m*	**Gestalt** *f*
Те́ма его́ диссерта́ции «Же́нские о́бразы в рома́нах Турге́нева».	Das Thema seiner Dissertation lautet „Frauengestalten in den Romanen Turgenjews".
писа́тель *m*	**Schriftsteller** *m*
Изве́стному писа́телю испо́лнилось 65 лет.	Der berühmte Schriftsteller wurde 65 Jahre alt.
писа́ть/написа́ть	**schreiben**
Де́ти у́чатся в шко́ле чита́ть и писа́ть.	Die Kinder lernen in der Schule lesen und schreiben.
поэ́т *m*	**Dichter** *m*
Пу́шкин – вели́кий ру́сский поэ́т.	Puschkin ist ein großer russischer Dichter.
произведе́ние *n*	**Werk** *n*
Каки́е произведе́ния ру́сских писа́телей Вам изве́стны?	Welche Werke russischer Schriftsteller sind Ihnen bekannt?
расска́з *m*	**Erzählung** *f*
На семина́ре студе́нты обсужда́ли расска́зы совреме́нных ру́сских писа́телей.	Im Seminar diskutierten die Studenten Erzählungen moderner russischer Schriftsteller.
рома́н *m*	**Roman** *m*
Мне нра́вится рома́н Турге́нева «А́ся».	Mir gefällt Turgenjews Roman „Assja".
содержа́ние *n*	**Inhalt** *m*
Студе́нт хорошо́ знал содержа́ние рома́на.	Der Student kannte den Inhalt des Romans gut.
стих *m*	**Vers** *m*, **Gedicht** *n*
Ле́на лю́бит стихи́ А́нны Ахма́товы.	Lena liebt die Gedichte von Anna Achmatowa.

Schreiben und Lesen

страни́ца f
В э́той кни́ге 50 страни́ц.

Seite f
Dieses Buch hat 50 Seiten.

те́ма f
В кино́ шёл фильм Гле́ба Панфи́лова «Те́ма».

Thema n
Im Kino lief Gleb Panfilows Film „Das Thema".

том m
Вы́шел тре́тий том «Исто́рии госуда́рства Росси́йского» Карамзина́.

Band m
Es erschien der dritte Band der „Geschichte des russischen Staates" von Karamsin.

то́чка f
В конце́ предложе́ния ста́вится то́чка.

Punkt m
Am Ende des Satzes setzt man einen Punkt.

чита́тель m
В библиоте́ку прихо́дит мно́го чита́телей.

Leser m
Viele Leser kommen in die Bibliothek.

чита́ть/прочита́ть
Вы чита́ли рома́н «Живы́е и мёртвые»?

lesen
Haben Sie den Roman „Die Lebenden und die Toten" gelesen?

«2001–4000»

блокно́т m
Я потеря́ла мой блокно́т.

Notizbuch n
Ich verlor mein Notizbuch.

бу́ква f
В ру́сском алфави́те 33 бу́квы.

Buchstabe m
Das russische Alphabet hat 33 Buchstaben.

вслух Adv
Прочита́йте предложе́ние вслух и переведи́те.

laut
Lesen Sie den Satz laut und übersetzen Sie ihn.

говори́ться
В пе́сне говори́тся о како́й-то де́вушке.

es geht um
Im Lied geht es um irgendein Mädchen.

заме́тка f
Он прочита́л в газе́те заме́тку о спорти́вных соревнова́ниях.

Notiz f, **Mitteilung** f
Er las in der Zeitung eine Notiz über die Wettkämpfe.

заполня́ть/запо́лнить
Вам ну́жно запо́лнить ещё оди́н формуля́р.

ausfüllen
Sie müssen noch ein Formular ausfüllen.

Schreiben und Lesen 55

издава́ть/изда́ть
В э́том году́ бы́ли и́зданы стихи́ Мари́ны Цвета́евой.

verlegen, herausgeben
In diesem Jahr wurden Gedichte von Marina Zwetajewa herausgegeben.

каранда́ш *m*
Письмо́ бы́ло напи́сано карандашо́м.

Bleistift *m*
Der Brief wurde mit einem Bleistift geschrieben.

описа́ние *n*
Пе́рвая часть кни́ги – э́то описа́ние жи́зни молодо́го челове́ка.

Beschreibung *f*
Der erste Teil des Buches ist die Lebensbeschreibung eines jungen Mannes.

перепи́сывать/переписа́ть
Учени́к ещё раз переписа́л рабо́ту.

umschreiben, abschreiben
Der Schüler hat die Arbeit noch einmal abgeschrieben.

перепи́ска *f*
По́сле э́того письма́ на́ша перепи́ска прекрати́лась.

Briefwechsel *m*
Nach diesem Brief hörte unser Briefwechsel auf.

перо́ *n*
Давны́м-давно́ лю́ди писа́ли гуси́ными пе́рьями.

Feder *f*
Vor vielen Jahren schrieben die Menschen mit Gänsefedern.

по́черк *m*
По́черк на конве́рте показа́лся мне знако́мым.

Handschrift *f*
Die Handschrift auf dem Briefumschlag kam mir bekannt vor.

публикова́ть/опубликова́ть
Неда́вно опубликова́ли но́вый рома́н изве́стного писа́теля.

veröffentlichen
Vor kurzem veröffentlichte man einen neuen Roman eines bekannten Schriftstellers.

ру́чка *f*
Дай мне, пожа́луйста, твою́ ру́чку.

Füller *m*
Gib mir bitte deinen Füller.

сбо́рник *m*
Молодо́й поэ́т опубликова́л пе́рвый сбо́рник свои́х стихо́в.

Sammelband *m*
Der junge Dichter veröffentlichte den ersten Sammelband seiner Gedichte.

ска́зка *f*
Ба́бушка расска́зывает де́тям ска́зки.

Märchen *n*
Die Großmutter erzählt den Kindern Märchen.

сочине́ние *n*
На уро́ке учени́ки пи́шут сочине́ние.

Aufsatz *m*
Die Schüler schreiben im Unterricht einen Aufsatz.

56 Auskunft

спи́сывать/списа́ть Спиши́те с доски́ но́вую ле́ксику.	**abschreiben** Schreibt die neuen Wörter von der Tafel ab.
стро́чка *f* В запи́ске бы́ло всего́ три стро́чки.	**Zeile** *f* Auf dem Zettel standen nur drei Zeilen.
текст *m* Ты уже́ перевёл текст?	**Text** *m* Hast du schon den Text übersetzt?
увлека́тельный По телеви́зору шёл увлека́тельный фильм.	**spannend, fesselnd** Im Fernsehen lief ein spannender Film.
чте́ние *n* По чте́нию у моего́ сы́на пятёрка.	**Lesen** *n* Im Lesen hat mein Sohn eine Eins.

1.1.3.4 SPRECHABSICHTEN

1.1.3.4.1 Auskunft

« 1–2000 »

вопро́с *m* Мо́жно вам зада́ть вопро́с?	**Frage** *f* Darf ich Ihnen eine Frage stellen?
заявля́ть/заяви́ть Прави́тельство заяви́ло о свое́й гото́вности подписа́ть догово́р.	**erklären** Die Regierung erklärte ihre Bereitschaft, den Vertrag zu unterzeichnen.
отве́т *m* На мой вопро́с я не получи́л никако́го отве́та.	**Antwort** *f* Auf meine Frage bekam ich keine Antwort.
отвеча́ть/отве́тить Ты ещё не отве́тил на моё письмо́.	**antworten, beantworten** Du hast meinen Brief noch nicht beantwortet.
пока́зывать/показа́ть Моя́ подру́га пока́зывала мне фотогра́фии свои́х дете́й.	**zeigen** Meine Freundin zeigte mir Bilder ihrer Kinder.
сове́т *m* К сожале́нию, я не могу́ дать тебе́ никако́го сове́та.	**Rat** *m* Leider kann ich dir keinen Rat geben.

Auskunft

сове́товать/посове́товать
Врач посове́товал мое́й ма́тери пое́хать на юг.

(be)raten
Der Arzt riet meiner Mutter, in den Süden zu fahren.

сообща́ть/сообщи́ть
Газе́ты сообщи́ли о но́вом повыше́нии цен.

mitteilen
Die Zeitungen teilten die neue Preiserhöhung mit.

спра́шивать/спроси́ть
«Ты пойдёшь за́втра в теа́тр?» – спроси́ла Та́ня.

fragen
„Gehst du morgen ins Theater?", fragte Tanja.

та́йна f
Почему́ ты де́лаешь из э́того та́йну?

Geheimnis n
Warum machst du daraus ein Geheimnis?

то́ есть (т. е.)
До ста́нции 90 киломе́тров, то́ есть 2 часа́ езды́.

das heißt (d. h.)
Bis zur Station sind es 90 km, d. h. 2 Stunden Fahrt.

ука́зывать/указа́ть
Незнако́мая же́нщина указа́ла нам доро́гу до ста́нции.
Докла́дчик указа́л на достои́нства но́вого ме́тода.

zeigen; hinweisen
Eine unbekannte Frau zeigte uns den Weg zur Station.
Der Redner wies auf die Vorteile der neuen Methode hin.

«2001–4000»

добавля́ть/доба́вить
Мне не́чего доба́вить.

hinzufügen
Ich habe nichts hinzuzufügen.

заявле́ние n
Прави́тельство сде́лало официа́льное заявле́ние.

Erklärung f
Die Regierung gab eine offizielle Erklärung ab.

знак m
Он рисова́л на листе́ бума́ги каки́е-то зна́ки.

Zeichen n
Er malte auf ein Blatt Papier irgendwelche Zeichen.

объявля́ть/объяви́ть
Дире́ктор объяви́л нам о повыше́нии зарпла́ты.

bekanntgeben, informieren
Der Direktor informierte uns über die Gehaltserhöhung.

секре́т m
Э́то ни для кого́ не секре́т, что ей 50 лет.

Geheimnis n
Daß sie 50 Jahre alt ist, ist für niemanden ein Geheimnis.

секре́тный
В шкафу́ лежа́ли секре́тные докуме́нты.

geheim
Im Schrank lagen geheime Papiere.

58 Meinungsäußerung

сообще́ние *n* Мы получи́ли сообще́ние о прие́зде дру́га.	**Mitteilung** *f* Wir erhielten eine Mitteilung über die Ankunft des Freundes.
справля́ться/спра́виться Колле́ги спра́вились о здоро́вье больно́го.	**sich erkundigen** Die Kollegen erkundigten sich nach dem Befinden des Kranken.
спра́вка *f* По телефо́ну мо́жно получи́ть разли́чные спра́вки.	**Auskunft** *f* Man kann telefonisch verschiedene Auskünfte erhalten.
та́йный Прави́тельства э́тих стран вели́ та́йные перегово́ры.	**geheim, heimlich** Die Regierungen dieser Länder führten geheime Verhandlungen.
уточня́ть/уточни́ть Мне хо́чется уточни́ть те́му конфере́нции.	**präzisieren** Ich möchte das Thema der Konferenz präzisieren.

1.1.3.4.2. Meinungsäußerung

«1–2000»

вы́вод *m* Мне ка́жется, вы сде́лали непра́вильный вы́вод.	**Schlußfolgerung** *f* Ich glaube, Sie haben eine falsche Schlußfolgerung gezogen.
выража́ть/вы́разить Мне тру́дно вы́разить слова́ми мою́ благода́рность.	**ausdrücken** Es fällt mir schwer, meine Dankbarkeit mit Worten auszudrücken.
ду́мать О чём ты ду́маешь всё вре́мя? Я ду́маю, что он прав.	**denken; meinen** Woran denkst du die ganze Zeit? Ich meine, er hat recht.
каза́ться/показа́ться Мне ка́жется, я вас где́-то уже́ ви́дела.	**scheinen** Es scheint mir, ich habe Sie schon irgendwo gesehen.
каса́ться/косну́ться Докла́дчик косну́лся вопро́сов вне́шней поли́тики.	**berühren** Der Redner berührte Fragen der Außenpolitik.

кри́тика *f*	**Kritik** *f*
Э́тот челове́к не лю́бит кри́тики.	Dieser Mensch kann keine Kritik vertragen.
критикова́ть	**kritisieren**
Я не могу́ поня́ть, почему́ ты то́лько критику́ешь.	Ich kann nicht verstehen, warum du nur kritisierst.
мне́ние *n*	**Meinung** *f*
Меня́ о́чень интересу́ет твоё мне́ние о но́вом фи́льме.	Mich interessiert deine Meinung über den neuen Film sehr.
отмеча́ть/отме́тить	**hervorheben**
Профе́ссор осо́бенно отме́тил докла́д Петро́ва.	Der Professor hat den Vortrag von Petrow besonders hervorgehoben.
счита́ть/счесть	**halten**
Я счита́ла его́ хоро́шим специали́стом.	Ich hielt ihn für einen guten Fachmann.
то́чка зре́ния *f*	**Standpunkt** *m*
Я разделя́ю ва́шу то́чку зре́ния.	Ich teile Ihren Standpunkt.

«2001–4000»

выска́зывание *n*	**Äußerung** *f*
Его́ выска́зывание о но́вом президе́нте о́чень интере́сно.	Seine Äußerung über den neuen Präsidenten ist sehr interessant.
выска́зывать/вы́сказать	**äußern**
Уча́стники диску́ссии выска́зывали разли́чные мне́ния.	Die Teilnehmer der Diskussion äußerten verschiedene Meinungen.
замеча́ние *n*	**Bemerkung** *f*
Мне хо́чется сде́лать не́сколько замеча́ний по пе́рвому вопро́су.	Ich möchte einige Bemerkungen zur ersten Frage machen.
обосно́вывать/обоснова́ть	**begründen**
Его́ заявле́ние доста́точно обосно́вано.	Seine Erklärung ist ausreichend begründet.

по-ва́шему
Кто, по-ва́шему, а́втор э́того рома́на?

ihrer Meinung nach
Wer ist ihrer Meinung nach der Autor dieses Romans?

подчёркивать/подчеркну́ть
Он подчеркну́л значе́ние но́вого ме́тода для пра́ктики.

unterstreichen
Er unterstrich die Bedeutung der neuen Methode für die Praxis.

по-мо́ему
По-мо́ему, ещё ра́но говори́ть о положи́тельных результа́тах.

meiner Meinung nach
Meiner Meinung nach ist es noch zu früh, über positive Ergebnisse zu sprechen.

по-тво́ему
Кто, по-тво́ему, са́мый популя́рный спортсме́н?

deiner Meinung nach
Wer ist deiner Meinung nach der populärste Sportler?

предполага́ть/предположи́ть
Я предполага́ла совсе́м друго́е.

annehmen, denken
Ich habe etwas ganz anderes angenommen.

рекоменда́ция f
По́сле прове́рки устано́вки коми́ссия дала́ не́сколько рекоменда́ций.

Empfehlung f
Nach Überprüfung der Anlage gab die Kommission einige Empfehlungen.

рекомендова́ть
Врач рекоменду́ет мне измени́ть о́браз жи́зни.

empfehlen, (an)raten
Der Arzt rät mir, meine Lebensweise zu ändern.

убежда́ть/убеди́ть
Он о́чень упря́мый, его́ тру́дно убеди́ть.

überzeugen
Er ist sehr dickköpfig; es ist schwer, ihn zu überzeugen.

1.1.3.4.3 *Zustimmung und Ablehnung*

«1–2000»

да
Ты за́втра придёшь? – Да.

ja
Kommst du morgen? – Ja.

коне́чно Adv
Ты мо́жешь дать мне э́ту кни́гу? – Коне́чно.

natürlich, ja
Kannst du mir dieses Buch geben? – Natürlich.

мо́жно
Мо́жно войти́?

darf man
Darf ich 'reinkommen?

Zustimmung und Ablehnung

мочь/смочь
Мальчик уже может читать.

können
Der Junge kann schon lesen.

невозможно *Adv*
Это сделать невозможно.

unmöglich
Es ist unmöglich, das zu tun.

нет
Мы пойдём в театр завтра? – Нет, послезавтра.

nein
Gehen wir morgen ins Theater? – Nein, übermorgen.

одобрять/одобрить
Родители одобрили выбор дочери.

billigen
Die Eltern billigten die Wahl der Tochter.

прав(ый)
Он прав в этом споре.

recht
In diesem Streit(gespräch) hat er recht.

правда *f*
Она хотела знать всю правду.

Wahrheit *f*
Sie wollte die ganze Wahrheit wissen.

против
Большинство коллег было против предложения.

gegen
Die Mehrheit der Kollegen war gegen den Vorschlag.

разрешать/разрешить
Врач разрешил больному гулять.

erlauben
Der Arzt erlaubte dem Kranken spazierenzugehen.

соглашаться/согласиться

Я согласен с мнением директора.

sich einverstanden erklären, sich anschließen
Ich schließe mich der Meinung des Direktors an.

«2001–4000»

возражать/возразить
Против предложения председателя никто не возражал.

dagegen sein
Keiner war gegen den Vorschlag des Vorsitzenden.

всё равно
Лена, закрыть окно? – Мне всё равно.

egal, einerlei
Lena, soll ich das Fenster zumachen? – Es ist mir egal.

запрещать/запретить
Родители запретили сыну смотреть телевизор.

verbieten
Die Eltern haben dem Sohn verboten, fernzusehen.

запрещение *n*
Он продолжает курить, несмотря на запрещение врачей.

Verbot *n*
Er raucht trotz des Verbots der Ärzte weiter.

непра́вда *f*
Я зна́ю, что он ча́сто говори́т непра́вду.

Unwahrheit *f*
Ich weiß, daß er oft die Unwahrheit spricht.

разреше́ние *n*
Библиоте́ка получи́ла разреше́ние заказа́ть но́вые кни́ги.

Erlaubnis *f*
Die Bibliothek erhielt die Erlaubnis, neue Bücher zu bestellen.

согла́сный
Я согла́сен с твои́м предложе́нием.

einverstanden
Ich bin mit deinem Vorschlag einverstanden.

1.1.3.4.4 Gewißheit und Zweifel

«1–2000»

ве́рный
Учени́к нашёл ве́рное реше́ние.

richtig
Der Schüler fand eine richtige Lösung.

вероя́тно *Adv*
Он, вероя́тно, придёт за́втра.

wahrscheinlich
Er kommt wahrscheinlich morgen.

ви́димо *Adv*
Ты, ви́димо, ещё ничего́ не зна́ешь об э́том.

anscheinend
Du weißt anscheinend noch nichts darüber.

возмо́жно *Adv*
Возмо́жно ли осуществи́ть э́тот план?

möglich
Ist es möglich, diesen Plan zu verwirklichen?

возмо́жность *f*
У него́ есть возмо́жность учи́ться за грани́цей.

Möglichkeit *f*
Er hat die Möglichkeit, im Ausland zu studieren.

возмо́жный
На́до обсуди́ть все возмо́жные вариа́нты.

möglich
Man muß alle möglichen Varianten diskutieren.

действи́тельно *Adv*
Он действи́тельно бо́лен.

wirklich, tatsächlich
Er ist wirklich krank.

наве́рно(е) *Adv*
Наве́рное, он сего́дня не придёт.

wahrscheinlich, wohl
Wahrscheinlich kommt er heute nicht.

утвержда́ть/утверди́ть
Он утвержда́ет, что ничего́ об э́том слу́чае не слы́шал.

behaupten
Er behauptet, nichts über diesen Fall gehört zu haben.

факт *m*
В э́той статье́ вы найдёте мно́го интере́сных фа́ктов.

Fakt *m*
In diesem Artikel findet ihr viele interessante Fakten.

«2001–4000»

действи́тельность *f*
Фильм объекти́вно пока́зывает на́шу действи́тельность.

Wirklichkeit *f*
Der Film zeigt objektiv unsere Wirklichkeit.

доказа́тельство *n*
Фа́кты – э́то лу́чшее доказа́тельство.

Beweis *m*
Fakten sind der beste Beweis.

по-ви́димому
По-ви́димому, случи́лось что́-то неприя́тное.

anscheinend, wahrscheinlich
Wahrscheinlich passierte etwas Unangenehmes.

подтвержда́ть/подтверди́ть
Фа́кты подтвержда́ют на́ши предположе́ния.

bestätigen
Die Fakten bestätigen unsere Vermutungen.

реа́льный
У но́вого мини́стра реа́льные представле́ния о поли́тике.

real
Der neue Minister hat reale Vorstellungen über die Politik.

сомнева́ться
Никто́ не сомнева́лся в пра́вильности его́ вы́водов.

(be)zweifeln
Keiner bezweifelte die Richtigkeit seiner Schlußfolgerungen.

сомне́ние *n*
Вы пра́вы, в э́том нет сомне́ния.

Zweifel *m*
Sie haben recht, daran gibt es keine Zweifel.

утвержде́ние *n*
Э́ти утвержде́ния необходи́мо прове́рить.

Behauptung *f*
Diese Behauptungen muß man überprüfen.

1.1.3.4.5 Positive Wertung

«1–2000»

ва́жно *Adv*
Мне ва́жно знать э́то.

wichtig
Es ist wichtig für mich, es zu wissen.

ва́жный
Э́то о́чень ва́жный вопро́с.

wichtig
Das ist eine wichtige Frage.

великий
Пу́шкин – вели́кий ру́сский поэ́т.

groß
Puschkin ist ein großer russischer Dichter.

ви́дный
Опера́цию проводи́л ви́дный хиру́рг.

bedeutend, berühmt
Die Operation führte ein bedeutender Chirurg durch.

замеча́тельный
Он купи́л карти́ну замеча́тельного ру́сского худо́жника Ре́пина.

hervorragend, bemerkenswert
Er kaufte ein Gemälde des hervorragenden russischen Malers Repin.

интере́сный
По телеви́зору шла интере́сная переда́ча.

interessant
Im Fernsehen lief eine interessante Sendung.

лу́чший
Лу́чшие спортсме́ны пое́дут на Олимпиа́ду.

beste(r)
Die besten Sportler fahren zur Olympiade.

люби́мый
Кто твой люби́мый певе́ц?

Lieblings-
Wer ist dein Lieblingssänger?

могу́чий
Всех поража́ла могу́чая фигу́ра спортсме́на.

kräftig, mächtig
Alle waren beeindruckt von der kräftigen Gestalt des Sportlers.

о́пытный
В университе́те преподаю́т о́пытные преподава́тели.

erfahren
An der Universität unterrichten erfahrene Lehrer.

поле́зный
Роди́тели лю́бят дава́ть де́тям поле́зные сове́ты.

nützlich
Die Eltern geben ihren Kindern gern nützliche Ratschläge.

по́льза *f*
Примене́ние но́вого ме́тода не принесло́ никако́й по́льзы.

Nutzen *m*
Die Anwendung der neuen Methode brachte keinen Nutzen.

прекра́сный
Моя́ подру́га – прекра́сная мать.

toll, großartig
Meine Freundin ist eine großartige Mutter.

прия́тно *Adv*
Мне бы́ло прия́тно с ва́ми познако́миться.

angenehm
Es war mir angenehm, sie kennenzulernen.

сто́ить
Как ты ду́маешь, сто́ит купи́ть э́ту кни́гу?

sich lohnen
Was meinst du, lohnt es sich, dieses Buch zu kaufen?

удиви́тельный
У э́того челове́ка удиви́тельное здоро́вье.

bewundernswert
Dieser Mensch hat eine bewundernswerte Gesundheit.

Positive Wertung

удивля́ться/удиви́ться	**sich wundern**
Я о́чень удиви́лся э́той встре́че.	Ich wunderte mich sehr über dieses Treffen.
хоро́ший	**gut**
Несмотря́ на во́зраст, у него́ хоро́шая па́мять.	Trotz des Alters hat er ein gutes Gedächtnis.
хорошо́ *Adv*	**gut**
Как дела́? – Спаси́бо, хорошо́.	Wie geht es dir? – Danke, gut.

«2001–4000»

великоле́пный	**prächtig**
Всю о́сень стоя́ла великоле́пная пого́да.	Den ganzen Herbst lang war prächtiges Wetter.
выдаю́щийся	**hervorragend**
Чайко́вский был выдаю́щимся ру́сским компози́тором.	Tschaikowski war ein hervorragender russischer Komponist.
досто́йный	**würdig, wert**
Я его́ хорошо́ зна́ю, э́то челове́к, досто́йный твое́й любви́.	Ich kenne ihn gut, er ist deiner Liebe wert.
замеча́тельно *Adv*	**bemerkenswert, hervorragend**
Вы замеча́тельно рису́ете!	Sie malen hervorragend!
заслу́женный	**verdient**
Сего́дня состои́тся выступле́ние заслу́женного арти́ста.	Heute findet ein Auftritt des verdienten Schauspielers statt.
изве́стность *f*	**Ruf** *m*
Он приобрёл изве́стность как о́пытный врач.	Er hat sich den Ruf eines erfahrenen Arztes erworben.
краси́во *Adv*	**schön**
Де́вушка одева́ется про́сто и краси́во.	Das Mädchen kleidet sich einfach und schön.
надёжный	**zuverlässig**
Кре́пость охраня́ли надёжные войска́.	Zuverlässige Truppen bewachten die Burg.
необыкнове́нный	**ungewöhnlich**
Во вре́мя конце́рта в за́ле стоя́ла необыкнове́нная тишина́.	Während des Konzerts herrschte im Saal ungewöhnliche Stille.
отли́чный	**ausgezeichnet**
Э́тот заво́д выпуска́ет проду́кцию отли́чного ка́чества.	Dieses Werk stellt Waren von ausgezeichneter Qualität her.

почётный
Михаил Горбачёв – почётный гражданин Берлина.

Ehren-
Michail Gorbatschow ist Ehrenbürger von Berlin.

превосходный
Обед у наших знакомых был превосходный.

vorzüglich
Das Mittagessen bei unseren Bekannten war vorzüglich.

приятный
У твоей жены очень приятный голос.

angenehm
Deine Frau hat eine angenehme Stimme.

самостоятельный
Самостоятельное изучение иностранного языка не всегда продуктивно.

selbständig
Das selbständige Studium einer Fremdsprache ist nicht immer produktiv.

сказочный
Дом наших знакомых стоит в сказочной местности.

märchenhaft
Das Haus unserer Bekannten steht in einer märchenhaften Gegend.

удивительно *Adv*
Она была удивительно красива.

erstaunlich
Sie war erstaunlich schön.

удивление *n*
Дети с удивлением рассматривали маленькую птицу.

Verwunderung *f*, **Erstaunen** *n*
Die Kinder betrachteten mit Verwunderung den kleinen Vogel.

характеристика *f*
В институте он получил хорошую характеристику.

Einschätzung *f*, **Beurteilung** *f*
Am Institut bekam er eine gute Beurteilung.

хвалить/похвалить
Мать похвалила сына за хорошие отметки.

loben
Die Mutter lobte den Sohn für seine guten Zensuren.

чудесный
Сегодня чудесная погода.

wunderbar
Das Wetter ist heute wunderbar.

1.1.3.4.6 Neutrale und negative Wertung

«1–2000»

мрачный
У этого актёра всегда мрачный взгляд.

düster, finster
Dieser Schauspieler hat immer einen finsteren Blick.

Neutrale und negative Wertung

напра́сно *Adv*
Я напра́сно прожда́л моего́ дру́га весь ве́чер.

vergeblich
Den ganzen Abend wartete ich vergeblich auf meinen Freund.

неприя́тный
Алекса́ндр получи́л неприя́тное изве́стие.

unangenehm
Alexander erhielt eine unangenehme Nachricht.

нехорошо́ *Adv*
Та́ня, ты нехорошо́ себя́ ведёшь.

nicht gut
Tanja! Du benimmst dich nicht gut.

норма́льный
У ребёнка норма́льная температу́ра.

normal
Das Kind hat normale Temperatur.

пло́хо *Adv*
Извини́, я пло́хо себя́ чу́вствую.

schlecht
Entschuldige, ich fühle mich schlecht.

плохо́й
Вчера́ у него́ бы́ло плохо́е настрое́ние.

schlecht
Gestern hatte er schlechte Laune.

стра́нный
От фи́льма у меня́ оста́лось стра́нное впечатле́ние.

seltsam
Der Film hat bei mir einen seltsamen Eindruck hinterlassen.

стра́шный
Она́ ви́дела стра́шный сон.

furchtbar, schrecklich
Sie hatte einen furchtbaren Traum.

«2001–4000»

небре́жно *Adv*
Мне не нра́вится, что ты небре́жно одева́ешься.

salopp, nachlässig
Mir gefällt es nicht, daß du dich nachlässig kleidest.

неинтере́сно *Adv*
Пойдём домо́й! Мне здесь неинтере́сно.

uninteressant
Gehen wir nach Hause! Es ist hier uninteressant.

некраси́вый
А́нна была́ некраси́вой, но о́чень прия́тной.

nicht schön
Anna war nicht schön, aber sehr ne...

непра́вильно *Adv*
Ты непра́вильно перевёл э́то сло́во.

nicht richtig
Du hast dieses Wort nicht richtig übersetzt.

Wunsch, Bitte, Notwendigkeit

непра́вильный
За непра́вильный отве́т учени́к получи́л дво́йку.

unrichtig, falsch
Für eine falsche Antwort erhielt der Schüler eine Vier.

неприя́тно *Adv*
Мне неприя́тно говори́ть тебе́, что ты постоя́нно опа́здываешь.

unangenehm
Es ist mir unangenehm, dir zu sagen, daß du ständig zu spät kommst.

неприя́тность *f*
У неё, наве́рное, каки́е-то неприя́тности, она́ о́чень гру́стная.

Unannehmlichkeit *f*
Sie hat wahrscheinlich irgendwelche Unannehmlichkeiten, sie ist sehr traurig.

нехоро́ший
Како́й ты нехоро́ший ма́льчик!

nicht gut, schlecht
Was bist du für ein schlechter Junge!

отрица́тельный
К сожале́нию, я вам до́лжен дать отрица́тельный отве́т.

negativ
Leider muß ich Ihnen eine negative Antwort geben.

пасси́вный
Пасси́вное куре́ние ещё бо́льше вреди́т здоро́вью, чем акти́вное.

passiv
Das passive Rauchen ist noch schädlicher als das aktive.

трус *m*
«Како́й ты трус!» — презри́тельно сказа́ла она́.

Feigling *m*
„Was bist du für ein Feigling!", sagte sie geringschätzig.

трусли́вый
Трусли́вый челове́к бойться да́же со́бственной те́ни.

feige
Ein feiger Mensch hat sogar vor seinem eigenen Schatten Angst.

1.1.3.4.7 Wunsch, Bitte, Notwendigkeit

«1–2000»

жела́ть/пожела́ть
Я жела́ю вам сча́стья и здоро́вья.

wünschen
Ich wünsche euch Glück und Gesundheit.

на́до
Мне на́до купи́ть но́вые ту́фли.

(ich) muß
Ich muß neue Schuhe kaufen.

необходи́мый
Необходи́мые кни́ги вы мо́жете взять в библиоте́ке.

notwendig
Die notwendigen Bücher könnt ihr in der Bibliothek bekommen.

Wunsch, Bitte, Notwendigkeit

нýжно	**(ich) muß**
Мне нýжно поговори́ть с вáми.	Ich muß mit Ihnen sprechen.
нýжный	**notwendig, nötig**
Возьми́ с собóй тóлько сáмые нýжные вéщи.	Nimm nur die nötigsten Sachen mit.
отка́зываться/отказа́ться	**aufgeben**
Я отка́зываюсь э́то понима́ть.	Ich gebe es auf, das zu verstehen.
проси́ть/попроси́ть	**bitten**
Прошý тебя́, пиши́ мне чáще.	Ich bitte dich, schreib öfter.
трéбовать/потрéбовать	**(er)fordern**
Рабóта трéбует мнóго врéмени и терпéния.	Die Arbeit erfordert viel Geduld und Zeit.
хотéть/захотéть	**wollen**
Моя́ дочь хóчет стать учи́тельницей.	Meine Tochter möchte Lehrerin werden.
хóчется	**mögen**
Мáма, мне хóчется пить.	Mama, ich habe Durst. / Ich möchte trinken.
Мне хóчется спать.	Ich möchte schlafen.

«2001–4000»

жела́ние *n*	**Wunsch** *m*
Пусть испóлнятся все твои́ жела́ния.	All deine Wünsche sollen in Erfüllung gehen.
необходи́мо *Adv*	**notwendig**
Необходи́мо купи́ть нóвые инструмéнты.	Es ist notwendig, neue Instrumente zu kaufen.
необходи́мость *f*	**Notwendigkeit** *f*
Нет никакóй необходи́мости покупа́ть нóвую мéбель.	Es besteht keine Notwendigkeit, neue Möbel zu kaufen.
прóсьба *f*	**Bitte** *f*
У меня́ к тебé больша́я прóсьба.	Ich habe eine große Bitte an dich.
трéбование *n*	**Forderung** *f*
Демонстрáнты выступа́ют с трéбованием о запрещéнии испыта́ний я́дерного орýжия.	Die Demonstranten treten mit der Forderung auf, Atomwaffentests zu stoppen.

1.1.3.4.8 Höflichkeitsformeln

«1–2000»

большо́е спаси́бо
Большо́е спаси́бо за твою́ по́мощь.

vielen Dank
Vielen Dank für deine Hilfe.

господи́н *m*
Господи́н Ивано́в! Мо́жно вас на мину́тку?

Herr *m*
Herr Iwanow! Darf ich Sie kurz sprechen?

де́вушка *f*
Де́вушка! Принеси́те, пожа́луйста, буты́лку вина́.

Fräulein *n*
Fräulein! Bringen Sie mir bitte eine Flasche Wein.

до́брое у́тро
До́брое у́тро, ма́ма!

guten Morgen
Guten Morgen, Mutti.

добро́ пожа́ловать
Добро́ пожа́ловать, дороги́е го́сти!

herzlich willkommen
Herzlich willkommen, liebe Gäste!

до́брый ве́чер
До́брый ве́чер, дороги́е телезри́тели!

guten Abend
Guten Abend, liebe Fernsehzuschauer!

до́брый день
До́брый день, Ма́ша! Как дела́?

guten Tag
Guten Tag, Mascha! Wie geht es dir?

дорого́й
Дорого́й па́па! Поздравля́ю тебя́ с днём рожде́ния.

lieber
Lieber Papa! Ich gratuliere dir zum Geburtstag.

до свида́ния
До свида́ния, ба́бушка!

auf Wiedersehen
Auf Wiedersehen, Großmutter!

здра́вствуй(те)
Здра́вствуйте, де́ти! Я ва́ша но́вая учи́тельница.

guten Tag
Guten Tag, Kinder! Ich bin eure neue Lehrerin.

извиня́ть/извини́ть
Извини́те, пожа́луйста! Кото́рый час?

entschuldigen
Entschuldigen Sie bitte! Wie spät ist es?

как дела́
Как у тебя́ дела́? – Спаси́бо, непло́хо.

wie geht es
Wie geht es dir? – Danke, nicht schlecht.

не сто́ит
Спаси́бо вам большо́е! – Что вы, не сто́ит.

keine Ursache
Ich danke Ihnen! – Ach! Keine Ursache.

Höflichkeitsformeln

огро́мное спаси́бо
Огро́мное спаси́бо за цветы́.

vielen Dank
Vielen Dank für die Blumen.

пожа́луйста
Спаси́бо за кни́гу. – Пожа́луйста.

bitte
Danke für das Buch. – Bitte.

пока́
Пока́! До за́втра.

Tschüs
Tschüs! Bis morgen.

проща́ть/прости́ть
Прости́! Я не хоте́ла тебя́ оби́деть.

verzeihen
Verzeih! Ich wollte dich nicht kränken.

проходи́ть/пройти́
Здра́вствуйте! Проходи́те, пожа́луйста.

näher treten
Guten Tag! Treten Sie doch näher.

проси́ть/попроси́ть
Прошу́ к столу́!

bitten
Ich bitte zu Tisch.

рад
О́чень рад с ва́ми познако́миться.
О́чень ра́да вас ви́деть!

froh
Ich bin froh, Sie kennengelernt zu haben.
Ich freue mich sehr, Sie zu sehen!

спаси́бо
Спаси́бо, что пришли́, приходи́те ещё.

danke
Danke, daß ihr da wart, kommt mal wieder vorbei.

споко́йной но́чи
«Споко́йной но́чи, де́ти!» – говори́т ка́ждый ве́чер ба́бушка.

gute Nacht
„Gute Nacht, Kinder!" – sagt die Großmutter jeden Abend.

счастли́вого пути́
Я жела́ю вам счастли́вого пути́.

gute Reise
Ich wünsche euch eine gute Reise.

удово́льствие n
Вы не могли́ бы переда́ть мне соль? – С удово́льствием.

Vergnügen n
Könnten Sie mir bitte das Salz reichen! – Mit Vergnügen.

«2001–4000»

всего́ хоро́шего
Жела́ем вам всего́ хоро́шего.

alles Gute
Wir wünschen Ihnen alles Gute.

глубокоуважа́емый
Глубокоуважа́емый профе́ссор Петро́в!

sehr geehrter
Sehr geehrter (Herr) Professor Petrow!

жаль
Мне о́чень жаль, но за́втра я не смогу́ прийти́.

schade, leid
Es tut mir leid, aber morgen kann ich nicht kommen.

как жизнь
Здра́вствуй, Пе́тя! Как жизнь?

wie geht's?
Guten Tag, Petja! Wie geht's?

приве́т m
Переда́й приве́т твои́м роди́телям.
Приве́т, Оле́г! Как дела́?

Gruß m
Bestell deinen Eltern einen Gruß.
Grüß dich, Oleg! Wie geht es?

прия́тного аппети́та
«Прия́тного аппети́та!» — «Спаси́бо. Вам та́кже.»

guten Appetit
„Guten Appetit." – „Danke, gleichfalls."

серде́чный
Серде́чный приве́т передаёт ба́бушка.

herzlich
Die Oma bestellt herzliche Grüße.

уваже́ние n
Он по́льзуется больши́м уваже́нием.

Achtung f
Er genießt große Achtung.

уважа́емый
Уважа́емая А́нна Ива́новна! Спаси́бо за Ва́ше письмо́.

geehrter
Sehr geehrte Anna Iwanowna! Danke für Ihren Brief.

1.1.3.4.9 Ausrufe und Gesprächsfloskeln

«1–2000»

внима́ние n
Внима́ние! Уважа́емые пассажи́ры! По́езд отправля́ется.

Achtung f
Achtung! Verehrte Reisende! Der Zug fährt ab.

дава́й(те)
Дава́й, пойдём сего́дня в кино́.

laß(t)
Laß uns heute ins Kino gehen.

дово́льно Adv
Дово́льно дискути́ровать! Чита́й да́льше.

genug, Schluß
Genug diskutiert! Lies weiter.

жа́лко
Жа́лко, что па́па не смог прие́хать.

schade
Schade, daß Papa nicht kommen konnte.

Ausrufe und Gesprächsfloskeln

который час
Скажи́те, пожа́луйста, кото́рый час?

Wie spät ist es?
Sagen Sie bitte, wie spät ist es?

ла́дно
Приходи́ к нам за́втра. – Ла́дно, приду́.

abgemacht, einverstanden
Komm doch mal morgen bei uns vorbei. – Abgemacht, ich komme.

неуже́ли
Неуже́ли ему́ уже́ 17 лет?

Wirklich?
Ist er wirklich schon 17 Jahre alt?

ничего́
Извини́те за опозда́ние. – Ничего́, проходи́те.

macht nichts
Entschuldigen Sie die Verspätung. – Macht nichts, treten Sie näher.

ти́хо *Adv*
Де́ти! Ти́хо! Не кричи́те!

leise
Kinder! Seid leise und schreit nicht.

хва́тит *unpers.*
Хва́тит, замолчи́!

es reicht, Schluß
Es reicht! Schweig!

я́сно *Adv*
Вам всё я́сно? – Да, всё.

klar
Ist euch alles klar? – Ja, alles.

«2001–4000»

всё в поря́дке
Пробле́мы есть? – Нет, всё в поря́дке.

alles in Ordnung
Gibt es Probleme? – Nein, es ist alles in Ordnung.

как жаль
Как жаль, что она́ не придёт.

wie schade
Wie schade, daß sie nicht kommt.

кста́ти *Adv*
Кста́ти, ты мне до́лжен 100 рубле́й.

übrigens
Übrigens, du schuldest mir 100 Rubel.

молоде́ц *m*
Ма́ма! Я получи́ла пятёрку! – Молоде́ц.

Prachtkerl *m*
Mama! Ich habe eine Eins bekommen. – Du bist ein Prachtkerl!

осторо́жно *Adv*
Осторо́жно! Там опа́сно!

vorsichtig, Vorsicht!
Vorsicht! Dort ist es gefährlich.

ра́ди
Ра́ди Бо́га, оста́вь меня́ в поко́е.

wegen, willen
Laß mich um Himmels Willen in Ruhe.

спаса́ть/спасти́
«Он уто́нет, спаси́те его́!» — крича́ла же́нщина.

retten
„Er ertrinkt, rettet ihn!", schrie eine Frau.

ура́
Ура́! Мы вы́играли!

hurra
Hurra! Wir haben gewonnen.

1.1.4 DER MENSCH UND DIE GESELLSCHAFT

1.1.4.1 IDENTIFIZIERUNG

«1–2000»

взро́слый
У него́ уже́ взро́слые де́ти.

Э́тот фильм интере́сен и взро́слым и де́тям.

erwachsen; Erwachsene(r) *m*
Er hat schon erwachsene Kinder.

Dieser Film ist sowohl für Kinder als auch für Erwachsene interessant.

во́зраст *m*
Укажи́те ваш во́зраст.

Alter *n*
Geben Sie Ihr Alter an.

гражда́нство *n*
Она́ измени́ла своё гражда́нство.

Staatsangehörigkeit *f*
Sie änderte ihre Staatsangehörigkeit.

де́вочка *f*
У него́ дво́е дете́й: де́вочка и ма́льчик.

Mädchen *n*
Er hat zwei Kinder: ein Mädchen und einen Jungen.

де́вушка *f*
В авто́бус вошла́ молода́я де́вушка.

Fräulein *n*, junges Mädchen *n*
Ein junges Mädchen stieg in den Bus ein.

докуме́нт *m*
На грани́це у нас до́лго проверя́ли докуме́нты.

Dokument *n*, Ausweis *m*, Papier *n*
An der Grenze überprüfte man lange unsere Papiere.

же́нщина *f*
У э́той же́нщины тро́е дете́й.

Frau *f*
Diese Frau hat drei Kinder.

звать
Как вас зову́т?

heißen
Wie heißen Sie?

Identifizierung 75

и́мя *n*
Укажи́те ва́ше и́мя и фами́лию.

Name *m*
Geben sie Ihren Vor- und Nachnamen an.

ли́чный
Э́то моё ли́чное де́ло.

persönlich, eigen
Das ist meine persönliche Angelegenheit.

ма́льчик *m*
Ма́льчику 5 лет, а он уже́ уме́ет чита́ть.

Knabe *m*, **Junge** *m*
Der Junge ist 5 Jahre alt, er kann aber schon lesen.

молодёжь *f*
В газе́те появи́лась интере́сная статья́ о пробле́мах молодёжи.

Jugend *f*
In der Zeitung erschien ein interessanter Artikel über Probleme der Jugend.

молодо́й
Она́ начала́ здесь рабо́тать ещё молодо́й де́вушкой.

jung
Als junges Mädchen begann sie hier zu arbeiten.

мужчи́на *m*
Маши́ну вёл молодо́й краси́вый мужчи́на.

Mann *m*
Ein schöner junger Mann fuhr das Auto.

называ́ть/назва́ть
Сы́на назва́ли Алекса́ндром.

nennen
Den Sohn nannten sie Alexander.

называ́ться
Как называ́ется э́та у́лица?

heißen
Wie heißt diese Straße?

неза́мужем
Она́ неза́мужем.

ledig *(Frau)*
Sie ist ledig.

о́тчество *n*
Как ва́ше о́тчество? – Ива́нович.

Vatersname *m*
Wie ist Ihr Vatersname? – Iwanowitsch.

па́спорт *m*
Воло́дя потеря́л свой па́спорт.

Paß *m*
Wolodja hat seinen Paß verloren.

пол *m*
Здесь вы должны́ указа́ть пол.

Geschlecht *n*
Hier müssen Sie das Geschlecht angeben.

разводи́ть/развести́
Она́ развела́сь с му́жем.

sich scheiden lassen
Sie hat sich von ihrem Mann scheiden lassen.

рост *m*
В па́спорте ука́зан его́ рост.

Wuchs *m*, **Größe** *f*
Im Paß steht seine Größe.

свиде́тельство *n*
Он получи́л свиде́тельство об оконча́нии ку́рсов перево́дчиков.

Zeugnis *n*, **Urkunde** *f*
Er bekam ein Zeugnis über den Abschluß eines Dolmetscherlehrganges.

Identifizierung

фами́лия f
Я забы́ла фами́лию но́вого профе́ссора.

Familienname m
Ich habe den Familiennamen des neuen Professors vergessen.

холост(о́й)
Ты всё ещё хо́лост?

ledig *(Mann)*
Bist du immer noch ledig?

челове́к m, Pl: **лю́ди**
В ко́мнате бы́ло 2 челове́ка.

Куда́ иду́т э́ти лю́ди?

Mensch m, Pl.: **Leute**
Im Zimmer waren zwei Menschen.

Wohin gehen diese Leute?

« 2001–4000 »

биогра́фия f
Напиши́те ва́шу биогра́фию.

Lebenslauf m
Schreiben Sie Ihren Lebenslauf.

жена́тый
Мой брат жена́т уже́ 10 лет.

verheiratet *(vom Mann)*
Mein Bruder ist schon seit 10 Jahren verheiratet.

за́мужем
Та́ня, ты за́мужем? – Да, за́мужем.

verheiratet *(von einer Frau)*
Tanja, bist du verheiratet? – Ja.

интеллиге́нция f
Я прочита́ла интере́сную статью́ о ру́сской интеллиге́нции.

Intelligenz f
Ich las einen interessanten Artikel über die russische Intelligenz.

ли́чно *Adv*
Ему́ ну́жно ли́чно яви́ться в декана́т.

persönlich
Er muß persönlich im Dekanat erscheinen.

молодёжный
Где ближа́йшая молодёжная тури́сткая ба́за?

Jugend-, jugendlich
Wo ist die nächste Jugendherberge?

па́рень m
Твой друг – отли́чный па́рень.

Kerl, Bursche
Dein Freund ist ein toller Kerl.

происхожде́ние n
Социа́льное происхожде́ние не игра́ет ро́ли при поступле́нии в вуз.

Herkunft f
Die soziale Herkunft spielt keine Rolle bei der Immatrikulation.

ча́стный
В кино́ идёт интере́сный фильм «Ча́стная жизнь».

Privat-
Im Kino läuft ein interessanter Film „Das Privatleben".

ю́ноша *m*
Ю́ноше ско́ро 20 лет.

junger Bursche, junger Mann
Der junge Mann wird bald 20 Jahre alt.

1.1.4.2 FAMILIE

«1–2000»

ба́бушка *f*
Моя́ ба́бушка живёт в дере́вне.

Großmutter *f*
Meine Großmutter lebt auf dem Lande.

брат *m*
У моего́ бра́та дво́е дете́й.

Bruder *m*
Mein Bruder hat zwei Kinder.

выходи́ть/вы́йти за́муж
Моя́ подру́га ра́но вы́шла за́муж.

heiraten *(bei einer Frau)*
Meine Freundin hat früh geheiratet.

де́душка *m*
Моему́ де́душке 70 лет.

Großvater *m*
Mein Großvater ist 70 Jahre alt.

де́ти *Pl*
Во вре́мя кани́кул де́ти уезжа́ют в дере́вню.

Kinder *Pl*
Während der Ferien fahren die Kinder aufs Land.

дочь *f*
Моя́ дочь у́чится в 10 кла́ссе.

Tochter *f*
Meine Tochter geht in die 10. Klasse.

дя́дя *m*
Дя́дя подари́л мне ко дню рожде́ния соба́ку.

Onkel *m*
Der Onkel schenkte mir zum Geburtstag einen Hund.

жена́ *f*
У твое́й жены́ хоро́ший вкус.

(Ehe-)Frau *f*
Deine Frau hat einen guten Geschmack.

ма́ма *f*
Ма́ма, расскажи́ мне ска́зку про Кра́сную ша́почку.

Mutti *f*
Mutti, erzähl das Märchen vom Rotkäppchen.

мать *f*
Тебе́ понра́вился рома́н Го́рького «Мать»?

Mutter *f*
Hat dir der Roman „Die Mutter" von Gorki gefallen?

муж *m*
Муж мое́й подру́ги рабо́тает инжене́ром.

(Ehe-)Mann *m*
Der Mann meiner Freundin ist Ingenieur.

оте́ц *m*
Де́ти вы́росли без отца́.

Vater *m*
Die Kinder sind ohne Vater aufgewachsen.

Familie

па́па *m*	**Papa** *m*
Я люблю́ моего́ па́пу.	Ich liebe meinen Papa.
ребёнок *m*	**Kind** *n*
У ма́ленького ребёнка высо́кая температу́ра.	Das kleine Kind hat hohes Fieber.
роди́тели *Pl*	**Eltern** *Pl*
У мои́х роди́телей большо́й дом.	Meine Eltern haben ein großes Haus.
родно́й	**blutsverwandt, leiblich**
Ты так измени́лся, что тебя́ родна́я мать не узна́ет.	Du hast dich so verändert, daß dich nicht einmal deine leibliche Mutter wiedererkennt.
семья́ *f*	**Familie** *f*
На́ша семья́ ча́сто е́здит ле́том на мо́ре.	Unsere Familie fährt im Sommer oft ans Meer.
сестра́ *f*	**Schwester** *f*
Моя́ сестра́ у́чится в университе́те.	Meine Schwester studiert an der Universität.
ста́рший	**ältere(r)**
Ста́ршая дочь рабо́тает на заво́де.	Die ältere Tochter arbeitet im Werk.
сын *m*	**Sohn** *m*
Сы́на мое́й подру́ги зову́т Анто́н.	Der Sohn meiner Freundin heißt Anton.
тётя *f*	**Tante** *f*
Хорошо́ име́ть бога́тую тётю!	Es ist schön, eine reiche Tante zu haben.

«2001–4000»

бли́зкий	**nah**
На день рожде́ния пригласи́ли то́лько бли́зких ро́дственников.	Zum Geburtstag wurden nur die nächsten Verwandten eingeladen.
брак *m*	**Ehe** *f*
Брак мое́й тёти был счастли́вым.	Die Ehe meiner Tante war glücklich.
внук *m*	**Enkel** *m*
Де́душка и ба́бушка ра́ды прие́зду вну́ка.	Die Großeltern freuen sich über die Ankunft des Enkels.

Familie 79

вну́чка f	**Enkelin** f
Ба́бушка научи́ла вну́чку печь пироги́.	Die Großmutter brachte der Enkelin das Backen bei.
дед m	**alter Mann** m
В э́той дере́вне живёт дед, кото́рому 100 лет.	In diesem Dorf wohnt ein alter Mann, der 100 Jahre alt ist.
де́тский	**Kinder-, kindlich**
Моя́ дочь боле́ла почти́ все́ми де́тскими боле́знями.	Meine Tochter hatte fast alle Kinderkrankheiten.
де́тство n	**Kindheit** f
В де́тстве он жил в дере́вне.	In der Kindheit lebte er auf dem Lande.
жени́ться/пожени́ться (nur Pl)	**heiraten** (vom Ehepaar)
Мои́ роди́тели пожени́лись в 1944 году́.	Meine Eltern heirateten im Jahre 1944.
жени́ться	**heiraten** (vom Mann)
Андре́й жени́лся на мое́й сестре́.	Andrej hat meine Schwester geheiratet.
мла́дший	**jünger**
Мла́дший сын мое́й подру́ги у́чится в пя́том кла́ссе.	Der jüngere Sohn meiner Freundin geht in die 5. Klasse.
пе́нсия f	**Rente** f
Моя́ ма́ма получа́ет ма́ленькую пе́нсию.	Meine Mutter bekommt eine niedrige Rente.
поколе́ние n	**Generation** f
В телепереда́че шла диску́ссия о молодо́м поколе́нии.	In einer Fernsehsendung lief eine Diskussion über die junge Generation.
расходи́ться/разойти́сь	**sich trennen, sich scheiden lassen**
В про́шлом году́ он разошёлся с жено́й.	Im vorigen Jahr hat er sich von seiner Frau getrennt.
ро́дственник m	**Verwandte(r)** m
У моего́ му́жа мно́го ро́дственников.	Mein Mann hat viele Verwandte.
сва́дьба f	**Hochzeit** f
На сва́дьбу пригласи́ли мно́го госте́й.	Zur Hochzeit waren viele Gäste eingeladen.
я́сли Pl	**(Kinder-)Krippe** f
Ба́бушка отво́дит вну́чку в я́сли.	Die Oma bringt die Enkelin in die Krippe.

1.1.4.3 SOZIALE BINDUNGEN

«1–2000»

вдвоём
Домашние задания они делают вдвоём.

zu zweit
Die Hausaufgaben machen sie (immer) zu zweit.

группа f
В нашей группе 6 человек.

Gruppe f
Unsere Gruppe ist 6 Mann stark.

друг m
Завтра я пойду с моим другом в театр.

Freund m
Morgen gehe ich mit meinem Freund ins Theater.

дружба f
Их дружба началась ещё в детстве.

Freundschaft f
Ihre Freundschaft begann bereits in der Kindheit.

знакомый
Ко мне пришёл в гости мой старый знакомый.
Лицо мужчины показалось мне знакомым.

Bekannte(r) m; **bekannt**
Zu mir kam mein alter Bekannter zu Besuch.
Das Gesicht des Mannes kam mir bekannt vor.

коллектив m
Весь коллектив завода собрался в зале.

Kollektiv n, **Belegschaft** f
Die ganze Betriebsbelegschaft versammelte sich im Saal.

общественный
При социализме существует общественная собственность.

gesellschaftlich, Gesellschafts-
Im Sozialismus gibt es das gesellschaftliche Eigentum.

общество n
История – это наука о развитии общества.

Gesellschaft f
Die Geschichte ist die Wissenschaft von der Entwicklung der Gesellschaft.

организация f
В собрании принимали участие представители общественных организаций.

Organisation f
An der Versammlung nahmen Vertreter gesellschaftlicher Organisationen teil.

отряд m
Летом студенты работают в строительных отрядах.

Abteilung f, **Gruppe** f
Im Sommer arbeiten die Studenten in (studentischen) Baugruppen.

пара f
Молодая пара получила много подарков.

(Ehe-)Paar n
Das junge Paar bekam viele Geschenke.

Soziale Bindungen

сосе́дний
Моя́ подру́га живёт в сосе́днем до́ме.

Nachbar-
Im Nachbarhaus wohnt meine Freundin.

спу́тник *m*
Мой спу́тник е́хал в Берли́н.

(Reise-)Gefährte *m*
Mein Reisegefährte fuhr nach Berlin.

това́рищ *m*
Он чита́л рома́н «Три това́рища».

Kamerad *m*, **Genosse** *m*
Er las den Roman „Drei Kameraden".

челове́чество *n*
Нау́чные откры́тия должны́ испо́льзовать для бла́га всего́ челове́чества.

Menschheit *f*
Wissenschaftliche Entdeckungen müssen zum Wohle der ganzen Menschheit genutzt werden.

член *m*
Он – действи́тельный член Акаде́мии нау́к.

Mitglied *n*
Er ist ordentliches Mitglied der Akademie der Wissenschaften.

«2001–4000»

дру́жеский
В воскресе́нье состои́тся дру́жеская встре́ча э́тих кома́нд.

freundschaftlich, Freundschafts-
Am Sonntag findet ein Freundschaftstreffen dieser Mannschaften statt.

дружи́ть
Они́ уже́ давно́ дру́жат.

befreundet sein
Sie sind schon lange befreundet.

дру́жно *Adv*
Де́душка и ба́бушка жи́ли всю жизнь дру́жно.

einträchtig, einmütig
Die Großeltern lebten ihr ganzes Leben lang einträchtig zusammen.

дру́жный
Семья́ моего́ му́жа о́чень дру́жная.

einig, einträchtig
Die Familie meines Mannes lebt einträchtig zusammen.

коллекти́вный
В статье́ шла речь о коллекти́вной вине́.

kollektiv
Der Artikel handelt von der kollektiven Schuld.

незнако́мый
Незнако́мая же́нщина попроси́ла меня́ помо́чь ей.

unbekannt
Eine unbekannte Frau bat mich, ihr zu helfen.

о́бщий	**gemeinsam; allgemein**
У них есть о́бщие интере́сы.	Sie haben gemeinsame Interessen.
Э́та гру́ппа занима́ется о́бщими вопро́сами филосо́фии.	Diese Gruppe beschäftigt sich mit allgemeinen philosophischen Problemen.
одино́кий	**einsam, alleinstehend**
В большо́м го́роде он чу́вствует себя́ одино́ким.	In einer Großstadt fühlt er sich einsam.
Ната́ша – одино́кая же́нщина.	Natascha ist alleinstehend.
подру́га *f*	**Freundin** *f*
Моя́ подру́га рабо́тает учи́тельницей.	Meine Freundin ist Lehrerin.
подружи́ться	**sich anfreunden**
С Ми́шей я подружи́лся в институ́те.	Mit Mischa habe ich mich am Institut angefreundet.
прия́тель *m*	**Freund** *m*, **Kamerad** *m*
Ве́чером я пойду́ с прия́телем в рестора́н.	Am Abend gehe ich mit meinem Freund ins Restaurant.
сосе́д *m*	**Nachbar** *m*
Мой сосе́д по профе́ссии инжене́р.	Mein Nachbar ist von Beruf Ingenieur.
толпа́ *f*	**Menge** *f*
Пе́ред магази́ном собрала́сь больша́я толпа́ наро́ду.	Vor dem Laden versammelte sich eine große Menschenmenge.
чужо́й	**fremd**
Чужо́й мужчи́на меня́ испуга́л.	Der fremde Mensch erschreckte mich.

1.1.4.4 BERUFE

«1–2000»

врач *m*	**Arzt** *m*
Глазно́й врач принима́ет с 9-и до 15-и.	Der Augenarzt hat von 9 bis 15 Uhr Sprechstunde.
журнали́ст *m*	**Journalist** *m*
По́сле оконча́ния университе́та он на́чал рабо́тать журнали́стом в реда́кции газе́ты.	Nach Abschluß der Universität begann er als Journalist in einer Zeitungsredaktion zu arbeiten.

Berufe

инженéр *m*	**Ingenieur** *m*
Э́тот институ́т гото́вит инженéров.	Dieses Institut bildet Ingenieure aus.
корреспондéнт *m*	**Korrespondent** *m*
По задáнию редáкции корреспондéнт поéхал в дерéвню.	Im Auftrag der Redaktion fuhr der Korrespondent aufs Land.
крестья́нин *m*, **крестья́нка** *f*	**Bauer** *m*, **Bäuerin** *f*
Мой дéдушка был крестья́нином.	Mein Großvater war Bauer.
моря́к *m*	**Seemann** *m*
Сын моéй подру́ги стал моряко́м.	Der Sohn meiner Freundin wurde Seemann.
профéссия *f*	**Beruf** *m*
По профéссии мой друг врач.	Mein Freund ist von Beruf Arzt.
секретáрь *m*, **секретáрша** *f*	**Sekretär** *m*, **Sekretärin** *f*
В Москву́ приéхал ли́чный секретáрь президéнта.	Der persönliche Sekretär des Präsidenten kam nach Moskau.
А́нна рабо́тает секретáршей.	Anna ist Sekretärin.
специали́ст *m*	**Fachmann** *m*
Я ду́маю, из негó вы́йдет хорóший специали́ст.	Ich denke, aus ihm wird ein guter Fachmann.
строи́тель *m*	**Bauarbeiter** *m*
Строи́тели получáют высóкую зарплáту.	Die Bauarbeiter bekommen einen hohen Lohn.
худóжник *m*	**(Kunst-)Maler** *m*; **Künstler** *m*
Рéпин – извéстный ру́сский худóжник.	Repin ist ein berühmter russischer Maler.
шофёр *m*	**Fahrer** *m*
Шофёр останови́л маши́ну óколо теáтра.	Der Fahrer hielt am Theater an.

«2001–4000»

геóлог *m*	**Geologe** *m*
Он рабóтает геóлогом ужé 10 лет.	Er arbeitet schon seit 10 Jahren als Geologe.
лётчик *m*, **лётчица** *f*	**Flieger** *m*, **Fliegerin** *f*
В институ́те ведётся подготóвка лётчиков.	Am Institut werden Flieger ausgebildet.

Berufe

медсестра́ *f*
Медсестра́ принесла́ больно́му лека́рство.

Krankenschwester *f*
Die Krankenschwester brachte dem Kranken die Arznei.

меха́ник *m*
О́пытный меха́ник бы́стро почини́л маши́ну.

Mechaniker *m*
Ein erfahrener Mechaniker reparierte schnell das Auto.

музыка́нт *m*
Ма́льчик вы́брал профе́ссию музыка́нта.

Musiker *m*
Der Junge hat den Musikerberuf gewählt.

по́вар *m*
Э́тот по́вар получи́л пе́рвый приз на ко́нкурсе в Ло́ндоне.

Koch *m*
Dieser Koch bekam den ersten Preis bei einem Wettbewerb in London.

профессиона́льный
У учи́теля большо́й профессиона́льный о́пыт.

Berufs-
Der Lehrer hat große Berufserfahrungen.

сле́сарь *m*
Сле́сарь почини́л замо́к в двери́.

Schlosser *m*
Der Schlosser reparierte das Türschloß.

слу́жащий *m*
Его́ оте́ц – слу́жащий в большо́м министе́рстве.

Angestellter *m*
Sein Vater ist Angestellter in einem großen Ministerium.

те́хник *m*
Над э́тим прое́ктом рабо́тала гру́ппа инжене́ров и те́хников.

Techniker *m*
An diesem Projekt arbeitete eine Gruppe von Ingenieuren und Technikern.

то́карь *m*
Мой сосе́д – то́карь высо́кой квалифика́ции.

Dreher *m*
Mein Nachbar ist ein hochqualifizierter Dreher.

фи́зик *m*
А́льберт Эйнште́йн был гениа́льным фи́зиком.

Physiker *m*
Albert Einstein war ein genialer Physiker.

хи́мик *m*
Мой муж рабо́тает хи́миком на заво́де.

Chemiker *m*
Mein Mann arbeitet als Chemiker in einem Werk.

шахтёр *m*
О́сенью бастова́ли шахтёры.

Bergarbeiter *m*
Im Herbst streikten die Bergarbeiter.

1.1.4.5 SOZIALE POSITION

«1–2000»

влия́ние *n*
Кни́ги ока́зывают большо́е влия́ние на формирова́ние хара́ктера.

Einfluß *m*
Bücher üben einen großen Einfluß auf die Herausbildung des Charakters aus.

глава́ *f*
В Брюссе́ле состоя́лось совеща́ние глав прави́тельств европе́йских госуда́рств.

(Staats-)Oberhaupt *n*
In Brüssel fand die Beratung der Regierungschefs der europäischen Staaten statt.

гла́вный
В э́той стране́ гла́вной пробле́мой явля́ется разви́тие эконо́мики.

Haupt-
Das Hauptproblem in diesem Land ist die Entwicklung der Wirtschaft.

де́ятель *m*

Н. – ви́дный госуда́рственный де́ятель.

Staatsmann *m*, **Persönlichkeit** *f*, **Funktionär** *m*
N. ist ein bedeutender Staatsmann.

нача́льник *m*
Нача́льника сего́дня нет, он уе́хал в министе́рство.

Chef *m*, **Leiter** *m*
Der Chef ist heute nicht da, er ist ins Ministerium gefahren.

пост *m*
Его́ оте́ц занима́ет высо́кий пост в министе́рстве.

Stellung *f*, **Posten** *m*
Sein Vater nimmt eine hohe Stellung im Ministerium ein.

председа́тель *m*
Председа́тель руководи́л собра́нием.

Vorsitzende(r) *m*
Der Vorsitzende leitete die Versammlung.

представи́тель *m*
На совеща́нии прису́тствовали представи́тели мно́гих фирм.

Vertreter *m*
Bei der Beratung waren die Vertreter vieler Firmen anwesend.

признава́ть/призна́ть
Герма́ния призна́ла но́вое африка́нское госуда́рство.

anerkennen
Deutschland hat den neuen afrikanischen Staat anerkannt.

прика́зывать/приказа́ть
Де́лай то, что тебе́ приказа́л нача́льник.

befehlen
Tu' das, was dir der Chef befohlen hat.

сте́пень *f*
Вам обяза́тельно на́до указа́ть учёную сте́пень.

Grad *m*
Sie müssen unbedingt den wissenschaftlichen Grad angeben.

Soziale Position

честь f
В честь иностранной делегации президент устроил торжественный приём.

Ehre f
Zu Ehren der ausländischen Delegation gab der Präsident einen festlichen Empfang.

« 2001–4000 »

влиять/повлиять
Занятие спортом влияет на физическое развитие детей.

beeinflussen
Sport beeinflußt die physische Entwicklung der Kinder.

должность f
Он занимает должность главного инженера.

Stelle f, **Funktion** f
Er übt die Funktion eines leitenden Ingenieurs aus.

заместитель m
По этому вопросу обратитесь, пожалуйста, к заместителю.

Stellvertreter m
Wenden Sie sich bitte in dieser Frage an den Stellvertreter.

звание n
Какое звание у нового преподавателя?

Titel m
Welchen Titel hat der neue Lehrer?

назначать/назначить
Её отца назначили директором.

ernennen, einsetzen, berufen
Ihr Vater wurde als Werksdirektor eingesetzt.

организатор m
Любой руководитель должен быть хорошим организатором.

Organisator m
Jeder Leiter muß ein guter Organisator sein.

ответственный
Мой знакомый работает ответственным редактором на радио.

verantwortlich
Mein Bekannter ist verantwortlicher Redakteur beim Rundfunk.

уважать
Учителя математики уважают все ученики.

achten
Den Mathematiklehrer achten alle Schüler.

уважение n
Этот учитель пользуется уважением всех коллег.

Achtung f
Dieser Lehrer genießt die Achtung aller Kollegen.

ценить
Я очень ценю дружбу с Наташей.

zu schätzen wissen
Ich weiß die Freundschaft mit Natascha zu schätzen.

1.1.4.6 POSITIVES UND NEUTRALES SOZIALVERHALTEN

«1–2000»

благодари́ть/поблагодари́ть	**danken**
Я благодарю́ вас за ва́шу по́мощь.	Ich danke Ihnen für Ihre Hilfe.
де́ло *n*	**Arbeit** *f*, **Beschäftigung** *f*; **Angelegenheit** *f*
Он за́нят ва́жным де́лом: мо́ет маши́ну.	Er hat eine wichtige Arbeit zu tun: er wäscht das Auto.
Э́то моё ли́чное де́ло.	Das ist meine Privatangelegenheit.
В чём де́ло?	Worum handelt es sich?
Не твоё де́ло!	Das geht dich nichts an!
долг *m*	**Pflicht** *f*
Я счита́ю свои́м до́лгом сказа́ть тебе́ э́то.	Ich halte es für meine Pflicht, dir das zu sagen.
до́лжен, должна́	**müssen**
За́втра мы должны́ встре́титься.	Wir müssen uns morgen treffen.
достава́ть/доста́ть	**besorgen**
Моя́ подру́га доста́ла биле́ты на конце́рт.	Meine Freundin hat Eintrittskarten für ein Konzert besorgt.
забо́та *f*	**Sorge** *f*
У ма́мы мно́го забо́т.	Meine Mutter hat viele Sorgen.
обеща́ть	**versprechen**
Сын обеща́л верну́ться за́втра.	Der Sohn versprach, morgen zurückzukommen.
обнима́ть/обня́ть	**umarmen**
На проща́нье они́ обня́ли друг дру́га.	Beim Abschied umarmten sie einander.
обяза́тельно *Adv*	**unbedingt**
Ты за́втра придёшь? – Обяза́тельно.	Kommst du morgen? – Unbedingt.
относи́ться/отнести́сь	**sich verhalten**
Как к тебе́ отно́сится но́вый дире́ктор?	Wie verhält sich der neue Direktor dir gegenüber?
отноше́ние *n*	**Beziehung** *f*
Ме́жду двумя́ госуда́рствами бы́ли устано́влены дипломати́ческие отноше́ния.	Zwischen zwei Staaten wurden diplomatische Beziehungen aufgenommen.

88 Positives und neutrales Sozialverhalten

поддéрживать/поддержáть	**unterstützen**
Друг всегдá поддéржит меня, когдá бывáет трýдно.	Mein Freund unterstützt mich immer, wenn es Probleme gibt.
поздравля́ть/поздрáвить	**gratulieren**
Сердéчно поздравля́ем вас с прáздником.	Wir gratulieren euch recht herzlich zum Fest.
помогáть/помóчь	**helfen**
Дочь помогáет мáтери по хозя́йству.	Die Tochter hilft der Mutter im Haushalt.
пóмощь *f*	**Hilfe** *f*
Эту проблéму мóжно решить с пóмощью специалиста.	Dieses Problem kann man mit Hilfe eines Fachmannes lösen.
примéр *m*	**Beispiel** *n*; **Vorbild** *n*
В лéкции профéссор приводит примéры из истóрии.	In der Vorlesung führt der Professor Beispiele aus der Geschichte an.
Егó жизнь былá примéром для другúх.	Sein Leben war ein Vorbild für andere.
стремúться	**streben**
Человéк стремúтся к счáстью.	Der Mensch strebt nach Glück.
целовáть/поцеловáть	**küssen**
Мать поцеловáла ребёнка в лоб.	Die Mutter küßte das Kind auf die Stirn.

« 2001–4000 »

благодáрность *f*	**Dankbarkeit** *f*
В знак благодáрности он подарúл мне цветы́.	Als Zeichen der Dankbarkeit schenkte er mir Blumen.
благорóдный	**edel(mütig)**
Мы не забýдем э́того чéстного и благорóдного человéка.	Wir werden diesen ehrlichen und edlen Menschen nicht vergessen.
вéжливо *Adv*	**höflich**
Он вéжливо поздорóвался и пригласúл гостéй в кóмнату.	Er begrüßte höflich die Gäste und lud sie ins Zimmer ein.
вéжливый	**höflich**
Нóвый коллéга óчень вéжливый человéк.	Der neue Kollege ist ein sehr höflicher Mensch.

Positives und neutrales Sozialverhalten

внимáтельно *Adv*
Студéнты внимáтельно слýшают лéкцию.

aufmerksam
Die Studenten hören aufmerksam der Vorlesung zu.

внимáтельный
Бýдьте внимáтельны при перехóде ýлицы.

aufmerksam
Seien Sie aufmerksam beim Überqueren der Straße.

геройческий
За геройческий постýпок солдáт был награждён óрденом.

heldenhaft
Für die heldenhafte Tat wurde der Soldat mit einem Orden ausgezeichnet.

гордйться
Родйтели гордя́тся свойми детьмй.

stolz sein
Die Eltern sind stolz auf ihre Kinder.

гóрдость *f*
Он с гóрдостью расскáзывал о свойх друзья́х.

Stolz *m*
Voller Stolz erzählte er über seine Freunde.

дисциплйна *f*
Этот ученйк чáсто нарушáет дисциплйну.

Disziplin *f*
Dieser Schüler verstößt oft gegen die Disziplin.

доверя́ть/довéрить
Я во всём доверя́ю своемý врачý.

vertrauen
In allem vertraue ich meinem Arzt.

забóтиться/позабóтиться
Мать забóтиться о здорóвье детéй.

sorgen, sich kümmern
Die Mutter sorgt sich um die Gesundheit der Kinder.

извиня́ться/извинйться
Тебé нáдо извинйться пéред ней, ты её óчень обйдел.

sich entschuldigen
Du mußt dich bei ihr entschuldigen, du hast sie sehr gekränkt.

инициатйва *f*
Ученйк подготóвил доклáд по сóбственной инициатйве.

Initiative *f*
Der Schüler bereitete aus eigener Initiative den Vortrag vor.

мирйться/помирйться
Онй чáсто ссóрятся, но тáкже чáсто мйрятся.

sich versöhnen
Sie streiten sich oft, aber genau so oft versöhnen sie sich.

награждáть/наградйть
Молодóго человéка наградйли медáлью за то, что он спас ребёнка.

auszeichnen
Der junge Mann wurde mit einer Medaille ausgezeichnet, weil er ein Kind gerettet hat.

обещáние *n*
К сожалéнию, онá не всегдá выполня́ет свой обещáния.

Versprechen *n*
Leider hält sie ihre Versprechen nicht immer ein.

90 Negatives Sozialverhalten

обя́занность f
У ка́ждого чле́на семьи́ бы́ли свои́ обя́занности.

Pflicht f
Jedes Familienmitglied hatte seine Pflichten.

патрио́т m
Патрио́ты боро́лись за свобо́ду ро́дины.

Patriot m
Die Patrioten kämpften für die Freiheit der Heimat.

полага́ться/положи́ться
На моего́ дру́га я могу́ по́лностью положи́ться.

sich verlassen auf
Ich kann mich völlig auf meinen Freund verlassen.

помо́щник m
Сын был хоро́шим помо́щником отцу́.

Helfer m, **Gehilfe** m
Der Sohn war dem Vater ein guter Helfer.

поруча́ть/поручи́ть
Журнали́сту поручи́ли написа́ть статью́ о кри́зисе в эконо́мике.

beauftragen
Man beauftragte den Journalisten, einen Artikel über die Krise in der Wirtschaft zu schreiben.

предупрежда́ть/предупреди́ть
По ра́дио предупреди́ли, что ожида́ются си́льные моро́зы.

warnen

Im Radio warnte man vor den zu erwartenden starken Frösten.

приве́тствовать
Я приве́тствую Вас от и́мени ре́ктора на́шего ву́за.

begrüßen
Ich begrüße Sie im Namen des Rektors unserer Hochschule.

солида́рность f
На ша́хте начала́сь забасто́вка солида́рности.

Solidarität f
Im Bergwerk begann ein Solidaritätsstreik.

сопровожда́ть
Гру́ппу тури́стов во вре́мя экску́рсии сопровожда́л перево́дчик.

begleiten
Ein Dolmetscher begleitete die Touristengruppe während der Stadtrundfahrt.

1.1.4.7 NEGATIVES SOZIALVERHALTEN

«1–2000»

бить
Он бьёт свою́ соба́ку.

schlagen
Er schlägt seinen Hund.

заставля́ть/заста́вить
Обстоя́тельства заставля́ют меня́ так де́йствовать.

zwingen, nötigen
Die Umstände zwingen mich, so zu handeln.

Negatives Sozialverhalten

меша́ть	**stören**
Шум меша́ет мне рабо́тать.	Der Lärm stört mich bei der Arbeit.
обма́нывать/обману́ть	**betrügen; sein Versprechen nicht halten**
Вас обману́ли.	Man hat Sie betrogen.
Он сказа́л, что помо́жет, но обману́л.	Er sagte, daß er helfen will, hielt aber sein Versprechen nicht.
опа́здывать/опозда́ть	**sich verspäten**
По́езд опозда́л на 10 мину́т.	Der Zug verspätete sich um 10 Minuten.
отнима́ть/отня́ть	**(weg)nehmen**
Ма́льчик о́тнял игру́шку у де́вочки.	Der Junge nahm dem Mädchen das Spielzeug weg.
руга́ть	**schimpfen**
Учи́тельница руга́ла ученика́ за плохо́е поведе́ние.	Die Lehrerin schimpfte mit dem Schüler wegen seines schlechten Verhaltens.
спо́рить/поспо́рить	**sich streiten; wetten**
О вку́сах не спо́рят.	Über Geschmack läßt sich nicht streiten.
Дава́й поспо́рим, что я съем все конфе́ты.	Wollen wir wetten, daß ich alle Pralinen aufesse.
ссо́риться/поссо́риться	**streiten**
Он ча́сто ссо́риться со свои́ми роди́телями.	Er streitet oft mit seinen Eltern.
угро́за *f*	**Bedrohung** *f*; **Drohung** *f*
Я не бою́сь ва́ших угро́з.	Ich habe keine Angst vor euren Drohungen.

«2001–4000»

надоеда́ть/надое́сть	**satt haben, überdrüssig werden**
Мне надое́ли э́ти разгово́ры.	Ich habe diese Gespräche satt.
ненави́деть	**hassen**
Ка́тя ненави́дела свою́ тётю за то, что та её би́ла.	Katja haßte ihre Tante, weil diese sie schlug.
обижа́ть/оби́деть	**kränken, beleidigen**
Почему́ ты пла́чешь, кто тебя́ оби́дел?	Warum weinst du? Wer hat dich gekränkt?

огорча́ть/огорчи́ть Скажи́ мне, что тебя́ так огорча́ет.	**betrüben, Kummer bereiten** Sag mir, was dir solchen Kummer bereitet.
отбира́ть/отобра́ть У престу́пника отобра́ли докуме́нты и де́ньги.	**wegnehmen** Dem Verbrecher nahm man Papiere und Geld weg.
отсу́тствовать Кто сего́дня отсу́тствует?	**fehlen** Wer fehlt heute?
по́ртить/испо́ртить Его́ поведе́ние оконча́тельно испо́ртило мне настрое́ние.	**verderben** Sein Benehmen verdarb mir endgültig die Laune.
пресле́довать Солда́ты до́лго пресле́довали врага́.	**verfolgen** Die Soldaten verfolgten lange den Feind.
пуга́ть/напуга́ть и **испуга́ть** Де́вочку напуга́ла больша́я соба́ка.	**erschrecken, Furcht einjagen** Ein großer Hund erschreckte das Mädchen.
серди́ться/рассерди́ться Я бо́льше не сержу́сь на тебя́.	**sich ärgern, böse sein** Ich bin dir nicht mehr böse.
угрожа́ть Челове́честву угрожа́ет опа́сность поги́бнуть в результа́те экологи́ческой катастро́фы.	**drohen** Der Menschheit droht die Gefahr, nach einer ökologischen Katastrophe umzukommen.

1.1.4.8 KONTAKTE UND VERANSTALTUNGEN

«1–2000»

вме́сте *Adv* В кино́ я хожу́ вме́сте с мои́м дру́гом.	**zusammen, gemeinsam** Ich gehe gemeinsam mit meinem Freund ins Kino.
встреча́ть/встре́тить На у́лице Я́на случа́йно встре́тила свою́ подру́гу.	**treffen, begegnen** Auf der Straße traf Jana zufällig ihre Freundin.
встре́ча *f* Де́вушки бы́ли ра́ды встре́че.	**Treffen** *n*, **Begegnung** Die Mädchen freuten sich über die Begegnung.

Kontakte und Veranstaltungen

гость *m*	**Gast** *m*
Мы часто ходим в гости.	Wir gehen oft zu Besuch.
У нас в гостях была моя подруга с мужем.	Meine Freundin und ihr Mann waren bei uns zu Besuch.
доклад *m*	**Vortrag** *m*
К сожалению, я не могу прийти на ваш доклад.	Leider kann ich nicht zu Ihrem Vortrag kommen.
знакомиться/познакомиться	**kennenlernen**
Мы познакомились с новым профессором.	Wir lernten den neuen Professor kennen.
клуб *m*	**Klub** *m*
Недавно в Москве открылся клуб миллионеров.	Vor kurzem wurde in Moskau ein Klub der Millionäre eröffnet.
комитет *m*	**Komitee** *n*
Сегодня заседает Национальный олимпийский комитет.	Heute tagt das Nationale Olympische Komitee.
обращаться/обратиться	**sich wenden**
По этому вопросу обратитесь к врачу.	Wenden Sie sich in dieser Angelegenheit an den Arzt.
праздник *m*	**Feiertag** *m*
Люди поздравляли друг друга с праздником.	Die Menschen gratulierten einander zum Feiertag.
прощаться/попрощаться	**sich verabschieden**
Было поздно. Гости попрощались и ушли.	Es war schon spät. Die Gäste verabschiedeten sich und gingen.
приглашать/пригласить	**einladen**
Наши друзья пригласили нас к себе в гости.	Unsere Freunde luden uns zu sich ein.
приём *m*	**Empfang** *m*
Президент устроил торжественный приём.	Der Präsident gab einen festlichen Empfang.
принимать/принять	**empfangen; Sprechstunde abhalten**
Директор принимает сегодня делегацию из Японии.	Der Direktor empfängt heute eine japanische Delegation.
Врач принимает два раза в неделю.	Der Arzt hat zweimal in der Woche Sprechstunde.

94 Kontakte und Veranstaltungen

свида́ние *n*
Де́вушка ча́сто опа́здывает на свида́ние.

Verabredung *f*, **Rendezvous** *n*
Das Mädchen kommt oft zur Verabredung zu spät.

собира́ться/собра́ться
Уча́стники конфере́нции собра́лись в за́ле.

sich versammeln
Die Konferenzteilnehmer versammelten sich im Saal.

собра́ние *n*
За́втра в 15 часо́в состои́тся профсою́зное собра́ние.

Versammlung *f*
Morgen findet um 15 Uhr die Gewerkschaftsversammlung statt.

совеща́ние *n*
Наш дире́ктор уе́хал в Москву́ на совеща́ние.

Beratung *f*
Unser Direktor fuhr zu einer Beratung nach Moskau.

сою́з *m*
Сою́з Сове́тских Социалисти́ческих респу́блик был осно́ван в 1922 году́.

Union *f*
Die Union der Sozialistischen Sowjetrepubliken wurde 1922 gegründet.

уча́ствовать
В конфере́нции уча́ствовали зарубе́жные учёные.

teilnehmen
An der Konferenz nahmen ausländische Wissenschaftler teil.

уча́стие *n*
Подтверди́те, пожа́луйста, Ва́ше уча́стие в конфере́нции до пя́того ма́я.

Teilnahme *f*
Bestätigen Sie bitte Ihre Teilnahme an der Konferenz bis zum 5. Mai.

уча́стник *m*
Уча́стники экску́рсии встре́тились на вокза́ле.

Teilnehmer *m*
Die Exkursionsteilnehmer trafen sich am Bahnhof.

«2001–4000»

визи́т *m*
В Герма́нию при́был с официа́льным визи́том президе́нт Росси́и.

Besuch *m*
Der Präsident Rußlands kam zu einem offiziellen Besuch nach Deutschland.

догова́риваться/договори́ться
Мы договори́лись посети́ть больну́ю подру́гу.

sich verabreden

Wir haben uns verabredet, die kranke Freundin zu besuchen.

заседа́ние *n*
На заседа́нии обсужда́ются ва́жные вопро́сы.

Sitzung *f*
In der Sitzung werden wichtige Fragen diskutiert.

здоро́ваться/поздоро́ваться
Сосе́д всегда́ со мной здоро́вается.

(be)grüßen
Der Nachbar grüßt mich immer.

знако́миться/познако́миться
Мы познако́мились с популя́рным актёром кино́.

kennenlernen
Wir lernten einen bekannten Filmschauspieler kennen.

конгре́сс m
В конгре́ссе принима́ют уча́стие делега́ции из мно́гих стран.

Kongreß m
Delegationen aus vielen Ländern nehmen am Kongreß teil.

обще́ние n
Язы́к – э́то сре́дство обще́ния.

Kommunikation f
Die Sprache ist ein Kommunikationsmittel.

перегово́ры m Pl
Перегово́ры дли́лись две неде́ли.

Verhandlung f
Die Verhandlungen dauerten 2 Wochen.

посети́тель m
Посети́тели вы́ставки задава́ли вопро́сы худо́жникам.

Besucher m
Die Besucher der Ausstellung stellten den Künstlern Fragen.

посеща́ть/посети́ть
На́шу шко́лу посети́ла иностра́нная делега́ция.

besuchen
Eine ausländische Delegation besuchte unsere Schule.

посеще́ние n
По́сле посеще́ния Ру́сского музе́я все о́чень уста́ли.

Besuch m
Nach dem Besuch des Russischen Museums waren alle sehr müde.

пра́здновать
Сва́дьбу мое́й подру́ги пра́здновали 3 дня.

feiern
Die Hochzeit meiner Freundin wurde 3 Tage lang gefeiert.

приглаше́ние n
Мы получи́ли приглаше́ние на официа́льный приём.

Einladung f
Wir bekamen eine Einladung zu einem offiziellen Empfang.

прису́тствовать
На ле́кции прису́тствовали все студе́нты.

anwesend sein
Während der Vorlesung waren alle Studenten anwesend.

проща́ться/прости́ться
Го́сти на́чали проща́ться, хотя́ бы́ло ещё не по́здно.

sich verabschieden
Die Gäste fingen an, sich zu verabschieden, obwohl es noch nicht spät war.

состояться
В ноябре́ состои́тся вы́ставка изве́стного худо́жника.

stattfinden
Im November findet eine Ausstellung eines bekannten Malers statt.

сотру́дничество n
На перегово́рах обсужда́ли догово́р о сотру́дничестве.

Zusammenarbeit f
In den Verhandlungen diskutierte man das Abkommen über die Zusammenarbeit.

сою́зный
СССР состоя́л из 15 сою́зных респу́блик.

Unions-
Die UdSSR bestand aus 15 Unionsrepubliken.

съезд m
В Берли́не проходи́л Междунаро́дный съезд враче́й.

Kongreß m; Tagung f; Parteitag m
In Berlin fand der Internationale Ärztekongreß statt.

я́рмарка f
На осе́ннюю я́рмарку прие́хали фи́рмы из Испа́нии и Чи́ли.

Messe f
Zur Herbstmesse sind Firmen aus Spanien und Chile angereist.

1.1.5 SCHICKSAL UND ZUFALL

«1–2000»

беда́ f
Друг всегда́ помо́жет тебе́ в беде́.

Unglück n, Not f
Ein Freund hilft dir immer in der Not.

опа́сность f
Больно́й был вне опа́сности.

Gefahr f
Der Kranke war außer Gefahr.

опа́сный
Путеше́ствие в А́фрику бы́ло опа́сным.

gefährlich
Die Reise nach Afrika war gefährlich.

пробле́ма f
Гру́ппа учёных рабо́тает над интере́сной пробле́мой.

Problem n
Eine Gruppe Wissenschaftler arbeitet an einem interessanten Problem.

слу́чай m
Я хочу́ рассказа́ть тебе́ смешно́й слу́чай.

Erlebnis n
Ich möchte dir ein komisches Erlebnis erzählen.

Schicksal und Zufall

случа́ться/случи́ться С мое́й подру́гой случи́лось несча́стье.	**geschehen** Meiner Freundin geschah ein Unglück.
собы́тие *n* Все газе́ты писа́ли об э́том собы́тии.	**Ereignis** *n* Alle Zeitungen berichteten über dieses Ereignis.
судьба́ *f* Я ве́рю в судьбу́.	**Schicksal** *n* Ich glaube an das Schicksal.
сча́стье *n* Мы жела́ем вам сча́стья в жи́зни.	**Glück** *n* Wir wünschen euch Glück im Leben.
теря́ть/потеря́ть Ба́бушка постоя́нно теря́ет очки́.	**verlieren** Die Großmutter verliert ständig ihre Brille.
тру́дность *f* Éсли у тебя́ бу́дут тру́дности с ви́зой, позвони́ мне.	**Schwierigkeit** *f* Rufe mich an, wenn du Schwierigkeiten mit dem Visum haben solltest.
успе́х *m* Жела́ю вам мно́го успе́хов в рабо́те.	**Erfolg** *m* Ich wünsche euch viel Erfolg bei der Arbeit.
чу́до *n* Не жди от врача́ чу́да.	**Wunder** *n* Erwarte vom Arzt keine Wunder.

« 2001–4000 »

несча́стный У де́вушки бы́ло несча́стное лицо́.	**unglücklich** Das Mädchen machte ein unglückliches Gesicht.
несча́стье *n* С ним случи́лось несча́стье.	**Unglück** *n* Ihm ist ein Unglück zugestoßen.
неуда́ча *f* Всю жизнь его́ пресле́дуют неуда́чи.	**Pech** *n* Sein ganzes Leben lang wird er vom Pech verfolgt.
пре́мия *f* Изве́стный певе́ц получи́л пре́мию за лу́чшую пе́сню го́да.	**Prämie** *f*; **Auszeichnung** *f* Der bekannte Sänger bekam eine Auszeichnung für das beste Lied des Jahres.
препя́тствие *n* Для него́ не существу́ет никаки́х препя́тствий.	**Hindernis** *n* Für ihn gibt es keine Hindernisse.

проигрывать/проиграть Эта команда редко проигрывает.	**verlieren** Diese Mannschaft verliert selten.
случайно *Adv* В библиотеке я случайно встретила Олю.	**zufällig** In der Bibliothek traf ich zufällig Olja.
спасать/спасти Ребёнка спас незнакомый человек.	**retten** Ein Unbekannter rettete das Kind.
угадывать/угадать Угадай, кого я сегодня видела в магазине.	**(er)raten** Rate mal, wen ich heute im Laden getroffen habe.
удача *f* Друг пожелал мне удачи.	**Gelingen** *n*, **Erfolg** *m* Der Freund wünschte mir Erfolg.
удачно *Adv* Операция прошла удачно, и больной быстро выздоровел.	**erfolgreich** Die Operation verlief erfolgreich und der Kranke wurde schnell gesund.
успешно *Adv* Космонавты успешно выполнили задание.	**erfolgreich** Die Kosmonauten erfüllten erfolgreich ihre Aufgabe.
успешный Мы рассказывали друзьям об успешной поездке.	**erfolgreich** Wir erzählten unseren Freunden von einer erfolgreichen Reise.

1.2 Alltagswelt

1.2.1 DER MENSCH UND SEIN ZUHAUSE

1.2.1.1 *HAUS UND WOHNUNG*

«1–2000»

быт *m* Студенты изучают быт народов Африки.	**Lebensweise** *f* Die Studenten studieren/erforschen die Lebensweise der Völker Afrikas.
ворота *Pl* У ворот стояла машина.	**Tor** *n* Am Tor stand ein Auto.

Haus und Wohnung

выход *m*
Мой друг будет ждать меня у выхода из метро.

Ausgang *m*
Mein Freund wird am Metroausgang auf mich warten.

дверь *f*
Закрой, пожалуйста, дверь. В комнате холодно.

Tür *f*
Mach bitte die Tür zu. Es ist kalt im Zimmer.

двор *m*
Во дворе играли дети.

Hof *m*
Auf dem Hof spielten Kinder.

дом *m*
В каком доме ты живёшь?
Мы вернулись домой очень поздно.
Где Валя? – Она дома.

Haus *n*
In welchem Haus wohnst du?
Wir kehrten sehr spät nach Hause zurück.
Wo ist Walja? – Sie ist zu Hause.

жить
В каком городе вы живёте?

leben, wohnen
In welcher Stadt wohnen Sie?

картина *f*
Из музея украли картину известного художника.

Bild *n*, **Gemälde** *n*
Aus dem Museum hat man ein Gemälde des bekannten Malers gestohlen.

квартира *f*
Наша семья переехала на новую квартиру.

Wohnung *f*
Unsere Familie zog in eine neue Wohnung um.

комната *f*
Посреди комнаты стоял круглый стол.

Zimmer *n*
Mitten im Zimmer stand ein runder Tisch.

крыша *f*
Крышу дома нужно срочно отремонтировать.

Dach *n*
Das Dach des Hauses muß dringend repariert werden.

кухня *f*
Мама на кухне готовит обед.

Küche *f*
Die Mutter bereitet in der Küche das Mittagessen zu.

окно *n*
У окна стоит письменный стол.

Fenster *n*
Am Fenster steht ein Schreibtisch.

пол *m*
На полу лежит ковёр.

Fußboden *m*
Auf dem Fußboden liegt ein Teppich.

стена *f*
Стены дома были очень толстые.

Wand *f*
Die Wände des Hauses waren sehr dick.

Haus und Wohnung

туалéт *m*
Скажи́те, пожáлуйста, где здесь туалéт?

Toilette *f*
Sagen sie mir bitte, wo ist hier eine Toilette?

ýгол *m*
В углý стоя́ла большáя вáза с цветáми.

Ecke *f*
In der Ecke stand eine große Vase mit Blumen.

« 2001–4000 »

балкóн *m*
На балкóне в я́щике растýт цветы́.

Balkon *m*
Auf dem Balkon wachsen Blumen im Kasten.

вáнная *f*
Мне не нрáвится, что нáша вáнная без окнá.

Bad(ezimmer) *n*
Mir gefällt es nicht, daß unser Bad kein Fenster hat.

вход *m*
Я жду тебя́ у вхóда.

Eingang *m*
Ich warte auf dich am Eingang.

гарáж *m*
Мы рéдко стáвим маши́ну в гарáж.

Garage *f*
Wir stellen das Auto selten in die Garage.

гости́ная *f*
Я хочý купи́ть нóвую мéбель для гости́ной.

Wohnzimmer *n*
Ich möchte neue Möbel für das Wohnzimmer kaufen.

замóк *m*
Замóк, навéрное, сломáлся.

(Tür)Schloß *n*
Das Schloß ist wahrscheinlich kaputt.

избá *f*
В стáрой избé жилá большáя семья́.

Bauernhaus *n*
Im alten Bauernhaus lebte eine große Familie.

коридóр *m*
Лéна вы́шла из кóмнаты в коридóр.

Korridor *m*
Lena ging aus dem Zimmer in den Korridor.

кóрпус *m*
Наш áдрес: у́лица Кольцóвская кóрпус 45, квартúра 10.

Gebäude *n*, **Block** *m*
Unsere Adresse: Kol'zowskaja Str. Block 45, Wohnung 10.

лéстница *f*
На вторóй этáж велá ширóкая лéстница.
Дéрево óчень высóкое, мне нужнá лéстница, чтóбы нарвáть я́блок.

Treppe *f*; **Leiter** *f*
In den 1. Stock führte eine breite Treppe.
Der Baum ist zu hoch, ich brauche eine Leiter, um die Äpfel zu pflücken.

лифт *m*	**Fahrstuhl** *m*
В гости́нице есть 3 ли́фта.	Im Hotel gibt es 3 Fahrstühle.
подва́л *m*	**Keller** *m*
В подва́ле мы храни́м карто́фель.	Bei uns werden Kartoffeln im Keller gelagert.
подъе́зд *m*	**Eingang** *m*, **Haus** *n*
В пя́том подъе́зде живу́т на́ши друзья́.	Im Haus Nr. 5 wohnen unsere Freunde.
ремо́нт *m*	**Renovierung** *f*
Ремо́нт кварти́ры дли́лся 2 ме́сяца.	Die Renovierung der Wohnung dauerte 2 Monate.
ремонти́ровать/отремонти́ровать	**renovieren**
Наш дом неда́вно отремонти́ровали.	Unser Haus wurde vor kurzem renoviert.
спа́льня *f*	**Schlafzimmer** *n*
В спа́льне стоя́т две крова́ти и шкаф.	Im Schlafzimmer stehen zwei Betten und ein Schrank.
фо́рточка *f*	**Klappfenster** *n*, **Lüftungsklappe** *f*
Откро́й фо́рточку, в ко́мнате о́чень жа́рко.	Mach das Klappfenster auf, im Zimmer ist es sehr warm.
эта́ж *m*	**Etage** *f*, **Stock** *m*
Библиоте́ка нахо́дится на 5-ом этаже́.	Die Bibliothek befindet sich im 4. Stock.

1.2.1.2 EINRICHTUNG

«1–2000»

вещь *f*	**Ding** *n*, **Sache** *f*; **Gepäck** *n*
В ко́мнате лежа́ло мно́го веще́й.	Im Zimmer lagen viele Sachen.
На вокза́ле я сдала́ ве́щи в ка́меру хране́ния.	Auf dem Bahnhof gab ich mein Gepäck bei der Gepäckaufbewahrung ab.
дива́н *m*	**Sofa** *n*
На дива́не всегда́ спит ко́шка.	Die Katze schläft immer auf dem Sofa.
душ *m*	**Dusche** *f*
Мы жи́ли в гости́нице в но́мере с ду́шем.	Wir wohnten im Hotel in einem Zimmer mit Dusche.

Einrichtung

зéркало *n*
В коридóре на стенé висéло крýглое зéркало.

Spiegel *m*
Im Korridor hing ein runder Spiegel an der Wand.

кран *m*
В вáнной сломáлся кран.

(Wasser)Hahn *m*
Im Bad ist der Wasserhahn kaputt.

крéсло *n*
По вечерáм бáбушка сидит в крéсле и читáет.

Sessel *m*
Abends sitzt die Oma im Sessel und liest.

кровáть *f*
У стены стояла широкая кровáть.

Bett *n*
An der Wand stand ein breites Bett.

лáмпа *f*
В кабинéте на столé стояла лáмпа.

Lampe *f*
Im Arbeitszimmer stand eine Lampe auf dem Tisch.

обстанóвка *f*
Обстанóвка кабинéта былá простóй и удóбной.

Einrichtung *f*
Die Einrichtung des Arbeitszimmers war einfach und bequem.

печь *f*
Рядом с пéчью лежáла кóшка.

Ofen *m*
Neben dem Ofen lag eine Katze.

подýшка *f*
Я сплю без подýшки, потомý что у меня болит спинá.

Kissen *n*
Ich schlafe ohne Kissen, weil ich Rückenschmerzen habe.

стол *m*
За столóм сидéла вся семья и ýжинала.

Tisch *m*
Die ganze Familie saß am Tisch und aß zu Abend.

стул *m*
Для гостиной мы купили шесть стýльев.

Stuhl *m*
Für das Wohnzimmer kauften wir 6 Stühle.

удóбный
Я люблю сидéть в этом удóбном крéсле.

bequem
Ich sitze gern in diesem bequemen Sessel.

шкаф *m*
Постáвь посýду в шкаф!

Schrank *m*
Stell das Geschirr in den Schrank!

«2001–4000»

ва́нна *f*
Мать мы́ла ребёнка в голубо́й ва́нне.

(Bade)Wanne *f*
Die Mutter badete das Kind in einer blauen Badewanne.

ковёр *m*
В э́том магази́не мо́жно купи́ть недорого́й ковёр.

Teppich *m*
In diesem Laden kann man einen preiswerten Teppich kaufen.

ла́мпочка *f*
В коридо́ре не гори́т свет. Замени́ ла́мпочку.

Glühlampe *f*
Im Korridor brennt kein Licht, wechsele die Glühlampe.

матра́с *m*
Этот матра́с мя́гкий и удо́бный.

Matratze *f*
Diese Matratze ist weich und bequem.

ме́бель *f*
Мы купи́ли но́вую ме́бель.

Möbel *f*
Wir haben neue Möbel gekauft.

одея́ло *n*
Он лёг и с голово́й укры́лся одея́лом.

Decke *f*
Er legte sich hin und zog die Decke über den Kopf.

покрыва́ло *n*
На сва́дьбу нам подари́ли краси́вое покрыва́ло.

Tagesdecke *f*
Man hat uns zur Hochzeit eine schöne Tagesdecke geschenkt.

по́лка *f*
Поста́вь, пожа́луйста, слова́рь на по́лку.

Regal *n*
Stell bitte das Wörterbuch ins Regal.

посте́ль *f*
Медсестра́ сиде́ла у посте́ли больно́го.

Bett *n*
Die Krankenschwester saß am Bett des Kranken.

простыня́ *f*
Возьми́ све́жую простыню́ из шка́фа.

Laken *n*
Nimm ein frisches Laken aus dem Schrank.

ра́ма *f*
На стене́ висе́л портре́т в краси́вой ра́ме.

Rahmen *m*
An der Wand hing ein Porträt in einem schönen Rahmen.

скаме́йка *f*
В саду́ под де́ревом стои́т скаме́йка.

Bank *f*
Im Garten steht eine Bank unter dem Baum.

ска́терть *f*
Принеси́, пожа́луйста, бе́лую ска́терть.

Tischdecke *f*
Bring bitte eine weiße Tischdecke.

тахта́ *f*
Éсли прие́дет моя́ сестра́, то она́ мо́жет спа́ть на тахте́.

Liege *f*
Wenn meine Schwester kommt, kann sie auf der Liege schlafen.

топи́ть
В ста́рых дома́х пе́чи то́пят дрова́ми и углём.

heizen
In alten Häusern heizt man die Öfen mit Holz und Kohlen.

холоди́льник *m*
Положи́ мя́со в холоди́льник, оно́ мо́жет испо́ртиться.

Kühlschrank *m*
Leg das Fleisch in den Kühlschrank, sonst wird es schlecht.

я́щик *m*
В я́щике лежа́ли я́блоки и гру́ши.

Kasten *m*, **Kiste** *f*
In der Kiste lagen Äpfel und Birnen.

1.2.1.3 GEBRAUCHSGEGENSTÄNDE

«1–2000»

ба́нка *f*
В магази́не я купи́ла одну́ ба́нку смета́ны.
Откро́й, пожа́луйста, э́ту ба́нку.

(Konserven)Glas *n*; **Büchse** *f*
Ich kaufte im Laden ein Glas saure Sahne.
Mach bitte diese Büchse auf.

буди́льник *m*
Он забы́л завести́ буди́льник, поэ́тому проспа́л.

Wecker *m*
Er hatte vergessen, den Wecker aufzuziehen, deshalb hat er verschlafen.

звоно́к *m*
У нас о́чень гро́мкий звоно́к, та́к как ба́бушка пло́хо слы́шит.
До звонка́ ещё 20 мину́т.

Klingel *f*; **Klingelzeichen** *n*
Weil die Großmutter schlecht hört, haben wir eine sehr laute Klingel.
Bis zum Klingelzeichen sind es noch 20 Minuten.

ключ *m*
Он забы́л ключи́ и не смог попа́сть в кварти́ру.

Schlüssel *m*
Er hatte seine Schlüssel vergessen und konnte nicht in die Wohnung hinein.

кошелёк *m*
Я то́чно по́мню, что положи́ла кошелёк в карма́н.

Börse *f*, **Portemonnaie** *n*
Ich kann mich genau erinnern, daß ich das Portemonnaie in die Tasche gesteckt habe.

мешо́к m
Из дере́вни нам привезли́ 5 мешко́в карто́феля.

Sack m
Aus dem Dorf brachte man uns 5 Sack Kartoffeln mit.

очки́ Pl
Без очко́в ба́бушка не мо́жет смотре́ть телеви́зор.

Brille f
Ohne Brille kann die Großmutter nicht fernsehen.

портфе́ль m
Тетра́ди и уче́бники на́до ве́чером класть в портфе́ль.

Aktentasche f
Hefte und Lehrbücher muß man abends in die Aktentasche packen.

свеча́ f
Не забу́дь купи́ть свеч для ёлки.

Kerze f
Vergiß nicht, die Kerzen für den Tannenbaum zu kaufen.

спи́чка f
Дай мне, пожа́луйста, спи́чки.

Streichholz n
Gib mir bitte Streichhölzer.

су́мка f
Положи́, пожа́луйста, кошелёк в твою́ су́мку.

Tasche f
Leg bitte das Portemonnaie in deine Tasche.

часы́ Pl
Я ника́к не могу́ найти́ мой часы́, наве́рно, я их потеря́ла.

Uhr f
Ich kann meine Uhr einfach nicht finden, wahrscheinlich habe ich sie verloren.

я́щик m
В коридо́ре стоя́ли я́щики с кни́гами.

Kiste f
Im Korridor standen Kisten mit Büchern.

« 2001–4000 »

ведро́ n
В ва́нной стоя́ло ведро́ с гря́зным бельём.

Eimer m
Im Bad stand ein Eimer mit schmutziger Wäsche.

верёвка f
Мне ну́жно ещё пове́сить бельё на верёвку.

Schnur f, **Leine** f
Ich muß noch Wäsche auf die Leine hängen.

ве́шалка f
Твоё пальто́ виси́т в коридо́ре на ве́шалке.

Kleiderständer m
Dein Mantel hängt im Korridor am Kleiderständer.

гвоздь m
Что́бы почини́ть шкаф, мне нужны́ гво́зди.

Nagel m
Ich brauche Nägel, um den Schrank zu reparieren.

зонт m, **зо́нтик** m
Возьми́ с собо́й зонт, сего́дня бу́дет дождь.

Regenschirm m
Nimm einen Regenschirm mit, heute wird es regnen.

игла́ f, **иго́лка** f
Возьми́ иго́лку и пришéй пу́говицу.

Nadel f
Nimm eine Nadel und näh den Knopf an.

коро́бка f
В коро́бке лежа́ли ста́рые фотогра́фии.

Schachtel f
In der Schachtel lagen alte Fotos.

молото́к m
У тебя́ есть молото́к?

Hammer m
Hast du einen Hammer?

ни́тка f
Э́ту ткань на́до шить то́нкими ни́тками.

Faden m, **Garn** n
Diesen Stoff muß man mit dünnem Faden nähen.

но́жницы f Pl
Мне нужны́ специа́льные но́жницы, что́бы ре́зать мета́лл.

Schere f
Ich brauche eine Spezialschere, um Metall zu schneiden.

пила́ f
Он купи́л себе́ но́вую пилу́.

Säge f
Er kaufte sich eine neue Säge.

тря́пка f
Вы́три пыль э́той тря́пкой.

Lappen m
Wisch bitte mit diesem Lappen Staub.

утю́г m
Но́вый утю́г ча́сто лома́ется.

Bügeleisen n
Das neue Bügeleisen ist oft kaputt.

1.2.2 KLEIDUNG UND SCHMUCK

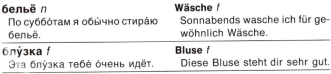

« 1–2000 »

бельё n
По суббо́там я обы́чно стира́ю бельё.

Wäsche f
Sonnabends wasche ich für gewöhnlich Wäsche.

блу́зка f
Э́та блу́зка тебе́ о́чень идёт.

Bluse f
Diese Bluse steht dir sehr gut.

боти́нок m
Ребёнку нужны́ на́ зиму тёплые боти́нки.

Schuh m
Das Kind braucht für den Winter warme Schuhe.

Kleidung und Schmuck

брю́ки f Pl
Брю́ки мне широки́, так как э́то не мой разме́р.

Hose f
Die Hose ist mir zu weit, weil das nicht meine Größe ist.

джи́нсы Pl
Джи́нсы – о́чень практи́чный вид оде́жды.

Jeans Pl
Jeans sind eine sehr praktische Kleidung.

идти́
Мне не иду́т широ́кие ю́бки.

stehen
Mir stehen keine weiten Röcke.

карма́н m
Ма́ленькая де́вочка лю́бит пла́тья с карма́нами.

Tasche f
Das kleine Mädchen mag Kleider mit Taschen.

колго́тки n Pl
Мно́го де́нег я тра́чу на колго́тки.

Strumpfhose f
Ich gebe viel Geld für Strumpfhosen aus.

кольцо́ n
Он, ви́димо, жена́т, так как он но́сит кольцо́.

Ring m
Er ist anscheinend verheiratet, da er einen Ring trägt.

костю́м m
В э́том сезо́не мо́дны класси́ческие костю́мы.

Anzug m
In dieser Saison sind klassische Anzüge modern.

краси́вый
Где ты купи́ла тако́е краси́вое кольцо́?

schön
Wo hast du diesen schönen Ring gekauft?

мо́да f
Она́ была́ оде́та по после́дней мо́де.

Mode f
Sie war nach der letzten Mode gekleidet.

«мо́лния» f; **замо́к-мо́лния** f
Помоги́ мне, пожа́луйста, вшить «мо́лнию».

Reißverschluß m
Hilf mir bitte den Reißverschluß einzunähen.

надева́ть/наде́ть
Наде́нь пальто́, сего́дня на у́лице хо́лодно.

anziehen
Zieh den Mantel an, heute ist es kalt draußen.

носи́ть
Мно́гие же́нщины но́сят брю́ки.

tragen
Viele Frauen tragen Hosen.

пальто́ n
Неда́вно я купи́ла себе́ элега́нтное пальто́.

Mantel m
Vor kurzem kaufte ich mir einen eleganten Mantel.

плато́к m
К пальто́ мне на́до купи́ть бе́лый или кра́сный плато́к.

Tuch n
Zum Mantel brauche ich noch ein weißes oder ein rotes Tuch.

Kleidung und Schmuck

платье *n*
В этом магазине большой выбор платьев.

Kleid *n*
In diesem Laden gibt es eine große Auswahl an Kleidern.

пояс *m*
Тебе больше идут платья без пояса.

Gürtel *m*
Dir stehen Kleider ohne Gürtel besser.

пуговица *f*
По-моему, эти красные пуговицы не идут к зелёному платью.

Knopf *m*
Ich finde, diese roten Knöpfe passen nicht zum grünen Kleid.

раздеваться/раздеться
Ребёнок раздевается медленно, так как он не хочет идти спать.
Гости разделись и прошли в комнату.

sich ausziehen; ablegen
Das Kind zieht sich langsam aus, weil es nicht schlafen gehen will.
Die Gäste legten ab und gingen ins Zimmer.

размер *f*
Дайте мне, пожалуйста, белую рубашку 40 размера.

Größe *f*
Geben Sie mir bitte ein weißes Hemd in der Größe 40.

рубашка *f*
Мой брат носит только белые рубашки.

Hemd *n*
Mein Bruder trägt nur weiße Hemden.

рукав *m*
На девушке была красивая блузка без рукавов.

Ärmel *m*
Das Mädchen trug eine hübsche ärmellose Bluse.

сапог *m*
В этом сезоне модны сапоги на низком каблуке.

Stiefel *m*
In dieser Saison sind Stiefel mit flachen Absätzen modern.

снимать/снять
Сними туфли, они у тебя грязные.

ausziehen
Zieh die Schuhe aus, sie sind schmutzig.

туфля *f*, **туфли** *Pl*
Моя подруга носит лакированные туфли.

Schuh *m*
Meine Freundin trägt Lackschuhe.

шапка *f*
Какая у тебя красивая шапка!

Mütze *f*
Was für eine schöne Mütze du hast!

шуба *f*
Продавец посоветовал мне купить синтетическую шубу.

Pelzmantel *m*
Der Verkäufer empfahl mir, einen synthetischen Pelzmantel zu kaufen.

Kleidung und Schmuck

юбка *f*
Какая юбка идёт к этой блузке?

Rock *m*
Welcher Rock paßt zu dieser Bluse?

«2001–4000»

браслет *m*
Этот браслет он привёз из Китая.

Armband *n*
Dieses Armband brachte er aus China mit.

воротник *m*
Чёрное платье с белым воротником тебе идёт.

Kragen *m*
Das schwarze Kleid mit dem weißen Kragen steht dir.

галстук *m*
Коллеги подарили моему мужу галстук.

Krawatte *f*
Die Kollegen schenkten meinem Mann eine Krawatte.

гладить/погладить
Моя дочь не любит гладить бельё и одежду.

bügeln
Meine Tochter mag es nicht, Wäsche und Kleidung zu bügeln.

голый
«А король-то голый!» – сказал маленький мальчик.

nackt
„Aber der König ist ja nackt!" – sagte der kleine Junge.

застёгивать/застегнуть
Сестра помогает брату застегнуть пальто.

zuknöpfen
Die Schwester hilft dem Bruder, den Mantel zuzuknöpfen.

каблук *m*
Моя жена надела в театр туфли на высоком каблуке.

Absatz *m*
Meine Frau zog ins Theater Schuhe mit hohen Absätzen an.

кофта *f*
Дочь подарила матери на день рождения шерстяную кофту.

(Strick)Jacke *f*
Die Tochter schenkte der Mutter eine wollene Strickjacke zum Geburtstag.

купальный костюм *m*, **купальник** *m*
В этом магазине я купила красивый купальник.

Badeanzug *m*
In diesem Geschäft kaufte ich einen schönen Badeanzug.

лента *f*
Моя сестра завязывает волосы лентой.

Band *n*
Meine Schwester bindet die Haare mit einem Band zusammen.

Kleidung und Schmuck

ма́йка f	**Turnhemd** n, **T-Shirt** n
Да́йте мне, пожа́луйста, ма́йку 48 разме́ра.	Geben Sie mir bitte ein Turnhemd, Größe 48.
носо́к m, **носки́** Pl	**Socke** f
Эти носки́ о́чень то́нкие.	Diese Socken sind sehr dünn.
о́бувь f	**Schuhe** Pl
О́бувь в э́том магази́не о́чень дорога́я.	In diesem Laden sind Schuhe sehr teuer.
одева́ться/оде́ться	**sich anziehen**
Одева́йся быстре́е, а то мы опозда́ем в теа́тр.	Zieh dich schnell an, sonst kommen wir zu spät ins Theater.
оде́жда f	**Kleider** Pl, **Kleidung** f
Отнеси́, пожа́луйста, оде́жду в химчи́стку.	Schaff bitte die Kleider in die chemische Reinigung.
переодева́ться/переоде́ться	**sich umziehen**
Когда́ я прихожу́ с рабо́ты, я сра́зу переодева́юсь.	Wenn ich von der Arbeit nach Hause komme, ziehe ich mich sofort um.
перча́тка f	**Handschuh** m
Ка́жется, я потеря́ла ле́вую перча́тку.	Ich glaube, ich habe meinen linken Handschuh verloren.
пиджа́к m	**Jackett** n
К э́тому пиджаку́ иду́т све́тлые брю́ки.	Zu diesem Jackett paßt eine helle Hose.
пла́вки f Pl	**Badehose** f
На молодо́м челове́ке бы́ли одни́ то́лько пла́вки.	Der junge Mann hatte nur eine Badehose an.
плащ m	**Regenmantel** m
Ты е́дешь в А́нглию? Не забу́дь взять с собо́й плащ.	Fährst du nach England? Vergiß nicht, deinen Regenmantel mitzunehmen.
примеря́ть/приме́рить	**anprobieren**
Я хоте́ла бы приме́рить э́ту ю́бку.	Ich möchte diesen Rock anprobieren.
реме́нь m	**Gürtel** m
К э́тим брю́кам тебе́ ну́жно купи́ть краси́вый реме́нь.	Zu dieser Hose mußt du einen hübschen Gürtel kaufen.
сви́тер m	**Pullover** m
Э́тот сви́тер на́до стира́ть рука́ми: он из чи́стой ше́рсти.	Dieser Pullover muß mit der Hand gewaschen werden, er ist aus reiner Wolle.

трусы́ *m Pl* В ко́мнате бы́ло жа́рко, поэ́тому на нём бы́ли одни́ трусы́.	**Turnhose** *f* Im Zimmer war es heiß, deswegen hatte er nur eine Turnhose an.
фура́жка *f* В ста́рой Росси́и шко́льники носи́ли фура́жки.	**Schirmmütze** *f* Im alten Rußland trugen die Schüler Schirmmützen.
хала́т *m* Врач наде́л све́жий хала́т.	**Kittel** *m* Der Arzt zog einen frischen Kittel an.
чуло́к *m*, **чулки́** *Pl* Ба́бушка попроси́ла меня́ купи́ть ей шерстяны́е чулки́.	**Strumpf** *m* Die Großmutter bat mich, ihr wollene Strümpfe zu kaufen.
шить/сшить Подру́га обеща́ла сшить мне пла́тье.	**nähen** Die Freundin versprach, mir ein Kleid zu nähen.
шля́па *f* Мой па́па но́сит шля́пу.	**Hut** *m* Mein Vater trägt einen Hut.
элега́нтный Э́то элега́нтное пла́тье о́чень дорого́е.	**elegant** Dieses elegante Kleid ist sehr teuer.

1.2.3 ERNÄHRUNG

1.2.3.1 MAHLZEITEN, RESTAURANT

« 1–2000 »

аппети́т *m* Хозя́йка пожела́ла гостя́м прия́тного аппети́та.	**Appetit** *m* Die Gastgeberin wünschte den Gästen einen guten Appetit.
ви́лка *f* Я не зна́ю, почему́ мне положи́ли две ви́лки.	**Gabel** *f* Ich weiß nicht, warum man mir zwei Gabeln hingelegt hat.
вку́сный Ба́бушка гото́вит на обе́д вку́сный борщ.	**schmackhaft** Die Großmutter kocht zum Mittag einen schmackhaften Borschtsch.
выбира́ть/вы́брать На второ́е мы вы́брали жа́реную ры́бу.	**wählen** Als zweiten Gang wählten wir gebratenen Fisch.

выбор *m*
В э́том рестора́не большо́й вы́бор блюд ру́сской ку́хни.

Auswahl *f*
In diesem Restaurant hat man eine große Auswahl an Gerichten der russischen Küche.

голо́дный
Я сего́дня го́лоден, как волк.

hungrig, Hunger haben
Ich habe heute einen Bärenhunger.

горчи́ца *f*
На у́жин мы е́ли соси́ски с горчи́цей.

Senf *m*
Zum Abendbrot aßen wir Würstchen mit Senf.

гото́вить/пригото́вить
Его́ жена́ хорошо́ гото́вит.

zubereiten, kochen
Seine Frau kann gut kochen.

есть/пое́сть и съесть
Почему́ ты ешь так бы́стро?
Ребёнок съел всю ка́шу и споко́йно спал всю ночь.

essen
Warum ißt du so schnell?
Das Kind aß den ganzen Brei auf und schlief dann ruhig die ganze Nacht.

за́втрак *m*
На за́втрак бы́ли я́йца и ко́фе.

Frühstück *n*
Zum Frühstück gab es Eier und Kaffee.

за́втракать/поза́втракать
Я за́втракаю в 7 часо́в.

frühstücken
Ich frühstücke um 7 Uhr.

зака́зывать/заказа́ть
К на́шему сто́лику подошёл официа́нт, и мы заказа́ли обе́д.

bestellen
Der Kellner kam an unseren Tisch und wir bestellten das Mittagessen.

заку́ска *f*
На столе́ стоя́ло мно́го ра́зных заку́сок.

(kleine pikante) Vorspeise *f*, **Appetithäppchen** *n*
Auf dem Tisch standen viele Vorspeisen.

кастрю́ля *f*
Кастрю́лю с су́пом я поста́вила в холоди́льник.

(Koch)Topf *m*
Den Topf mit Suppe stellte ich in den Kühlschrank.

ло́жка *f*
Официа́нт забы́л принести́ мне ло́жку.

Löffel *m*
Der Kellner vergaß, mir einen Löffel zu bringen.

ме́сто *n*
В рестора́не все места́ бы́ли за́няты.

Platz *m*
Im Restaurant waren alle Plätze besetzt.

нож *m*
Мне ну́жно купи́ть специа́льный нож для чи́стки карто́феля.

Messer *n*
Ich muß ein spezielles Messer zum Kartoffelschälen kaufen.

Mahlzeiten, Restaurant

на второ́е	**als zweiter Gang**
На второ́е ма́ма пригото́вила котле́ты с ри́сом.	Als zweiten Gang bereitete die Mutter Buletten mit Reis zu.
на пе́рвое	**als erster Gang**
На пе́рвое обы́чно едя́т суп или борщ.	Als erster Gang wird oft Suppe oder Borschtsch gegessen.
на тре́тье	**als dritter Gang**
На тре́тье мы заказа́ли моро́женое.	Als dritten Gang bestellten wir Eis.
обе́д *m*	**Mittagessen** *n*; **Mittagspause** *f*
Ру́сский обе́д состои́т, как пра́вило, из трёх блюд.	Das russische Mittagessen besteht in der Regel aus drei Gängen.
Магази́н закры́т на обе́д.	Das Geschäft hat Mittagspause.
обе́дать	**zu Mittag essen**
Где ты обы́чно обе́даешь?	Wo ißt du gewöhnlich zu Mittag?
про́бовать/попро́бовать	**kosten, probieren**
Попро́буйте вот э́того сала́та, он о́чень вку́сный.	Probieren Sie diesen Salat, er schmeckt sehr gut.
рестора́н *m*	**Restaurant** *n*
Сва́дьбу реши́ли пра́здновать в рестора́не.	Man beschloß, die Hochzeit im Restaurant zu feiern.
столо́вая *f*	**Mensa** *f*
Недалеко́ от университе́та нахо́дится столо́вая.	Nicht weit von der Universität befindet sich die Mensa.
счёт *m*	**Rechnung** *f*
Мы попроси́ли официа́нта принести́ счёт.	Wir baten den Kellner, die Rechnung zu bringen.
таре́лка *f*	**Teller** *m*
Он съел це́лую таре́лку су́па.	Er aß den ganzen Teller Suppe auf.
у́жин *m*	**Abendessen** *n*, **Abendbrot** *n*
Я позвоню́ тебе́ по́сле у́жина.	Ich rufe dich nach dem Abendbrot an.
у́жинать/поу́жинать	**zu Abend essen**
Вся семья́ у́жинает обы́чно в 7 часо́в ве́чера.	Die ganze Familie ißt gewöhnlich um 19 Uhr zu Abend.

«2001–4000»

блю́до *n*
Каки́е блю́да ру́сской ку́хни вы зна́ете?

Gericht *n*
Welche Gerichte der russischen Küche kennen Sie?

буфе́т *m*
В гости́нице есть буфе́т, в кото́ром мо́жно поза́втракать.

Büfett *n*
Im Hotel gibt es ein Büfett, in dem man frühstücken kann.

варёный
К мя́су по́дали варёный карто́фель.

gekocht
Zum Fleisch gab es gekochte Kartoffeln.

вку́сно *Adv*
Моя́ сестра́ вку́сно гото́вит.

schmackhaft
Meine Schwester kocht sehr schmackhaft.

го́лод *m*
В э́той африка́нской стране́ де́ти умира́ют от го́лода.

Hunger *m*
In diesem afrikanischen Land sterben Kinder an Hunger.

жа́реный
Каку́ю ры́бу вы предпочита́ете – жа́реную или варёную?

gebraten
Welchen Fisch essen Sie lieber: gebratenen oder gekochten?

кафе́ *n*
В э́том кафе́ продаётся вку́сное моро́женое.

Café *n*
In diesem Café gibt es schmackhaftes Eis.

кипе́ть/вскипе́ть
Когда́ вода́ вскипи́т, на́до положи́ть капу́сту.

kochen
Wenn das Wasser kocht, legt man den Kohl hinein.

меню́
В меню́ рестора́на большо́й вы́бор блюд ру́сской ку́хни.

Speisekarte *f*
Auf der Speisekarte des Restaurants stehen viele Gerichte russischer Küche.

моро́женое *n*
На тре́тье мы заказа́ли моро́женое.

Eis *n*
Als dritten Gang bestellten wir Eis.

официа́нт *m*, **официа́нтка** *f*
Брат мое́й подру́ги рабо́тает официа́нтом.

Kellner *m*, **Kellnerin** *f*
Der Bruder meiner Freundin ist Kellner.

обслу́живать/обслужи́ть
Нас бы́стро обслужи́л молодо́й официа́нт.

bedienen
Ein junger Kellner bediente uns schnell.

питаться
Во время путешествия в горы мы питались консервами.

(er)nähren
Während unserer Reise in die Berge ernährten wir uns von Konserven.

пища f
Пища должна быть вкусной и разнообразной.

Nahrung f
Die Nahrung muß schmackhaft und abwechslungsreich sein.

порция f
Официантка спросила нас, сколько порций салата мы заказали.

Portion f
Die Kellnerin fragte uns, wieviel Portionen Salat wir bestellt hatten.

посуда f
Мама моет посуду, а дочь вытирает её.

Geschirr n
Die Mutter spült das Geschirr und die Tochter trocknet es ab.

проголодаться
Я целый день ничего не ела и сильно проголодалась.

Hunger haben
Den ganzen Tag habe ich nichts gegessen und habe großen Hunger.

салфетка f
Салфетка должна лежать справа от тарелки.

Serviette f
Die Serviette muß rechts vom Teller liegen.

сытый
Ребёнок сыт, он недавно обедал.

satt
Das Kind ist satt, es hat vor kurzem zu Mittag gegessen.

шашлык m
Шашлык сегодня получился очень вкусный.

Schaschlyk n
Das Schaschlyk ist heute sehr gut gelungen.

1.2.3.2 LEBENSMITTEL UND SPEISEN
(Siehe auch OBST UND GEMÜSE 1.2.3.3)

«1–2000»

борщ m
Он так любит борщ, что может есть его 3 раза в день.

Borschtsch m
Er mag Borschtsch so sehr, daß er ihn dreimal am Tage essen könnte.

булка f
В магазин привезли свежие булки.

Brötchen n
In den Laden brachte man frische Brötchen.

вари́ть/свари́ть
Это мя́со ну́жно до́лго вари́ть.

kochen
Dieses Fleisch muß man lange kochen.

го́рький
Огурцы́, кото́рые ты купи́л на ры́нке, го́рькие.

bitter
Die Gurken, die du auf dem Markt gekauft hast, sind bitter.

еда́ f
Это лека́рство на́до принима́ть до еды́.

Essen n
Diese Arznei muß man vor dem Essen einnehmen.

ка́ша f
Мой сын лю́бит ка́шу.

Brei m
Mein Sohn ißt gern Brei.

колбаса́ f
Купи́, пожа́луйста, полкило́ колбасы́.

Wurst f
Kauf bitte ein halbes Kilo Wurst.

конфе́та f
Не дава́й ребёнку шокола́дных конфе́т, э́то вре́дно для зубо́в.

Praline f, **Konfekt** n
Gib dem Kind keine Pralinen, das ist schädlich für die Zähne.

кусо́к m
Он положи́л кусо́к мя́са на таре́лку.
Отре́жь мне, пожа́луйста, кусо́к хле́ба.

Stück n; **Scheibe** f
Er legte ein Stück Fleisch auf den Teller.
Schneide mir bitte eine Scheibe Brot ab.

ма́сло n
Ры́бу мо́жно жа́рить и на сли́вочном, и на подсо́лнечном ма́сле.

Butter f; **Öl** n
Den Fisch kann man sowohl in Butter als auch in Öl braten.

мука́ f
Для то́рта ну́жно 250 грамм муки́.

Mehl n
Für die Torte braucht man 250 g Mehl.

мя́со n
Ната́ша уме́ет печь вку́сные пироги́ с мя́сом.

Fleisch n
Natascha kann schmackhafte Fleischpasteten backen.

о́стрый
Дай мне, пожа́луйста, о́стрый нож.

scharf
Gib mir bitte ein scharfes Messer.

проду́кты m Pl
По́сле рабо́ты она́ пошла́ в магази́н, что́бы купи́ть проду́кты.

Lebensmittel n Pl
Nach der Arbeit ging sie in den Laden, um Lebensmittel einzukaufen.

са́хар m
Я пью ко́фе с молоко́м и са́харом.

Zucker m
Ich trinke Kaffee mit Milch und Zucker.

соль f	**Salz** n
Не клади́ так мно́го со́ли в суп.	Gib nicht so viel Salz in die Suppe.
суп m	**Suppe** f
Ма́льчик съел с аппети́том таре́лку су́па.	Der Junge aß mit Appetit einen Teller Suppe.
сыр m	**Käse** m
На таре́лке лежа́ли кусо́чки сы́ра.	Auf dem Teller lagen Käsestückchen.
у́ксус m	**Essig** m
В э́том сала́те сли́шком ма́ло у́ксуса.	An diesem Salat ist zu wenig Essig.
хлеб m	**Brot** n
Сходи́, пожа́луйста, в магази́н и купи́ хле́ба.	Geh bitte in den Laden und kauf Brot.
яйцо́ n	**Ei** n
На за́втрак я обы́чно ем одно́ яйцо́.	Zum Frühstück esse ich gewöhnlich ein Ei.

«2001–4000»

бара́нина f	**Hammelfleisch** n
Настоя́щий шашлы́к гото́вят из бара́нины.	Echtes Schaschlyk wird aus Hammelfleisch zubereitet.
бутербро́д m	**belegtes Brot** n
На таре́лке лежа́ли бутербро́ды с колбасо́й.	Auf dem Teller lagen belegte Brote mit Wurst.
варе́нье n	**Warenje** f, **(Konfitüre** f)
По вечера́м на́ша семья́ пьёт чай с варе́ньем.	Abends trinkt unsere Familie Tee mit Warenje.
ветчина́ f	**Schinken** m
Да́йте мне, пожа́луйста, 300 грамм ветчины́.	Geben Sie mir bitte 300 g Schinken.
говя́дина f	**Rindfleisch** n
Ско́лько сто́ит килогра́мм говя́дины?	Wieviel kostet ein Kilo Rindfleisch?
жа́рить/пожа́рить	**braten**
Что ты де́лаешь? – Жа́рю мя́со на у́жин.	Was machst du? – Ich brate Fleisch zum Abendbrot.

118 Lebensmittel und Speisen

жаркóе *n*
В э́том рестора́не гото́вят настоя́щее ру́сское жарко́е.

Braten *m*
In diesem Restaurant wird echter russischer Braten zubereitet.

жир *m*
На како́м жиру́ лу́чше всего́ жа́рить карто́фель?

Fett *n*
Mit welchem Fett kann man Kartoffeln am besten braten?

котле́та *f*
На обе́д ма́ма пригото́вила котле́ты.

Frikadelle *f*, **Bulette** *f*
Zum Mittagessen bereitete die Mutter Frikadellen zu.

накрыва́ть/накры́ть
Ско́ро приду́т го́сти, пора́ накрыва́ть на стол.

decken
Bald kommen die Gäste, es ist Zeit, den Tisch zu decken.

пе́рец *m*
Что́бы котле́ты бы́ли вкусне́е, в них на́до положи́ть пе́рец.

Pfeffer *m*
Damit die Buletten besser schmecken, muß man sie mit Pfeffer würzen.

пече́нье *n*
Ба́бушка лю́бит пить чай с пече́ньем.

Keks *m*
Die Großmutter trinkt gern Tee und ißt Kekse dazu.

печь/испе́чь
К пра́зднику мы всегда́ печём торт.

backen
Zum Fest backen wir immer eine Torte.

пиро́г *m*
Твой пиро́г с я́блоками о́чень вку́сный.
Дай мне, пожа́луйста, реце́пт пирого́в с мя́сом.

Kuchen *m*; **Pirogge** *f*
Dein Apfelkuchen schmeckt sehr gut.
Gib mir bitte das Rezept für Piroggen mit Fleisch.

сала́т *m*
К нам ве́чером приду́т го́сти, поэ́тому я хочу́ пригото́вить два сала́та.

Salat *m*
Am Abend kommen Gäste zu uns, deshalb möchte ich zwei Salate machen.

свини́на *f*
Для борща́ лу́чше всего́ брать и говя́дину, и свини́ну.

Schweinefleisch *n*
Für Borschtsch nimmt man am besten Rind- und Schweinefleisch.

смета́на *f*
Ты забы́л купи́ть смета́ну.

saure Sahne *f*
Du hast vergessen, saure Sahne zu kaufen.

теля́тина *f*
Мне ну́жно купи́ть килогра́мм теля́тины.

Kalbfleisch *n*
Ich muß ein Kilo Kalbfleisch kaufen.

тéсто n	**Teig** m
Из какóго тéста дéлают печéнье?	Aus welchem Teig werden Kekse gemacht?
шоколáд m	**Schokolade** f
Все дéти óчень лю́бят шоколáд.	Alle Kinder mögen gern Schokolade.
щи f Pl	**Kohlsuppe** f
Давáй закáжем на пéрвое щи.	Wollen wir als ersten Gang Kohlsuppe bestellen?

1.2.3.3 OBST UND GEMÜSE

«1–2000»

арбýз m	**Wassermelone** f
Арбýз был óчень слáдкий.	Die Wassermelone war sehr süß.
грýша f	**Birne** f
Скóлько стóит килогрáмм груш?	Wieviel kostet ein Kilo Birnen?
капýста f	**Kohl** m
Мне нáдо купи́ть на ры́нке капýсту.	Ich muß auf dem Markt Kohl kaufen.
картóфель m	**Kartoffeln** f
Картóфель сегóдня на ры́нке дешёвый.	Kartoffeln sind heute auf dem Markt billig.
ки́слый	**sauer**
Я́блоко я не съéла, потомý что онó ки́слое.	Den Apfel habe ich nicht aufgegessen, weil er sauer ist.
лук m	**Zwiebel** f
В салáт нáдо ещё добáвить лýку.	Zum Salat muß man noch Zwiebeln zugeben.
моркóвь f	**Mohrrübe** f
В моркóви мнóго витами́нов.	Mohrrüben haben viele Vitamine.
óвощи m Pl	**Gemüse** n
Свéжие óвощи óчень полéзны для здорóвья.	Frisches Gemüse ist sehr gesund.
огурéц m	**Gurke** f
Для салáта мне нужны́ огурцы́.	Ich brauche Gurken für den Salat.

Obst und Gemüse

помидо́р *m* Наре́жь, пожа́луйста, помидо́ры для сала́та.	**Tomate** *f* Schneide bitte Tomaten für den Salat.
све́жий В э́том магази́не о́вощи всегда́ све́жие.	**frisch** In diesem Laden ist das Gemüse immer frisch.
сла́дкий На за́втрак она́ пила́ сла́дкий чай.	**süß** Zum Frühstück trank sie süßen Tee.
сли́ва *f* За́втра я хочу́ печь пиро́г со сли́вами.	**Pflaume** *f* Morgen möchte ich Pflaumenkuchen backen.
спе́лый Тру́дно узна́ть, спе́лый ли арбу́з и́ли нет.	**reif** Es ist schwer festzustellen, ob die Wassermelone reif ist oder nicht.
сыро́й Сыры́е о́вощи соде́ржат бо́льше витами́нов, чем варёные.	**roh** Rohes Gemüse enthält mehr Vitamine als gekochtes.
фру́кты *m Pl* На ры́нке мо́жно купи́ть све́жие фру́кты.	**Obst** *n* Auf dem Markt kann man frisches Obst kaufen.
чесно́к *m* Чесно́к о́чень поле́зен для здоро́вья.	**Knoblauch** *m* Knoblauch ist sehr gesund.
я́блоко *n* На тре́тье сего́дня компо́т из я́блок.	**Apfel** *m* Als dritten Gang gibt es heute Apfelkompott.
я́года *f* В э́том лесу́ мно́го я́год.	**Beere** *f* In diesem Wald gibt es viele Beeren.

« 2001–4000 »

апельси́н *m* Я купи́ла де́тям килогра́мм апельси́нов.	**Apfelsine** *f* Ich kaufte für die Kinder ein Kilo Apfelsinen.
бана́н *m* Бана́ны расту́т в А́фрике.	**Banane** *f* Bananen wachsen in Afrika.
лимо́н *m* Лимо́ны импорти́руют из Испа́нии.	**Zitrone** *f* Zitronen werden aus Spanien eingeführt.

мандари́н *m* Э́ти мандари́ны ма́ленькие, но сла́дкие.	**Mandarine** *f* Diese Mandarinen sind klein, aber süß.
пе́рсик *m* В э́том году́ бы́ло мно́го пе́рсиков в саду́.	**Pfirsich** *m* In diesem Jahr gab es im Garten viele Pfirsiche.
рис *m* В Кита́е едя́т мно́го ри́са.	**Reis** *m* In China wird viel Reis gegessen.

1.2.3.4 TRINKEN, RAUCHEN

«1–2000»

буты́лка *f* На столе́ стоя́ло не́сколько буты́лок с напи́тками.	**Flasche** *f* Auf dem Tisch standen einige Flaschen mit Getränken.
вино́ *n* Како́е вино́ тебе́ нали́ть – кра́сное и́ли бе́лое?	**Wein** *m* Welchen Wein soll ich dir einschenken, Rot- oder Weißwein?
вода́ *f* Принеси́ мне, пожа́луйста, стака́н воды́.	**Wasser** *n* Bring mir bitte ein Glas Wasser.
горя́чий Почему́ ты не пьёшь ко́фе? – Он ещё горя́чий.	**heiß** Warum trinkst du den Kaffee nicht? – Er ist noch heiß.
кефи́р *m* Кефи́р о́чень поле́зен для здоро́вья.	**Kefir** *m* Kefir ist sehr gut für die Gesundheit.
кре́пкий Ве́чером я вы́пила кре́пкого ча́я и до́лго не могла́ засну́ть.	**stark** Am Abend trank ich starken Tee und konnte lange nicht einschlafen.
кури́ть В э́той ко́мнате не ку́рят.	**rauchen** In diesem Zimmer wird nicht geraucht.
лёд *m* Официа́нт принёс стака́н минера́льной воды́ со льдом.	**Eis** *n* Der Kellner brachte ein Glas Mineralwasser mit Eis.

Trinken, Rauchen

молоко *n*
Ты пьёшь кофе с молоком или без молока?

Milch *f*
Trinkst du Kaffee mit Milch oder ohne?

наливать/налить
Налей мне, пожалуйста, чаю.

eingießen, einschenken
Gieß mir bitte Tee ein.

пить/выпить
Гости сидели долго и выпили всё вино.

trinken
Die Gäste saßen lange und tranken den ganzen Wein aus.

пьяный
В парке на скамейке лежал пьяный мужчина.
Пьяного отвезли в милицию.

betrunken; Betrunkene(r) *m*
Im Park lag auf einer Bank ein betrunkener Mann.
Der Betrunkene wurde zur Miliz gebracht.

сигарета *f*
Эта женщина курит 20 сигарет в день.

Zigarette *f*
Diese Frau raucht 20 Zigaretten pro Tag.

стакан *m*
На завтрак я выпиваю стакан сока.

Glas *n*
Zum Frühstück trinke ich ein Glas Saft.

чай *m*
У нас кончился чай.

Tee *m*
Der Tee ist alle.

чайник *m*
Я подарила подруге на день рождения красивый чайник.

Teekessel *m*, **Teekanne** *f*
Ich schenkte meiner Freundin eine schöne Teekanne zum Geburtstag.

чашка *f*
Кошка прыгнула на стол и разбила мою любимую чашку.

Tasse *f*
Die Katze sprang auf den Tisch und zerschlug meine Lieblingstasse.

« 2001–4000 »

алкогольный
Алкогольные напитки продают с 10-и часов утра.

alkoholisch
Alkoholische Getränke werden ab 10 Uhr verkauft.

бокал *m*
На столе стоял бокал с красным вином.

Weinglas *n*
Auf dem Tisch stand ein Glas mit Rotwein.

зажигалка *f*
Газовую зажигалку можно купить в любом магазине.

Feuerzeug *n*
Ein Gasfeuerzeug kann man in jedem Laden kaufen.

какао *n*
Она не пьёт какао.

Kakao *m*
Sie trinkt keinen Kakao.

коньяк *m*
Что вы будете пить, коньяк или водку?

Cognac *m*
Was möchten Sie trinken: Cognac oder Wodka?

кофе *m*
По утрам я обычно пью крепкий кофе.

Kaffee *m*
Morgens trinke ich gewöhnlich starken Kaffee.

лимонад *m*
Для ребёнка мы заказали лимонад.

Limonade *f*
Für das Kind haben wir Limonade bestellt.

минеральный
Официант принёс бутылку минеральной воды.

Mineral-
Der Kellner brachte eine Flasche Mineralwasser.

напиток *m*
Какие напитки мы закажем?

Getränk *n*
Welche Getränke wollen wir bestellen?

пепельница *f*
Мы попросили официанта принести пепельницу.

Aschenbecher *m*
Wir baten den Kellner, einen Aschenbecher zu bringen.

пиво *n*
В Праге мы пили крепкое тёмное пиво.

Bier *n*
In Prag tranken wir starkes dunkles Bier.

рюмка *f*
Это ты разбил рюмку?

Wein-, Schnapsglas *n*
Hast du das Weinglas zerbrochen?

самовар *m*
Иногда мы пьём чай из самовара.

Samowar *m*
Manchmal trinken wir Tee aus dem Samowar.

тост *m*
Господа! Я предлагаю тост за хозяйку.

Trinkspruch *m*
Meine Herren! Ich möchte einen Trinkspruch auf die Gastgeberin ausbringen.

трубка *f*
Наш директор курит трубку.

Pfeife *f*
Unser Direktor raucht Pfeife.

шампанское *n*
После супа официант принёс шампанское.

Sekt *m*, **Schaumwein** *m*
Nach der Suppe brachte der Kellner den Sekt.

1.2.4 SCHULE UND AUSBILDUNG
(Siehe auch LERNEN UND WISSEN, 1.1.2.9)

1.2.4.1 ALLGEMEINES

«1–2000»

воспита́ние *n*	**Erziehung** *f*
Семья́ игра́ет большу́ю роль в воспита́нии дете́й.	Die Familie spielt eine große Rolle bei der Erziehung der Kinder.
вуз *m*	**Hochschule** *f*
В э́том го́роде есть три ву́за.	In dieser Stadt gibt es drei Hochschulen.
вы́сший	**höchst, Hoch-**
Спортсме́нка получи́ла вы́сшую оце́нку.	Die Sportlerin bekam die Höchstnote.
Э́то вы́сшее уче́бное заведе́ние гото́вит учителе́й.	Diese Hochschule bildet Lehrer aus.
заня́тие *n*	**Beschäftigung** *f*; **Unterricht** *m*
Чте́ние – моё люби́мое заня́тие.	Lesen ist meine Lieblingsbeschäftigung.
Заня́тия в ву́зах начина́ются 1-го сентября́.	Der Unterricht an den Hochschulen beginnt am 1. September.
изуча́ть/изучи́ть	**lernen; studieren; wissenschaftlich untersuchen**
В гимна́зии шко́льники изуча́ют лати́нский язы́к.	Am Gymnasium lernen die Schüler Latein.
Он изуча́ет хи́мию в университе́те.	Er studiert Chemie an der Universität.
Био́логи изуча́ют поведе́ние живо́тных.	Die Biologen untersuchen das Verhalten der Tiere.
институ́т *m*	**Institut** *n*, **Hochschule** *f*
Моя́ подру́га око́нчила педагоги́ческий институ́т.	Meine Freundin absolvierte die pädagogische Hochschule.
класс *m*	**Klasse** *f*
Са́ша у́чится в пя́том кла́ссе.	Sascha geht in die 5. Klasse.
конча́ть/ко́нчить	**beenden**
Он ко́нчил шко́лу и на́чал рабо́тать на заво́де.	Er beendete die Schule und begann in einem Werk zu arbeiten.
поступа́ть/поступи́ть	**immatrikuliert werden/sein**
Моя́ знако́мая поступи́ла в университе́т.	Meine Bekannte wurde an der Universität immatrikuliert.

профе́ссор *m*
Ле́кции по литерату́ре чита́ет профе́ссор Н.

Professor *m*
Die Literaturvorlesungen liest Professor N.

стипе́ндия *f*
Почти́ все студе́нты получа́ют стипе́ндию.

Stipendium *n*
Fast alle Studenten bekommen ein Stipendium.

студе́нт *m*, **студе́нтка** *f*
Студе́нты успе́шно сда́ли экза́мен по матема́тике.

Student(in) *m (f)*
Die Studenten legten erfolgreich die Mathematikprüfung ab.

университе́т *m*
В э́том го́роде есть два университе́та.

Universität *f*
In dieser Stadt gibt es zwei Universitäten.

учени́к *m*, **учени́ца** *f*
Ученики́ пя́того кла́сса ходи́ли на экску́рсию в музе́й.

Schüler(in) *m (f)*
Die Schüler der fünften Klasse unternahmen eine Exkursion ins Museum.

учи́тель *m*, **учи́тельница** *f*
Матема́тику преподаёт молодо́й учи́тель.

Lehrer(in) *m (f)*
Ein junger Lehrer unterrichtet Mathematik.

учи́ть/научи́ть
Мари́я Ива́новна у́чит студе́нтов пра́вильному произноше́нию.

lehren, beibringen
Maria Iwanowna lehrt die Studenten die richtige Aussprache.

учи́ть/вы́учить
Ве́чером де́ти учи́ли но́вые слова́.

(auswendig) lernen
Am Abend lernten die Kinder neue Vokabeln.

учи́ться
Моя́ дочь у́чится в гимна́зии.

В университе́те у́чатся 8 ты́сяч студе́нтов.

lernen; studieren
Meine Tochter lernt am Gymnasium.

Achttausend Studenten studieren an der Universität.

ци́фра *f*
На э́том уро́ке де́ти у́чатся писа́ть ци́фры.

Ziffer *f*
In dieser Unterrichtsstunde lernen die Schüler Ziffern zu schreiben.

шко́ла *f*
Каку́ю шко́лу ты око́нчила?

Schule *f*
Welche Schule hast du beendet?

«2001–4000»

дополнительный
Ученики получили дополнительное задание.

Zusatz-
Die Schüler bekamen eine Zusatzaufgabe.

обучение n
Обучение на этом факультете продолжается 5 лет.

Ausbildung f
Die Ausbildung an dieser Fakultät dauert 5 Jahre.

общежитие n
Многие студенты живут в общежитии.

Wohnheim n
Viele Studenten wohnen im Wohnheim.

окончание n
После окончания вуза она вышла замуж.

Beendigung f, **Abschluß** m
Nach dem Abschluß der Hochschule hat sie geheiratet.

перемена f
После второго урока – большая перемена.

Pause f
Die große Pause ist nach der 2. Stunde.

преподаватель m, **преподавательница** f
Моя тётя работает преподавательницей в институте.

Lehrer(in) m (f) (an einer Hochschule)
Meine Tante arbeitet als Lehrerin an einer Hochschule.

преподавать
Он преподаёт немецкий язык уже 10 лет.

unterrichten
Er unterrichtet schon seit 10 Jahren Deutsch.

готовиться
Мне нужно готовиться к экзаменам.

sich vorbereiten
Ich muß mich auf die Prüfungen vorbereiten.

дневник m
Ученики записали в дневник домашнее задание.

Hausaufgabenheft n
Die Schüler schrieben die Hausaufgaben in das Hausaufgabenheft.

допускать/допустить
Студенты, не сдавшие письменные экзамены, к устному экзамену не допускаются.

Ученик допустил в диктанте 5 ошибок.

zulassen; Fehler machen
Studenten, die die schriftlichen Prüfungen nicht bestanden haben, werden zur mündlichen Prüfung nicht zugelassen.
Der Schüler machte im Diktat 5 Fehler.

доска f
Учитель написал на доске новые слова.

Tafel f
Der Lehrer schrieb die neuen Vokabeln an die Tafel.

задавать/задать Сегодня нам ничего не задали.	**aufgeben** Heute hat man uns nichts aufgegeben.
задание *n* Вы поняли задание?	**Aufgabe** *f*, **Übungsanweisung** *f* Habt ihr die Aufgabe verstanden?
задача *f* Ученик быстро решил все задачи.	**Aufgabe** *f* Der Schüler hat alle Aufgaben schnell gelöst.
тетрадь *f* Запишите новые слова в тетрадь.	**Heft** *n* Schreibt die neuen Vokabeln ins Heft.
учащийся *m* Учащиеся 10 класса сдают экзамен на аттестат зрелости. Учащиеся вузов получают стипендию.	**Schüler** *m*; **Student** *m* Die Schüler der 10. Klasse legen die Reifeprüfung ab. Hochschulstudenten bekommen ein Stipendium.
учёба *f* Друзья часто вспоминают годы учёбы в России.	**Studium** *n* Die Freunde erinnern sich oft an ihr Studium in Rußland.
чертёж *m* Чертёж дома должен быть готов завтра.	**technische Zeichnung** *f*, **Plan** *m* Der Plan des Hauses muß morgen früh fertig sein.
школьник *m*, **школьница** *f* Сын подруги уже школьник.	**Schüler(in)** *m (f)* Der Sohn meiner Freundin ist bereits Schüler.

1.2.4.2 UNTERRICHT UND PRÜFUNGEN

«1–2000»

выдерживать/выдержать Он выдержал все экзамены.	**bestehen** *(Prüfung)* Er hat alle Prüfungen bestanden.
вызывать/вызвать Учитель вызвал ученика к доске.	**aufrufen** Der Lehrer rief den Schüler an die Tafel.
история *f* Историю преподаёт Иван Петрович.	**Geschichte** *f* Iwan Petrowitsch unterrichtet Geschichte.

Unterricht und Prüfungen

курс *m*
После третьего курса у студентов бывает практика в школе.
Он учится на интенсивных курсах.

Studienjahr *n*; **Lehrgang** *m*
Nach dem 3. Studienjahr haben die Studenten ihr Schulpraktikum.
Er nimmt an einem Intensivlehrgang teil.

лекция *f*
Лекция по литературе начинается в 12 часов.

Vorlesung *f*
Die Literaturvorlesung beginnt um 12 Uhr.

объяснение *n*
Не все поняли объяснение нового правила.

Erklärung *f*
Nicht alle verstanden die Erklärung der neuen Regel.

объяснять/объяснить
Объясни, пожалуйста, как работает этот прибор.

erklären
Erkläre bitte, wie dieses Gerät funktioniert.

отлично *Adv*
Экзамен он сдал на отлично.

ausgezeichnet
Die Prüfung hat er mit „Auszeichnung" abgelegt.

оценка *f*
Какую оценку ты получил вчера по физике?

Note *f*, **Zensur** *f*
Welche Zensur hast du gestern in Physik bekommen?

ошибка *f*
Ученица написала диктант без ошибок.

Fehler *m*
Die Schülerin schrieb das Diktat ohne Fehler.

письменно *Adv*
Как мы должны переводить текст: устно или письменно?

schriftlich
Wie sollen wir den Text übersetzen – mündlich oder schriftlich?

правило *n*
Сегодня нам задали на дом правила склонения существительных.

Regel *f*
Heute hat man uns die Deklinationsregeln der Substantive aufgegeben.

правильно *Adv*
Вы правильно ответили на все вопросы.

richtig
Sie haben alle Fragen richtig beantwortet.

правильный
Он дал правильную оценку событиям, происходящим в России.

richtig
Er gab eine richtige Einschätzung der Ereignisse in Rußland.

сдавать/сдать
Ты уже сдал экзамен по немецкому языку?

ablegen *(eine Prüfung)*, **bestehen**
Hast du schon die Deutschprüfung abgelegt?

Unterricht und Prüfungen

уро́к *m*
Пе́рвый уро́к начина́ется в 8 часо́в.

(Unterrichts)Stunde *f*
Die 1. Stunde beginnt um 8 Uhr.

у́стно *Adv*
Это упражне́ние ну́жно вы́полнить у́стно.

mündlich
Diese Übung ist mündlich zu machen.

фи́зика *f*
У него́ плохи́е отме́тки по фи́зике.

Physik *f*
Er hat schlechte Zensuren in Physik.

филосо́фия *f*
Он изуча́л филосо́фию 4 го́да.

Philosophie *f*
Er studierte 4 Jahre lang Philosophie.

экза́мен *m*
Все экза́мены он сдал на тро́йки.

Prüfung *f*
Alle Prüfungen legte er mit einer Drei ab.

«2001–4000»

аттеста́т *m*
В деся́том кла́ссе ученики́ сдаю́т экза́мены и получа́ют аттеста́т зре́лости.

(Reife)Zeugnis *n*
In der 10. Klasse legen die Schüler die Prüfungen ab und bekommen ihre Reifezeugnisse.

биоло́гия *f*
Мой това́рищ интересу́ется биоло́гией.

Biologie *f*
Mein Freund interessiert sich für Biologie.

геогра́фия *f*
Он хорошо́ зна́ет геогра́фию э́той страны́.

Geografie *f*
Er kennt sich in der Geografie dieses Landes aus.

дво́йка *f*
За пи́сьменную рабо́ту учени́к получи́л дво́йку.

Zwei *f* *(Zensur)*
Für die schriftliche Arbeit bekam der Schüler eine Vier.

диктова́ть
Учи́тельница ме́дленно диктова́ла, а ученики́ писа́ли.

diktieren
Die Lehrerin diktierte langsam, und die Schüler schrieben.

дипло́м *m*
Сего́дня студе́нты получа́ют дипло́мы.

Diplom *n*
Heute bekommen die Studenten ihre Diplome.

дома́шний
Ты сде́лал дома́шнее зада́ние по ру́сскому языку́?

Haus-, häuslich
Hast du die Hausaufgaben in Russisch gemacht?

Unterricht und Prüfungen

едини́ца f
Са́мая плоха́я оце́нка в ру́сских шко́лах – э́то едини́ца.

Eins f *(Zensur)*
Die schlechteste Zensur in russischen Schulen ist eine Eins.

кани́кулы f Pl
Че́рез две неде́ли начина́ются кани́кулы.

Ferien f Pl
In zwei Wochen beginnen die Ferien.

контро́льный
Мне на́до гото́виться к контро́льной рабо́те.

Kontroll-
Ich muß mich auf die Kontrollarbeit vorbereiten.

матема́тика f
Матема́тика – э́то его́ люби́мый предме́т.

Mathematik f
Mathematik ist sein Lieblingsfach.

отме́тка f
Каки́е отме́тки у тебя́ по матема́тике?

Note f, **Zensur** f
Welche Zensuren hast du in Mathematik?

подска́зывать/подсказа́ть
Петро́в! Переста́нь подска́зывать.

vorsagen
Petrow! Hör auf vorzusagen!

провали́ться
Он провали́лся на экза́мене по филосо́фии.

durchfallen
Er ist in der Philosophieprüfung durchgefallen.

свиде́тельство n
Выпускники́ ку́рса получа́ют свиде́тельства.

Zeugnis n
Die Absolventen des Lehrganges bekommen Zeugnisse.

тро́йка f
По хи́мии он получи́л вчера́ тро́йку.

Drei f *(Zensur)*
In Chemie hat er gestern eine Drei bekommen.

уче́бник m
Сотру́дники на́шего институ́та разрабо́тали уче́бник ру́сского языка́.

Lehrbuch n
Die Mitarbeiter unseres Instituts haben ein Russischlehrbuch ausgearbeitet.

уче́бный
Уче́бный год в ру́сских шко́лах конча́ется в ию́не.

Schul-, Studien-
Das Schuljahr endet an den russischen Schulen im Juni.

хи́мия f
Он изуча́л хи́мию в университе́те.

Chemie f
Er studierte Chemie an der Universität.

четвёрка f
Учени́к хорошо́ прочита́л стихотворе́ние и получи́л четвёрку.

Vier f *(Zensur)*
Der Schüler trug das Gedicht gut vor und bekam eine Zwei.

1.2.5 ARBEITSWELT
(Siehe auch BERUFE 1.1.4.4)

« 1–2000 »

безрабо́тица f	**Arbeitslosigkeit** f
Безрабо́тица явля́ется серьёзной пробле́мой.	Arbeitslosigkeit ist ein ernsthaftes Problem.
безрабо́тный	**arbeitslos; Arbeitslose(r)** m
Безрабо́тным учителя́м тру́дно найти́ рабо́ту.	Arbeitslose Lehrer finden nur schwer eine Arbeit.
В э́той стране́ мно́го безрабо́тных.	In diesem Land gibt es viele Arbeitslose.
зараба́тывать/зарабо́тать	**verdienen**
Оте́ц рабо́тает инжене́ром и непло́хо зараба́тывает.	Der Vater ist Ingenieur und verdient nicht schlecht.
за́работная пла́та f, **зарпла́та** f	**(Arbeits-)Lohn** m
В э́том году́ нам повы́сили зарпла́ту.	Unser Lohn wurde in diesem Jahr erhöht.
рабо́та f	**Arbeit** f, **Arbeitsstelle** f
Он вы́полнил рабо́ту бы́стро.	Er hat die Arbeit schnell erledigt.
Я е́зжу на рабо́ту на трамва́е.	Ich fahre mit der Straßenbahn zur Arbeit.
рабо́тать	**arbeiten**
Где рабо́тает твой оте́ц?	Wo arbeitet dein Vater?
рабо́чий	**Arbeiter-; Arbeiter** m; **Arbeits-**
Нау́чный сотру́дник занима́ется пробле́мами рабо́чего движе́ния.	Ein wissenschaftlicher Mitarbeiter beschäftigt sich mit den Problemen der Arbeiterbewegung.
На собра́нии прису́тствовали рабо́чие и слу́жащие предприя́тия.	In der Versammlung waren Arbeiter und Angestellte des Betriebes anwesend.
За́втра рабо́чий день.	Morgen ist ein Arbeitstag.
стро́ить/постро́ить	**bauen, aufbauen**
Недалеко́ от на́шего до́ма стро́ят шко́лу.	Nicht weit von unserem Haus wird eine Schule gebaut.
труд m	**Arbeit** f
Труд крестья́нина о́чень тяжёлый.	Die Arbeit eines Bauers ist sehr schwer.

Arbeitswelt

трудя́щийся
Мно́гие трудя́щиеся го́рода вы́шли на демонстра́цию.

Werktätige(r) *m*, **Beschäftigte(r)** *m*
Viele Werktätige der Stadt sind zur Demonstration gegangen.

увольня́ть/уво́лить
В э́том ме́сяце уво́лили двух рабо́чих.

kündigen
In diesem Monat wurde zwei Arbeitern gekündigt.

«2001–4000»

забасто́вка *f*
Шахтёры Украи́ны организо́вали забасто́вку.

Streik *m*
Die Bergarbeiter in der Ukraine organisierten einen Streik.

за́работок *m*
Его́ за́работок составля́ет 50 000 рубле́й.

Verdienst *m*, **Lohn** *m*
Sein Verdienst beträgt 50 000 Rubel.

обраба́тывать/обрабо́тать
Весно́й крестья́не на́чали обраба́тывать зе́млю.

bearbeiten
Im Frühling begannen die Bauern, den Boden zu bearbeiten.

о́тпуск *m*
Он вернётся из о́тпуска че́рез неде́лю.

Urlaub *m*
Er kommt in einer Woche aus dem Urlaub zurück.

профсою́з *m*, **профессиона́льный сою́з** *m*
Неда́вно он вступи́л в профсою́з.

Gewerkschaft *f*

Vor kurzem trat er der Gewerkschaft bei.

стро́йка *f*
Мой дя́дя рабо́тает на стро́йке.

Baustelle *f*
Mein Onkel arbeitet auf einer Baustelle.

труди́ться
На стро́йках Сиби́ри труди́лось мно́го молодёжи.

arbeiten
Auf den Baustellen Sibiriens arbeiteten viele junge Leute.

увольне́ние *n*
Два ме́сяца наза́д он получи́л увольне́ние.

Kündigung *f*, **Entlassung** *f*
Vor zwei Monaten erhielt er seine Kündigung.

1.2.6 WIRTSCHAFTSLEBEN

1.2.6.1 ALLGEMEINES

«1–2000»

выпуска́ть/вы́пустить
Заво́д выпуска́ет цветны́е телеви́зоры.

herstellen
Im Werk werden Farbfernseher hergestellt.

дире́ктор *m*
Дире́ктора нет, он в о́тпуске.

Direktor *m*
Der Direktor ist nicht da, er ist im Urlaub.

заво́д *m*
Мой брат рабо́тает сле́сарем на заво́де.

Werk *n*
Mein Bruder arbeitet als Schlosser in einem Werk.

ка́чество *n*
Необходи́мо повыша́ть ка́чество проду́кции.

Qualität *f*
Es ist notwendig, die Qualität der Erzeugnisse zu erhöhen.

конкуре́нция *f*
Конкуре́нция на мирово́м ры́нке обостря́ется.

Konkurrenz *f*
Die Konkurrenz auf dem Weltmarkt verschärft sich.

обеспе́чивать/обеспе́чить
Необходи́мо обеспе́чить заво́д у́глем.

versorgen
Es ist notwendig, das Werk mit Kohlen zu versorgen.

о́трасль *f*
В министе́рстве обсужда́ли разви́тие не́которых о́траслей эконо́мики.

Zweig *m*
Im Ministerium diskutierte man über die Entwicklung einiger Wirtschaftszweige.

потребля́ть/потреби́ть
Промы́шленность потребля́ет в настоя́щее вре́мя мно́го электроэне́ргии.

verbrauchen
Die Industrie verbraucht gegenwärtig sehr viel Elektroenergie.

предприя́тие *n*
Э́то предприя́тие произво́дит пластма́ссы.

Betrieb *m*
Dieser Betrieb produziert Kunststoffe.

проду́кция *f*
Фа́брика выпуска́ет проду́кцию высо́кого ка́чества.

Erzeugnisse *pl*
Die Fabrik produziert Qualitätserzeugnisse.

производи́ть/произвести́
Заво́д произво́дит това́ры на э́кспорт.

produzieren
Das Werk produziert Waren für den Export.

произво́дство n Заво́д увели́чил произво́дство о́буви.	**Produktion** f Das Werk erhöhte die Schuhproduktion.
промы́шленность f В э́той стране́ высоко́ ра́звита лёгкая промы́шленность.	**Industrie** f In diesem Land gibt es eine hochentwickelte Leichtindustrie.
рекла́ма f Фи́рма тра́тит на рекла́му мно́го де́нег.	**Reklame** f, **Werbung** f Die Firma gibt viel Geld für Werbung aus.
руководи́тель m Он был руководи́телем э́того предприя́тия 25 лет.	**Leiter** m Er war 25 Jahre lang Leiter dieses Betriebes.
создава́ть/созда́ть В стране́ создаю́тся акционе́рные о́бщества.	**schaffen, gründen** Im Land werden Aktiengesellschaften gegründet.
това́р m В магази́н поступи́ли но́вые това́ры.	**Ware** f Im Laden sind neue Waren eingetroffen.
усло́вие n О́бе стра́ны выполня́ют усло́вия догово́ра.	**Bedingung** f Beide Länder erfüllen die Vertragsbedingungen.
хозя́йство n Необходи́мо в пе́рвую о́чередь развива́ть се́льское хозя́йство.	**Wirtschaft** f, **Haushalt** f Es ist notwendig, in erster Linie die Landwirtschaft zu entwickeln.
эконо́мика f Эконо́мика страны́ развива́ется бы́стрыми те́мпами.	**Wirtschaft** f Die Wirtschaft des Landes entwickelt sich schnell.
экономи́ческий На совеща́нии обсужда́лись вопро́сы экономи́ческой по́мощи.	**Wirtschafts-, wirtschaftlich** Auf der Beratung besprach man Fragen der Wirtschaftshilfe.

« 2001–4000 »

изде́лие n Изде́лия э́той фа́брики экспорти́руются в Герма́нию.	**Erzeugnis** n Die Erzeugnisse dieser Fabrik werden nach Deutschland exportiert.

Allgemeines 135

и́мпорт *m*
В э́том году́ и́мпорт маши́н увели́чился в два ра́за.

Import *m*
Der Autoimport verdoppelte sich in diesem Jahr.

импорти́ровать
Страна́ импорти́рует нефть.

importieren, einführen
Das Land importiert Erdöl.

осно́вывать/основа́ть
Эта фи́рма была́ осно́вана в 19-ом ве́ке.

gründen
Diese Firma wurde im 19. Jahrhundert gegründet.

поставля́ть/поста́вить
Фа́брика поста́вит ме́бель в сле́дующем ме́сяце.

liefern
Die Fabrik wird im nächsten Monat Möbel liefern.

потреби́тель *m*
Гла́вный потреби́тель электроэне́ргии – э́то промы́шленность.

Konsument *m*, **Verbraucher** *m*
Die Industrie ist der größte Stromverbraucher.

производи́тельность *f*
По́сле устано́вки но́вых маши́н производи́тельность возросла́ в два ра́за.

Produktivität *f*
Nach der Montage neuer Maschinen stieg die Produktivität auf das Doppelte.

сбыт *m*
Инжене́р Н. отвеча́ет за сбыт проду́кции.

Absatz *m*
Der Ingenieur N. ist für den Absatz der Produkte verantwortlich.

снабже́ние *n*
Он рабо́тает в отде́ле снабже́ния и сбы́та.
Снабже́ние населе́ния проду́ктами пита́ния уху́дшилось.

Beschaffung *f*; **Versorgung** *f*
Er arbeitet in der Abteilung für Einkauf und Absatz.
Die Versorgung der Bevölkerung mit Lebensmitteln hat sich verschlechtert.

торго́вля *f*
Торго́вля со стра́нами А́фрики развива́ется.

Handel *m*
Der Handel mit den afrikanischen Ländern entwickelt sich.

фа́брика *f*
Эта фа́брика выпуска́ет тка́ни.

Fabrik *f*
Diese Fabrik produziert Stoffe.

э́кспорт *m*
Эта фи́рма занима́ется э́кспортом сельскохозя́йственных проду́ктов.

Export *m*
Diese Firma befaßt sich mit dem Export von landwirtschaftlichen Produkten.

экспорти́ровать
Росси́я экспорти́рует нефть и газ.

ausführen, exportieren
Rußland exportiert Erdöl und Erdgas.

1.2.6.2 GESCHÄFTE, EINKAUF

«1–2000»

бу́лочная f	**Bäckerei** f, **Brotladen** m
Недалеко́ от на́шего до́ма нахо́дится бу́лочная.	Nicht weit von unserer Wohnung ist ein Brotladen.
дешёвый	**billig**
В э́том магази́не мо́жно купи́ть дешёвые проду́кты.	In diesem Laden kann man billige Lebensmittel kaufen.
до́рого Adv	**teuer**
Сапоги́ сто́или о́чень до́рого.	Die Stiefel waren sehr teuer.
дорого́й	**teuer**
Она́ купи́ла себе́ дорого́е кольцо́.	Sie kaufte sich einen teuren Ring.
закрыва́ть/закры́ть	**zumachen, schließen**
Все магази́ны сего́дня закры́ты.	Alle Geschäfte sind heute geschlossen.
магази́н m	**Laden** m
Магази́н открыва́ется в 8 часо́в.	Der Laden öffnet um 8 Uhr.
открыва́ть/откры́ть	**(er)öffnen**
Универма́г откры́т с 10 до 20 часо́в.	Das Kaufhaus ist von 10 bis 20 Uhr geöffnet.
о́чередь f	**Schlange** f
Пе́ред мясны́м магази́ном стоя́ла больша́я о́чередь.	Vor dem Fleischerladen stand eine lange Schlange.
плати́ть/заплати́ть	**zahlen, bezahlen**
За все поку́пки я заплати́ла 500 рубле́й.	Für alle Einkäufe bezahlte ich 500 Rubel.
покупа́тель m	**Käufer** m
Покупа́тель попроси́л показа́ть ему́ зи́мнее пальто́.	Der Käufer bat, ihm einen Wintermantel zu zeigen.
покупа́ть/купи́ть	**kaufen**
Где ты купи́ла таки́е краси́вые ту́фли?	Wo hast du diese schönen Schuhe gekauft?
Ка́ждое у́тро я покупа́ю молоко́.	Jeden Morgen kaufe ich Milch.
продава́ть/прода́ть	**verkaufen**
В овощно́м магази́не продаю́т лук.	Im Gemüseladen werden Zwiebeln verkauft.

Geschäfte, Einkauf 137

ры́нок *m*
Óвощи лу́чше всего́ покупа́ть на ры́нке.

Markt *m*
Gemüse kauft man am besten auf dem Markt.

сто́ить
Ско́лько сто́ит литр молока́?

kosten
Wieviel kostet ein Liter Milch?

универма́г *m*, **универса́льный магази́н** *m*
В универма́ге я купи́ла мо́дное пальто́.

Kaufhaus *n*

Im Kaufhaus kaufte ich einen modernen Mantel.

хле́бный
Моя́ знако́мая рабо́тает в хле́бном магази́не.

Brot-
Meine Bekannte arbeitet im Brotladen.

цена́ *f*
Це́ны на проду́кты пита́ния повы́сились.

Preis *m*
Die Preise für Lebensmittel sind gestiegen.

«2001–4000»

витри́на *f*
В витри́не универма́га я уви́дела элега́нтный костю́м.

Schaufenster *n*
Im Schaufenster des Kaufhauses sah ich einen eleganten Anzug.

дёшево *Adv*
Кни́ги сто́или ра́ньше о́чень дёшево.

billig
Bücher waren früher sehr billig.

ка́сса *f*
Плати́те в ка́ссу 50 рубле́й.

Kasse *f*
Zahlen Sie bitte an der Kasse 50 Rubel.

касси́р *m*, **касси́рша** *f*
У касси́рши не́ было ме́лких де́нег.

Kassierer(in) *m (f)*
Die Kassiererin hatte kein Kleingeld.

корзи́на *f*
На ры́нке я купи́ла це́лую корзи́ну я́блок.

Korb *m*
Auf dem Markt kaufte ich einen ganzen Korb Äpfel.

мясно́й
Мясно́й магази́н сего́дня закры́т.

Fleisch-
Der Fleischerladen ist heute geschlossen.

обувно́й
В э́том универма́ге есть обувно́й отде́л.

Schuh-
In diesem Kaufhaus gibt es eine Schuhabteilung.

138 Geld

переры́в *m*
Этот магази́н рабо́тает без переры́ва.

(Mittags-)Pause *f*
Dieses Geschäft hat keine Mittagspause.

поку́пка *f*
Пе́ред пра́здником муж до́лжен был сходи́ть за поку́пками.

Kauf *m*, **Besorgung** *f*
Vor dem Feiertag mußte der Ehemann Besorgungen machen.

приобрета́ть/приобрести́
Библиоте́ка приобрела́ це́нные кни́ги.

(käuflich) erwerben
Die Bibliothek erwarb wertvolle Bücher.

ры́бный
К у́жину я купи́ла ры́бные консе́рвы.

Fisch-
Zum Abendbrot kaufte ich Fischkonserven.

самообслу́живание *n*
Почти́ во всех продово́льственных магази́нах самообслу́живание.

Selbstbedienung *f*
Fast in allen Lebensmittelläden gibt es Selbstbedienung.

сда́ча *f*
Касси́рша забы́ла дать мне сда́чу.

Restgeld *n*, **Wechselgeld** *n*
Die Kassiererin vergaß, mir das Restgeld zu geben.

се́тка *f*
В се́тку я положи́ла карто́фель, морко́вь и капу́сту.

Netz *n*
Ins Netz legte ich Kartoffeln, Mohrrüben und Kohl.

суперма́ркет *m*
В Москве́ бы́ли откры́ты пе́рвые суперма́ркеты.

Supermarkt *m*
In Moskau wurden erste Supermärkte eröffnet.

чек *m*
Чек на кни́ги я дала́ продавщи́це.

Kassenzettel *m*
Ich gab der Verkäuferin den Kassenzettel für die Bücher.

1.2.6.3 GELD

«1–2000»

банк *m*
В ба́нке мо́жно откры́ть счёт.

Bank *f*
In der Bank kann man ein Konto eröffnen.

беспла́тный
Для дете́й и студе́нтов вход на вы́ставку беспла́тный.

kostenlos
Für Kinder und Studenten ist der Eintritt zur Ausstellung kostenlos.

Geld 139

валю́та f
Мно́гие ве́щи мо́жно купи́ть то́лько за валю́ту.

Valuta f
Viele Sachen kann man nur gegen Valuta kaufen.

де́ньги f Pl
Ну́жно о́чень мно́го де́нег, что́бы купи́ть маши́ну.

Geld n
Um ein Auto zu kaufen, braucht man sehr viel Geld.

до́лжен
Друг до́лжен мне 1000 рубле́й.

schulden
Der Freund schuldet mir 1000 Rubel.

капита́л m
Вы зна́ете определе́ние поня́тия «капита́л»?

Kapital n
Kennen Sie die Definition des Begriffs „Kapital"?

квартпла́та f
В сле́дующем ме́сяце ожида́ют повыше́ние квартпла́ты.

Miete f
Im nächsten Monat wird eine Mieterhöhung erwartet.

пла́та f
Пожило́й мужчи́на рабо́тает здесь за небольшу́ю пла́ту.

Bezahlung f
Ein älterer Mann arbeitet hier gegen eine geringe Bezahlung.

понижа́ть/пони́зить
В э́том ме́сяце пони́зили це́ны на телеви́зоры.

verringern, senken
Die Preise für Fernseher hat man in diesem Monat gesenkt.

при́быль f
Хозя́ина предприя́тия интересу́ет то́лько при́быль.
Э́то предприя́тие прино́сит большу́ю при́быль.

Gewinn m, **Profit** m
Den Inhaber des Betriebes interessiert nur der Gewinn.
Dieser Betrieb erwirtschaftet einen hohen Gewinn.

проце́нт m
Приблизи́тельно 30 проце́нтов зарпла́ты он тра́тит на проду́кты.

Prozent m
Ungefähr 30% des Lohnes gibt er für Lebensmittel aus.

рубль m
За слова́рь я заплати́ла 150 рубле́й.

Rubel m
Ich zahlte für das Wörterbuch 150 Rubel.

сто́ить
Ско́лько стоя́т э́ти часы́?

kosten
Wieviel kostet diese Uhr?

счёт m
Официа́нт принёс нам счёт.

Rechnung f
Der Kellner brachte uns die Rechnung.

су́мма f
В ба́нке он получи́л кру́пную су́мму де́нег.

Summe f
In der Bank erhielt er eine große Geldsumme.

тра́тить/потра́тить
Мою́ ме́сячную зарпла́ту я потра́тила на пое́здку в Ки́ев.

ausgeben
Für die Reise nach Kiew gab ich meinen Monatslohn aus.

це́нный
В колле́кции моего́ дру́га есть о́чень це́нные моне́ты.

wertvoll
In der Sammlung meines Freundes gibt es wertvolle Münzen.

эконо́мить/сэконо́мить
Ты не уме́ешь эконо́мить де́ньги.

sparen
Du kannst kein Geld sparen.

«2001–4000»

беспла́тно Adv
Знако́мый беспла́тно отвёз меня́ в Берли́н.

kostenlos
Ein Bekannter fuhr mich kostenlos nach Berlin.

долг m
Мой друг возврати́л долг че́рез две неде́ли.

Schuld f
Mein Freund zahlte die Schulden nach 2 Wochen zurück.

дохо́д m
Дохо́ды населе́ния увели́чились в два ра́за.

Einkommen n
Das Einkommen der Bevölkerung verdoppelte sich.

квита́нция f
Когда́ бу́дешь сдава́ть ту́фли в ремо́нт, не забу́дь взять квита́нцию.

Quittung f
Wenn du die Schuhe zur Reparatur schaffst, vergiß nicht, dir eine Quittung geben zu lassen.

копе́йка f
Авто́бусный биле́т сто́ил ра́ньше 5 копе́ек.

Kopeke f
Ein Busfahrschein kostete früher 5 Kopeken.

креди́т m
В ба́нке он получи́л креди́т.

Kredit m
Bei der Bank bekam er einen Kredit.

ме́лочь f
У меня́ в кошельке́ оста́лась одна́ ме́лочь.

Kleingeld n
In meinem Geldbeutel ist nur Kleingeld übriggeblieben.

моне́та f
Мой де́душка собира́л золоты́е моне́ты.

Münze f
Mein Großvater sammelte Goldmünzen.

нало́г m
Гра́ждане Герма́нии пла́тят высо́кие нало́ги.

Steuer f
Die Bürger Deutschlands zahlen hohe Steuern.

обме́нивать/обменя́ть В ба́нке вы мо́жете обменя́ть рубли́ на до́ллары.	**umtauschen** Bei der Bank können Sie Rubel gegen Dollar tauschen.
ски́дка *f* В э́том отде́ле продаю́т това́ры со ски́дкой.	**Preisnachlaß** *m*, **Ermäßigung** *f* In dieser Abteilung werden Waren mit Preisnachlaß verkauft.
чаевы́е *Pl* Официа́нтам при́нято дава́ть чаевы́е, е́сли они́ хорошо́ обслу́живают.	**Trinkgeld** *n* Es ist üblich, Kellnern Trinkgeld zu geben, wenn sie gut bedienen.
чек *m* Иностра́нцы мо́гут заплати́ть че́ком в не́которых моско́вских рестора́нах.	**Scheck** *m* Ausländer können in einigen Moskauer Restaurants mit Scheck bezahlen.

1.2.6.4 BESITZ

«1–2000»

бе́дный Писа́тель роди́лся в бе́дной крестья́нской семье́.	**arm** Der Schriftsteller wurde in einer armen Bauernfamilie geboren.
бога́тство *n* Материа́льные бога́тства его́ не интересу́ют.	**Reichtum** *m* Materieller Reichtum interessiert ihn nicht.
бога́тый У неё бога́тые роди́тели.	**reich** Sie hat reiche Eltern.
име́ть Он о́чень бога́т: име́ет маши́ну, дом.	**haben** Er ist sehr reich: Er hat ein Auto, ein Haus.
принадлежа́ть Дом принадлежи́т мои́м роди́телям.	**gehören** Das Haus gehört meinen Eltern.
со́бственный У мое́й тёти есть со́бственный дом. У тебя́, к сожале́нию, никогда́ нет со́бственного мне́ния.	**eigener, Eigen-** Meine Tante hat ein Eigenheim. Du hast leider nie eine eigene Meinung.

Post und Telefon

терять/потерять Мальчик часто теряет ключ от квартиры.	**verlieren** Der Junge verliert oft den Wohnungsschlüssel.
хозяин *m*, **хозяйка** *f* Хозяин дома предложил нам войти.	**Hausherr(in)** *m (f)* Der Hausherr bat uns einzutreten.
владеть Мой коллега владеет дачей и машиной.	**besitzen** Mein Kollege besitzt ein Wochenendhaus und ein Auto.
распоряжаться/распорядиться Он может распоряжаться своими деньгами.	**verfügen** Er kann über sein Geld verfügen.
собственность *f* Революция отменила частную собственность на землю.	**Eigentum** *n* Die Revolution schaffte das Privateigentum an Boden ab.
состояние *n* Молодой человек проиграл состояние отца.	**Vermögen** *n* Der junge Mann verspielte das Vermögen des Vaters.
страхование *n* В этой стране есть социальное страхование.	**Versicherung** *f* In diesem Land gibt es eine Sozialversicherung.

1.2.7 RECHT UND VERWALTUNG

1.2.7.1 POST UND TELEFON

«1–2000»

адрес *m* Адрес на конверте был написан синими чернилами.	**Adresse** *f* Die Adresse auf dem Umschlag wurde mit blauer Tinte geschrieben.
алло Алло! Можно Валю?	**Hallo** Hallo! Kann ich Walja sprechen?
девушка *f* Девушка! Я хочу заказать разговор с Киевом.	**Fräulein** *n (vom Amt)* Fräulein! Ich möchte ein Gespräch mit Kiew anmelden.
звонить/позвонить Позвоните мне, пожалуйста, завтра.	**anrufen** Rufen Sie mich bitte morgen an.

Post und Telefon

звоно́к *m*
Я кре́пко спала́ и совсе́м не слы́шала звонка́.

Klingeln *n*, **Klingelzeichen** *n*
Ich schlief fest und hörte das Klingeln gar nicht.

междунаро́дный
Текст междунаро́дной телегра́ммы на́до писа́ть лати́нскими бу́квами.

international
Den Text des Auslandstelegramms muß man mit lateinischen Buchstaben schreiben.

но́мер *m*
Како́й у вас но́мер телефо́на?

Nummer *f*
Welche Telefonnummer haben Sie?

отправля́ть/отпра́вить
Мне ну́жно сро́чно отпра́вить телегра́мму в Москву́.

abschicken
Ich muß dringend ein Telegramm nach Moskau abschicken.

письмо́ *n*
Мои́ роди́тели ча́сто пи́шут мне пи́сьма.

Brief *m*
Ich bekomme oft Briefe von meinen Eltern.

посыла́ть/посла́ть
Я посла́ла кни́ги и журна́лы мое́й подру́ге.

schicken
Ich schickte Bücher und Zeitschriften an meine Freundin.

по́чта *f*
На по́чте он купи́л ма́рки и конве́рты.

Post *f*
Auf der Post kaufte er Briefmarken und Briefumschläge.

присыла́ть/присла́ть
Бы́вший учени́к присла́л учи́тельнице откры́тку ко дню рожде́ния.

schicken
Ein ehemaliger Schüler schickte der Lehrerin eine Geburtstagskarte.

разгово́р *m*
Мне на́до заказа́ть разгово́р с Пра́гой.

Gespräch *n*
Ich muß ein Gespräch nach Prag anmelden.

связь *f*
Телефо́нная связь с Воро́нежем прервала́сь.

Verbindung *f*
Die Telefonverbindung mit Woronesh wurde unterbrochen.

слу́шать
Алло́! Я слу́шаю.

(zu)hören
Hallo! Ich höre.

слы́шать
Я вас пло́хо слы́шу, говори́те, пожа́луйста, гро́мче.

hören
Ich höre Sie schlecht. Sprechen Sie bitte lauter.

телегра́мма *f*
Подру́га присла́ла мне телегра́мму, в кото́рой сообщи́ла день прие́зда.

Telegramm *n*
Meine Freundin schickte mir ein Telegramm, in dem sie ihren Ankunftstag mitteilte.

телефо́н *m*
У вас есть телефо́н?

Telefon *n*
Haben Sie ein Telefon?

телефо́н-автома́т *m*
Недалеко́ от на́шего до́ма есть телефо́н-автома́т.

Fernsprecher *m*
Nicht weit von unserem Haus ist ein Fernsprecher.

тру́бка *f*
Не кладите, пожа́луйста, тру́бку.

Hörer *m*
Legen Sie den Hörer bitte nicht auf.

я́щик *m*
Вчера́ он опусти́л письмо́ в почто́вый я́щик.

Kasten *m*
Gestern steckte er den Brief in den Briefkasten.

«2001–4000»

авиапо́чта *f*
Письмо́ во Фра́нцию я отошлю́ авиапо́чтой.

Luftpost *f*
Ich schicke den Brief per Luftpost nach Frankreich.

бланк *m*
Мне ну́жен бланк для сро́чной телегра́ммы.

Formular *n*
Ich brauche ein Formular für ein dringendes Telegramm.

заказно́й
Отошли́ э́ти докуме́нты заказны́м письмо́м.

Einschreibe-
Schicke diese Dokumente als Einschreibebrief.

за́нятый
Вчера́ я не смогла́ до тебя́ дозвони́ться, всё вре́мя бы́ло за́нято.

besetzt
Gestern konnte ich dich nicht erreichen, es war immer besetzt.

извеще́ние *n*
Возьми́ извеще́ние и сходи́ на по́чту за посы́лкой.

Benachrichtigung *f*
Nimm die Benachrichtigung und hol das Paket von der Post ab.

и́ндекс *m*
На конве́рте на́до обяза́тельно указа́ть и́ндекс го́рода.

Postleitzahl *f*
Die Postleitzahl muß unbedingt auf dem Briefumschlag angegeben werden.

код *m*
Запиши́те, пожа́луйста, но́вый код Москвы́.

Vorwahl *f*
Schreiben Sie bitte die neue Vorwahl von Moskau auf.

конве́рт *m*
Купи́ на по́чте 10 конве́ртов.

(Brief)Umschlag *m*
Kauf auf der Post 10 Briefumschläge.

марка f
Дайте мне, пожалуйста, 10 конвертов с марками.

(Brief)Marke f
Geben Sie mir bitte 10 Briefumschläge mit Briefmarken.

междугородный
Я заказала на завтра междугородный разговор.

Fern-
Ich habe für morgen ein Ferngespräch angemeldet.

набирать/набрать
Он долго набирал номер, но всё время было занято.

wählen
Er wählte lange die Nummer, aber es war immer besetzt.

открытка f
Мой друг прислал из Лондона красивую открытку.

(Post)Karte f
Mein Freund schickte aus London eine schöne Ansichtskarte.

отправитель m
Не забудьте указать адрес отправителя.

Absender m
Vergessen Sie nicht, den Absender anzugeben.

получатель m
Вы забыли написать на конверте имя получателя.

Empfänger m
Sie haben vergessen, den Namen des Empfängers auf dem Umschlag anzugeben.

посылка f
Вчера я отправила посылку моим родителям.

Paket n
Gestern schickte ich ein Paket an meine Eltern.

почтальон m
Почтальон принёс газеты.

Briefträger m
Der Briefträger brachte die Zeitungen.

почтамт m
Посылку ты можешь отослать на почтамте.

Postamt n
Das Paket kannst du auf dem Postamt abschicken.

почтовый
Опусти, пожалуйста, письмо в почтовый ящик.

Brief-, Post-
Wirf bitte den Brief in den Briefkasten.

соединять/соединить
Девушка! Соедините меня, пожалуйста, с директором.

verbinden
Fräulein! Verbinden Sie mich bitte mit dem Direktor.

срочный
Он получил срочную телеграмму от жены.

dringend
Er bekam ein dringendes Telegramm von seiner Frau.

1.2.7.2 BEHÖRDEN, POLIZEI

«1–2000»

действи́тельный
У э́того иностра́нца нет действи́тельной ви́зы.

gültig
Dieser Ausländer hat kein gültiges Visum.

ко́нсульство n
По э́тому вопро́су вам на́до обрати́ться в ко́нсульство.

Konsulat n
In dieser Frage müssen Sie sich an das Konsulat wenden.

контро́ль m
Гру́ппа тури́стов уже́ прошла́ па́спортный контро́ль.

Kontrolle f
Die Touristengruppe passierte bereits die Paßkontrolle.

печа́ть f
На э́том докуме́нте не хвата́ет печа́ти институ́та.

Siegel n, **Stempel** m
Auf diesem Dokument fehlt der Institutsstempel.

подпи́сывать/подписа́ть
Э́ти докуме́нты до́лжен подписа́ть дире́ктор заво́да.

unterschreiben
Diese Papiere muß der Werksdirektor unterschreiben.

посо́льство n
Муж мое́й колле́ги рабо́тает в посо́льстве.

Botschaft f
Der Mann meiner Kollegin arbeitet in der Botschaft.

проверя́ть/прове́рить
На грани́це у нас до́лго проверя́ли докуме́нты.

kontrollieren
An der Grenze wurden unsere Dokumente lange kontrolliert.

спи́сок m
У вас есть спи́сок пропа́вших веще́й?

Liste f, **Verzeichnis** n
Haben Sie die Liste der verschwundenen Sachen?

управле́ние n
Его́ оте́ц рабо́тает в управле́нии желе́зной доро́ги.

Verwaltung f
Sein Vater arbeitet bei der Eisenbahnverwaltung.

учрежде́ние n
Сего́дня госуда́рственные учрежде́ния не рабо́тают.

Institution f, **Einrichtung** f
Heute sind alle staatlichen Einrichtungen geschlossen.

«2001–4000»

деклара́ция f
На грани́це мы запо́лнили тамо́женную деклара́цию.

(Zoll)Erklärung f
An der Grenze füllten wir die Zollerklärung aus.

Behörden, Polizei 147

милиционе́р *m*
Мы спроси́ли милиционе́ра, где нахо́дится у́лица Тверска́я.

Milizionär *m*
Wir fragten den Milizionär, wo sich die Twerskaja Straße befindet.

мили́ция *f*
Вам на́до яви́ться в мили́цию 25-го ноября́.

Miliz *f*
Sie haben am 25. November zur Miliz zu kommen.

око́шко *n*
Ну́жный вам бланк вы мо́жете получи́ть в пя́том око́шке.

Schalter *m*
Das notwendige Formular können Sie am Schalter 5 erhalten.

оформля́ть/офо́рмить
Он оформля́ет все докуме́нты для вы́езда в Аме́рику.

Formalitäten erledigen
Er erledigt alle Formalitäten für die Ausreise nach Amerika.

по́дпись *f*
Секрета́рь отпра́вил письмо́ без по́дписи дире́ктора.

Unterschrift *f*
Der Sekretär schickte den Brief ohne Unterschrift des Direktors ab.

прописа́ться
Ему́ удало́сь прописа́ться в го́роде.

sich anmelden *(bei der Miliz)*
Es ist ihm gelungen, sich in der Stadt polizeilich anzumelden.

пропи́ска *f*
Э́тот студе́нт живёт без пропи́ски в Москве́ уже́ 2 го́да.

(polizeiliche) **Anmeldung** *f*, **Paßeintragung** *f*
Dieser Student wohnt bereits 2 Jahre ohne polizeiliche Anmeldung in Moskau.

тамо́женный
Тамо́женный контро́ль продолжа́лся 2 часа́.

Zoll-
Die Zollkontrolle dauerte 2 Stunden.

тамо́женник *m*
Тамо́женник поста́вил печа́ть на деклара́ции и верну́л их нам.

Zollbeamte(r) *m*
Der Zollbeamte stempelte die Zollerklärungen ab und gab sie uns zurück.

та́можня *f*
С 1-го октября́ 1993 на грани́це Украи́ны и Росси́и де́йствуют та́можни.

Zollamt *n*
Seit dem 1. Oktober 1993 gibt es an der Grenze zwischen der Ukraine und Rußland Zollämter.

1.2.7.3 RECHTSWESEN, DELIKTE

«1–2000»

адвока́т m
Я дам тебе́ но́мер телефо́на хоро́шего адвока́та.

(Rechts)Anwalt m
Ich gebe dir die Telefonnummer eines guten Rechtsanwalts.

аресто́вывать/арестова́ть
Мили́ция арестова́ла трёх челове́к.

verhaften
Die Miliz verhaftete 3 Menschen.

доказа́тельство n
У суда́ не́ было никаки́х доказа́тельств.

Beweis m
Das Gericht hatte keine Beweise.

дока́зывать/доказа́ть
Он доказа́л, что он не вино́вен.

beweisen
Er hat bewiesen, daß er nicht schuldig ist.

зако́н m
В парла́менте обсужда́ли прое́кт но́вого зако́на.

Gesetz n
Im Parlament diskutierte man einen neuen Gesetzentwurf.

отвеча́ть за
Ка́ждый челове́к до́лжен отвеча́ть за свои́ посту́пки.

verantworten
Jeder Mensch muß seine Taten verantworten.

пра́во n
Права́ и обя́занности гра́ждан гаранти́рует конститу́ция.

Recht n
Die Verfassung garantiert Rechte und Pflichten der Bürger.

преступле́ние n
Он соверши́л тяжёлое преступле́ние.

Verbrechen n
Er beging ein schweres Verbrechen.

признава́ть/призна́ть
Он призна́л свою́ оши́бку.

gestehen
Er gestand seinen Fehler.

проце́сс m
Проце́сс по э́тому де́лу состои́тся че́рез три дня.

Prozeß m, **Verhandlung** f
Die Verhandlung dieses Falls findet in drei Tagen statt.

соверша́ть/соверши́ть
Тот, кто соверши́л э́то преступле́ние, до́лжен быть нака́зан.

begehen
Derjenige, der dieses Vergehen beging, muß bestraft werden.

Rechtswesen, Delikte

справедливый
Решение суда, по-моему, справедливое.

gerecht
Die Entscheidung des Gerichts ist meiner Meinung nach gerecht.

суд *m*
Суд приговорил его к трём годам тюрьмы.

Gericht *n*, **Gerichtsprozeß** *m*
Das Gericht verurteilte ihn zu 3 Jahren Gefängnis.

судить
За такой поступок его нужно судить.

richten, verurteilen
Für diese Tat muß man ihn verurteilen.

тюрьма *f*
Преступник находится в тюрьме.

Gefängnis *n*
Der Verbrecher ist im Gefängnis.

«2001–4000»

вор *m*
Вора арестовали на следующий день.

Dieb *m*
Der Dieb wurde am nächsten Tag gefaßt.

воровство *n*
Женщину судили за воровство.

Diebstahl *m*
Die Frau wurde wegen Diebstahls verurteilt.

жертва *f*
Он стал жертвой несчастного случая.

Opfer *n*
Er wurde Opfer eines Unglücksfalls.

законный
Решение суда было законным.

gesetzlich, rechtmäßig
Die Entscheidung des Gerichts war rechtmäßig.

защитник *m*
Мне нужно посоветоваться с защитником.

Verteidiger *m*
Ich muß den Verteidiger zu Rate ziehen.

клясться/поклясться
Поклянитесь, что будете говорить только правду.

schwören
Schwören Sie, die ganze Wahrheit zu sagen.

наказывать/наказать
Воров нужно строго наказывать.

bestrafen
Diebe müssen streng bestraft werden.

нарушать/нарушить
Группа мальчиков постоянно нарушает дисциплину в школе.

verletzen
Eine Gruppe von Jungen verletzt ständig die Disziplin in der Schule.

Rechtswesen, Delikte

невиновный
Суд убедился в том, что молодой человек невиновен.

nicht schuldig, unschuldig
Das Gericht hat sich davon überzeugt, daß der junge Mann unschuldig ist.

обвинять/обвинить
Суд обвинил гражданина Н. в преступлении.

beschuldigen
Das Gericht beschuldigte den Bürger N. eines Verbrechens.

ответственность f
Родители несут ответственность за детей.

Verantwortung f
Die Eltern tragen die Verantwortung für ihre Kinder.

преступник m
Милиция арестовала опасного преступника.

Verbrechen m
Die Miliz verhaftete einen gefährlichen Verbrecher.

преступность f
Преступность среди молодёжи катастрофически растёт.

Kriminalität f
Die Kriminalität unter Jugendlichen nimmt katastrophal zu.

приговаривать/приговорить
Вора приговорили к 2 (двум) годам тюрьмы.

verurteilen
Der Dieb wurde zu 2 Jahren Gefängnis verurteilt.

признаваться/признаться
Миша признался, что он разбил вазу.

bekennen, (ein)gestehen
Mischa gestand, die Vase zerschlagen zu haben.

свидетель m
На суде присутствовали свидетели преступления.

Zeuge m
Beim Gerichtsprozeß waren Zeugen des Verbrechens anwesend.

судья m
Мой знакомый работает судьёй в районном суде.

Richter m
Mein Bekannter arbeitet als Richter im Amtsgericht.

хулиганство n
Ученика 10-го класса судили за хулиганство.

Rowdytum n
Der Schüler der 10. Klasse wurde wegen Rowdytums verurteilt.

штраф m
Шофёр должен заплатить 100 рублей штрафа.

(Geld)Strafe f
Der Fahrer muß 100 Rubel Strafe zahlen.

1.2.8 ARZT UND KRANKENHAUS
(Siehe auch KÖRPER 1.1.1.1, GESUNDHEIT UND KRANKHEIT 1.1.1.7)

«1–2000»

больни́ца *f*
Ба́бушку отвезли́ в больни́цу.

Krankenhaus *n*
Die Großmutter wurde ins Krankenhaus gebracht.

больно́й
Больно́й ма́льчик зна́ет, что его́ боле́знь о́чень опа́сная.

К больно́му вы́звали врача́.

krank; Kranke(r) *m*
Der kranke Junge weiß, daß seine Krankheit sehr gefährlich ist.

Man hat einen Arzt zum Kranken gerufen.

врач *m*
Моя́ дочь хо́чет стать врачо́м.

Arzt *m*
Meine Tochter möchte Arzt werden.

вре́дный
В воде́ содержа́лись вре́дные вещества́.

schädlich, Schad-
Im Wasser waren Schadstoffe enthalten.

выпи́сывать/вы́писать
Врач вы́писал мне табле́тки от головно́й бо́ли.

verschreiben
Der Arzt verschrieb mir Kopfschmerztabletten.

до́ктор *m*
До́ктор! Вы́пишите мне, пожа́луйста, что́-нибудь от гри́ппа.

Doktor *m*
Doktor! Verschreiben Sie mir bitte etwas gegen Grippe.

жа́ловаться/пожа́ловаться
Больно́й жа́луется на бо́ли в ноге́.

klagen
Der Kranke klagt über Schmerzen im Bein.

лечи́ть/вы́лечить
Мою́ ма́му ле́чит о́пытный врач.

behandeln
Meine Mutti wird von einem erfahrenen Arzt behandelt.

опера́ция *f*
По́сле опера́ции больно́й чу́вствовал себя́ пло́хо.

Operation *f*
Der Kranke fühlte sich nach der Operation schlecht.

принима́ть/приня́ть
Принима́йте э́ти табле́тки 3 ра́за в день.

einnehmen
Diese Tabletten müssen Sie dreimal am Tag einnehmen.

табле́тка *f*
Э́ти табле́тки хорошо́ помога́ют при просту́де.

Tablette *f*
Diese Tabletten helfen gut gegen Erkältung.

Arzt und Krankenhaus

«2001–4000»

аптéка f
Мне нáдо сходи́ть за лекáрством в аптéку.

Apotheke f
Ich muß in die Apotheke gehen und Arznei abholen.

бинт m
Медсестрá принеслá рáненому бинт и мазь.

(Mull)Binde f
Die Krankenschwester brachte dem Verletzten eine Mullbinde und Salbe.

глотáть
У меня́ боли́т гóрло, я тóлько с трудóм могу́ глотáть.

schlucken
Ich habe Halsschmerzen und kann nur mit Mühe schlucken.

лекáрство n
Это лекáрство врéдно дéйствует на сéрдце.

Arznei f, **Medikament** n
Diese Arznei ist schädlich für das Herz.

мазь f
Эта мазь хорошó помогáет от болéй в спинé.

Salbe f
Diese Salbe hilft gut gegen Rückenschmerzen.

поликли́ника f
Лéна рабóтает в поликли́нике медсестрóй.

Poliklinik f
Lena arbeitet als Krankenschwester in der Poliklinik.

порошóк m
Этот порошóк ты дóлжен принимáть 2 рáза в день.

Pulver n
Dieses Pulver mußt du zweimal am Tag zu dir nehmen.

приви́вка f
Эта приви́вка óчень важнá для ребёнка.

Impfung f
Diese Impfung ist sehr wichtig für das Kind.

рецéпт m
Врач вы́писал мне рецéпт.

Rezept n
Der Arzt schrieb mir ein Rezept aus.

скóрая пóмощь f
Вы́зови, пожáлуйста, скóрую пóмощь, бáбушке плóхо.

schnelle medizinische Hilfe f
Hol bitte die schnelle medizinische Hilfe, der Oma geht es schlecht.

укóл m
Пéред операцией больнóму сдéлали укóл.

Spritze f
Vor der Operation bekam der Kranke eine Spritze.

ухáживать
Дочь ухáживает за больнóй мáтерью.

pflegen
Die Tochter pflegt ihre kranke Mutter.

хиру́рг *m*
Изве́стный хиру́рг опери́ровал мою́ подру́гу.

Chirurg *m*
Ein bekannter Chirurg operierte meine Freundin.

1.3 Interessen

1.3.1 KUNST

1.3.1.1 THEATER, FILM, BILDENDE UND DARSTELLENDE KUNST

« 1–2000 »

аплодисме́нты *m Pl*
По́сле конце́рта в за́ле раздали́сь аплодисме́нты.

Applaus *m*, **Beifall** *m*
Nach dem Konzert ertönte im Saal Applaus.

выступле́ние *n*
Пе́ред выступле́нием арти́ст Н. был о́чень взволно́ван.

Auftritt *m*
Vor dem Auftritt war der Schauspieler N. sehr aufgeregt.

де́йствие *n*
В после́днем де́йствии на сце́ну выхо́дят все актёры.

Akt *m*
Im letzten Akt erscheinen alle Schauspieler auf der Bühne.

звезда́ *f*
Э́та актри́са ста́ла популя́рной кинозвездо́й.

Star *m*
Diese Schauspielerin wurde ein beliebter Filmstar.

знамени́тый
В конце́рте уча́ствует знамени́тый певе́ц.

bekannt, berühmt
Ein berühmter Sänger tritt bei dem Konzert auf.

иску́сство
Э́та карти́на – настоя́щее произведе́ние иску́сства.

Kunst *f*
Dieses Bild ist ein echtes Kunstwerk.

музе́й *m*
Я тебе́ сове́тую посети́ть э́тот музе́й.

Museum *m*
Ich empfehle dir, dieses Museum zu besuchen.

представле́ние *n*
Вече́рнее представле́ние начина́ется в 19 часо́в.

Vorstellung *f*, **Aufführung** *f*
Die Abendvorstellung beginnt um 19 Uhr.

програ́мма *f*
В програ́мму конце́рта включи́ли наро́дные пе́сни.

Programm *n*
Ins Konzertprogramm wurden Volkslieder aufgenommen.

Theater, Film, bildende und darstellende Kunst

сла́ва *f*	**Ruhm** *m*
Актёр дости́г верши́ны свое́й сла́вы.	Der Schauspieler ist auf dem Gipfel seines Ruhms angelangt.
смотре́ть/посмотре́ть	**sehen**
Ты смотре́л о́перу Проко́фьева «Война́ и мир»?	Hast du die Oper „Krieg und Frieden" von Prokofjew gesehen?
сце́на *f*	**Bühne** *f*
На сце́не э́того теа́тра выступа́ли мно́гие знамени́тые актёры.	Auf der Bühne dieses Theaters traten viele bekannte Schauspieler auf.
тала́нт *m*	**Talent** *n*
Вам на́до учи́ться. Жаль, е́сли тако́й тала́нт пропадёт.	Sie müssen studieren. Es wäre schade, wenn solch ein Talent verkümmert.
теа́тр *m*	**Theater** *n*
Мы ча́сто хо́дим в теа́тр.	Wir gehen oft ins Theater.
фильм *m*	**Film** *m*
Фильм молодо́го режиссёра мне понра́вился.	Der Film des jungen Regisseurs hat mir gut gefallen.
худо́жественный	**Spiel-**
В э́том кинотеа́тре мо́жно посмотре́ть худо́жественные фи́льмы.	In diesem Kino kann man sich Spielfilme anschauen.
худо́жник *m*	**Maler** *m*
В галере́е откры́лась вы́ставка изве́стного худо́жника.	In der Galerie wurde eine Ausstellung eines bekannten Malers eröffnet.

«2001–4000»

актёр *m*, **актри́са** *f*	**Schauspieler(in)** *m (f)*
Газе́та опубликова́ла интервью́ с изве́стным актёром.	Die Zeitung veröffentlichte ein Interview mit einem bekannten Schauspieler.
аплоди́ровать	**Beifall spenden, applaudieren**
Зри́тели до́лго аплоди́ровали.	Die Zuschauer spendeten lange Beifall.
арти́ст *m*, **арти́стка** *f*	**Schauspieler(in)** *m (f)*
Роль Га́млета исполня́л арти́ст Ф.	Die Rolle des Hamlets spielt der Schauspieler F.

Theater, Film, bildende und darstellende Kunst

билет *m*
Я купил два билета на оперу «Руслан и Людмила».

(Eintritts-)Karte *f*
Ich kaufte 2 Karten für die Oper „Ruslan und Ludmila".

выставка *f*
Завтра открывается выставка русских художников.

Ausstellung *f*
Morgen wird die Ausstellung russischer Maler eröffnet.

живопись *f*
Моя дочь интересуется живописью.

Malerei *f*
Meine Tochter interessiert sich für Malerei.

зритель *m*
Актёр получает много писем от зрителей.

Zuschauer *m*
Der Schauspieler bekommt viele Briefe von Zuschauern.

изображать/изобразить
На картине изображено бурное море.

darstellen
Auf dem Gemälde ist das stürmische Meer dargestellt.

кино *n*
Ты часто ходишь в кино?

Kino *n*
Gehst du oft ins Kino?

комедия *f*
Мы решили посмотреть новую комедию.

Lustspiel *n*, **Komödie** *f*
Wir beschlossen, uns ein neues Lustspiel anzuschauen.

лишний
Простите, у вас нет лишнего билета?

übrig
Verzeihen Sie! Haben Sie eine Karte übrig?

партер *m*
Мы сидели в первом ряду партера.

Parkett *n*
Wir saßen in der ersten Reihe im Parkett.

плакат *m*
В Москве пользовалась большим успехом выставка русского плаката.

Plakat *n*
Die Ausstellung des russischen Plakates in Moskau war ein großer Erfolg.

публика *f*
Публика встретила артиста бурными аплодисментами.

Publikum *n*
Das Publikum begrüßte den Schauspieler mit stürmischem Applaus.

пьеса *f*
Я советую тебе посмотреть пьесу «Вишнёвый сад».

(Theater)Stück *n*
Ich empfehle dir, das Stück „Der Kirschgarten" anzuschauen.

режиссёр *m*
Молодой человек работает режиссёром в театре.

Regisseur *m*
Der junge Mann ist Theaterregisseur.

156 Musik

рисовáть/нарисовáть Дéти рисýют в тетрáдях рáзных живóтных.	**malen** Die Kinder malen in ihren Heften verschiedene Tiere.
скýльптор *m* Вы́ставка посвящená великому францýзскому скýльптору Родéну.	**Bildhauer** *m* Die Ausstellung ist dem großen französischen Bildhauer Rodin gewidmet.
спектáкль *m* Спектáкль начнётся чéрез нéсколько минýт.	**Schauspiel** *n* Das Schauspiel beginnt in einigen Minuten.
стáтуя *f* В пáрке пéред дворцóм я вúдела прекрáсные стáтуи.	**Skulptur** *f* Vor dem Palais im Park sah ich schöne Skulpturen.

1.3.1.2 MUSIK

«1–2000»

звук *m* У э́той итальянской скрúпки прекрáсный звук.	**Laut** *m*, **Klang** *m* Diese italienische Geige hat einen wunderschönen Klang.
звучáть Гитáра звучáла тúхо и грýстно.	**klingen** Die Gitarre klang leise und traurig.
игрáть Музыкáнт прекрáсно игрáл на пианúно.	**spielen** Der Musiker spielte wunderschön Klavier.
извéстный Извéстный писáтель уéхал в Амéрику и не вернýлся.	**bekannt** Ein bekannter Schriftsteller fuhr nach Amerika und kehrte nicht zurück.
класси́ческий Мой друг купúл два билéта на классúческую óперу.	**klassisch** Mein Freund kaufte zwei Karten für die klassische Oper.
концéрт *m* Зáвтра состоúтся концéрт извéстного певцá.	**Konzert** *n* Morgen findet das Konzert des berühmten Sängers statt.
мýзыка *f* Совремéнная мýзыка мне не нрáвится.	**Musik** *f* Moderne Musik gefällt mir nicht.

Musik

наро́дный
Я люблю́ ру́сские наро́дные пе́сни.

Volks-
Ich liebe russische Volkslieder.

орке́стр *m*
Орке́стр исполня́ет произведе́ния ру́сских компози́торов.

Orchester *n*
Das Orchester spielt Werke russischer Komponisten.

пе́сня *f*
Я люблю́ слу́шать ру́сские наро́дные пе́сни.

Lied *n*
Ich höre mir gern russische Volkslieder an.

петь/спеть
О́ба бра́та о́чень хорошо́ пою́т.

singen
Beide Brüder singen sehr gut.

популя́рный
Ра́ньше э́та пе́сня была́ о́чень популя́рной.

populär, beliebt
Früher war dieses Lied sehr populär.

слу́шать
По утра́м я слу́шаю но́вости.

sich *etw.* **anhören**
Morgens höre ich mir die Nachrichten an.

«2001–4000»

анса́мбль *m*
На сце́не выступа́л молодёжный анса́мбль.

Ensemble *n*, **Band** *f*
Auf der Bühne trat eine Jugendband auf.

гита́ра *f*
Мой сын у́чится игра́ть на гита́ре.

Gitarre *f*
Mein Sohn lernt Gitarre spielen.

дирижёр *m*
Оте́ц мое́й подру́ги – дирижёр орке́стра.

Dirigent *m*
Der Vater meiner Freundin ist Orchesterdirigent.

компози́тор *m*
Ге́ндель – вели́кий неме́цкий компози́тор.

Komponist *m*
Händel ist ein großer deutscher Komponist.

ко́нкурс *m*
В Москве́ прово́дится музыка́льный ко́нкурс.

Wettbewerb *m*
In Moskau findet ein Musikwettbewerb statt.

лауреа́т *m*
Лауреа́ты ко́нкурса уча́ствуют в конце́рте.

Preisträger *m*
Am Konzert nehmen die Preisträger des Wettbewerbs teil.

о́пера *f*
В теа́тре идёт о́пера «Князь И́горь».

Oper *f*
Im Theater wird die Oper „Fürst Igor" gegeben.

певе́ц m, **певи́ца** f
Фёдор Шаля́пин – вели́кий ру́сский певе́ц.

Sänger(in) m (f)
Fjodor Schaljapin ist ein großer russischer Sänger.

пиани́но n
Она́ прекра́сно игра́ет на пиани́но.

Klavier n
Sie spielt wunderschön Klavier.

роя́ль m
В ко́мнате стоя́л бе́лый роя́ль.

Flügel m
Im Zimmer stand ein weißer Flügel.

скри́пка f
Роди́тели подари́ли де́вочке скри́пку.

Geige f
Die Eltern schenkten dem Mädchen eine Geige.

1.3.2 MEDIEN

«1–2000»

видеока́мера f
Мой брат снял всю семью́ видеока́мерой.

Videokamera f
Mein Bruder hat die ganze Familie mit einer Videokamera aufgenommen.

видеокассе́та f
В э́том магази́не есть дешёвые видеокассе́ты.

Videokassette f
In diesem Laden gibt es billige Videokassetten.

вчера́шний
Вчера́шние газе́ты я ещё не чита́ла.

gestrig, von gestern
Die Zeitungen von gestern habe ich noch nicht gelesen.

газе́та f
Газе́ты в Росси́и си́льно подорожа́ли.

Zeitung f
Die Zeitungen in Rußland sind teurer geworden.

журна́л m
Журна́л «Но́вый мир» опубликова́л стихи́ Пастерна́ка.

Zeitschrift f
Die Zeitschrift „Nowyi mir" veröffentlichte Gedichte von Pasternak.

информа́ция f
Мы получи́ли подро́бную информа́цию о но́вых кни́гах.

Information f
Wir bekamen ausführliche Information über neue Bücher.

но́вость f
Мой друг сообщи́л мне интере́сную но́вость.

Neuigkeit f
Mein Freund teilte mir eine interessante Neuigkeit mit.

Medien

передача f
Дети смотрели интересную передачу по телевизору.

Sendung f
Die Kinder sahen eine interessante Sendung im Fernsehen.

печатать/напечатать
Газеты ничего не напечатели о катастрофе.

drucken
Die Zeitungen haben nichts über die Katastrophe gedruckt.

печать f
В печати появилось интересное интервью с Н. Н.

Presse f
In der Presse erschien ein interessantes Interview mit N. N.

пластинка f
У него много пластинок.

Schallplatte f
Er hat viele Schallplatten.

плёнка f
Не забудь купить плёнку для фотоаппарата.
Эту песню я хочу записать на плёнку.

Film m; **Tonband** n
Vergiß nicht, einen Film für den Fotoapparat zu kaufen.
Dieses Lied möchte ich auf Tonband aufnehmen.

программа f
В программе концерта произведения А. Шнитке.

Programm n
Auf dem Konzertprogramm stehen Werke von A. Schnittke.

проигрыватель m
Мой проигрыватель уже старый, пора купить новый.

Plattenspieler m
Mein Plattenspieler ist alt, es ist Zeit, einen neuen zu kaufen.

радио n
По радио передавали классическую музыку.

Rundfunk m, **Radio** n
Im Rundfunk sendete man klassische Musik.

статья
Статью известного журналиста обсуждали повсюду.

Artikel m
Den Artikel eines bekannten Journalisten diskutierte man überall.

цветной
Мы купили цветной телевизор.

bunt, Farb-
Wir kauften einen Farbfernseher.

«2001–4000»

записывать/записать
Я попросила коллегу записать фильм на видеокассету.

aufnehmen, mitschneiden
Ich bat den Kollegen, einen Film auf Video aufzunehmen.

Medien

изве́стие n
Ка́ждое у́тро он слу́шает после́дние изве́стия.

Nachricht f
Er hört sich jeden Morgen die neuesten Nachrichten an.

изображе́ние n
Телеви́зор ста́рый, поэ́тому изображе́ние тако́е плохо́е.

Bild n
Der Fernseher ist alt, deswegen ist das Bild so schlecht.

интервью́ n
Акаде́мик Ивано́в дал интервью́ иностра́нному корреспонде́нту.

Interview n
Akademiemitglied Iwanow gab einem ausländischen Journalisten ein Interview.

кассе́та f
У тебя́ есть пуста́я кассе́та?

Kassette f
Hast du eine leere Kassette?

коммента́рий m
По телеви́зору передава́ли коммента́рий изве́стного журнали́ста.

Kommentar m
Im Fernsehen lief ein Kommentar eines bekannten Journalisten.

магнитофо́н m
Вы́ключи, пожа́луйста, магнитофо́н, он мне меша́ет.

Tonbandgerät n
Mach bitte das Tonbandgerät aus, es stört mich.

радиопереда́ча f
Сейча́с начнётся радиопереда́ча для дете́й.

Rundfunksendung f
Gleich beginnt eine Rundfunksendung für Kinder.

сре́дства ма́ссовой информа́ции n Pl
Сре́дства ма́ссовой информа́ции ока́зывают большо́е влия́ние на люде́й.

Massenmedien n Pl
Massenmedien üben einen großen Einfluß auf die Menschen aus.

телеви́дение n
Во мно́гих стра́нах есть ча́стное телеви́дение.

Fernsehen n
In vielen Ländern gibt es Privatfernsehen.

телеви́зор m
Мы це́лый ве́чер смотре́ли телеви́зор.

Fernseher m
Den ganzen Abend haben wir ferngesehen.

экра́н m
Не сади́сь так бли́зко к экра́ну.

Bildschirm m
Setz dich nicht so nah an den Bildschirm.

1.3.3 ERHOLUNG UND FREIZEIT

1.3.3.1 *FREIZEITBESCHÄFTIGUNGEN*

«1–2000»

гуля́ть
Мать ча́сто гуля́ет с ребёнком в па́рке.

spazierengehen
Die Mutter geht oft mit dem Kind im Park spazieren.

да́ча *f*
Ле́том мы е́здим на да́чу.

Datsche *f*, **Wochenendhaus** *n*
Im Sommer fahren wir ins Wochenendhaus.

лови́ть/пойма́ть
Ма́льчики це́лый день лови́ли ры́бу.
Но они́ не пойма́ли ни одно́й ры́бы.

fischen, Fische fangen
Die Jungs haben den ganzen Tag gefischt.
Sie haben aber keinen einzigen Fisch gefangen.

отдыха́ть/отдохну́ть
В о́тпуске мы бы́ли на ю́ге и хорошо́ отдохну́ли.

sich erholen
Im Urlaub waren wir im Süden und haben uns gut erholt.

проводи́ть/провести́
Ле́то мы прово́дим у мо́ря.

(Zeit) **verbringen**
Den Sommer verbringen wir am Meer.

сад *m*
Мы хоте́ли бы име́ть дом с са́дом.

Garten *m*
Wir möchten gern ein Haus mit Garten haben.

сни́мок *m*
Он сде́лал не́сколько сни́мков го́рода.

Aufnahme *f*
Er machte einige Aufnahmen von der Stadt.

собира́ть/собра́ть
Он собира́ет уже́ 10 лет почто́вые ма́рки.

sammeln
Seit 10 Jahren sammelt er Briefmarken.

та́нец *m*
Воло́дя приглаша́ет Ма́шу на та́нец.

Tanz *m*
Wolodja bittet Mascha zum Tanz.

танцева́ть
Молодо́й челове́к хорошо́ танцу́ет.

tanzen
Der junge Mann tanzt gut.

фотогра́фия *f*
На столе́ стоя́ла больша́я фотогра́фия соба́ки.

Foto *n*
Auf dem Tisch stand ein großes Foto von einem Hund.

шу́тка *f*
Не серди́сь, э́то была́ то́лько шу́тка.

Scherz *m*
Sei mir bitte nicht böse, das war nur ein Scherz.

«2001–4000»

игру́шка *f*
У дете́й мно́го краси́вых игру́шек.

Spielzeug *n*, **Spielsachen** *f Pl*
Die Kinder haben viele schöne Spielsachen.

коллекциони́ровать
Мой друг коллекциони́рует почто́вые ма́рки.

sammeln
Mein Freund sammelt Briefmarken

колле́кция *f*
У моего́ знако́мого больша́я колле́кция моне́т.

Kollektion *f*, **Sammlung** *f*
Mein Bekannter hat eine große Münzsammlung.

люби́тель *m*
На сце́не пе́ли не профессиона́льные певцы́, а люби́тели.

Laie *m*
Auf der Bühne sangen keine Berufssänger, sondern Laien.

меня́ться/поменя́ться
Он меня́ется почто́выми ма́рками с друзья́ми.

tauschen
Er tauscht Briefmarken mit seinen Freunden.

о́тдых *m*
Лу́чший о́тдых для меня́ – э́то рабо́та в саду́.

Erholung *f*
Die beste Erholung für mich ist Gartenarbeit.

прогу́лка *f*
По́сле до́лгой прогу́лки все о́чень уста́ли.

Spaziergang *m*
Nach dem langen Spaziergang waren alle sehr müde.

увлека́ться/увле́чься
Ребёнок увлека́ется игро́й в ша́хматы.

sich begeistern
Das Kind begeistert sich für Schach.

увлече́ние *n*
Молода́я де́вушка с увлече́нием игра́ет в те́ннис.

Begeisterung *f*
Das junge Mädchen spielt mit Begeisterung Tennis.

фотографи́ровать
Во вре́мя путеше́ствия мы мно́го фотографи́руем.

fotografieren
Auf Reisen fotografieren wir viel.

экску́рсия *f*
Экску́рсия по Санкт-Петербу́ргу была́ о́чень интере́сной.

Exkursion *f*
Die Exkursion durch Sankt Petersburg war sehr interessant.

1.3.3.2 SPORT

«1–2000»

бассе́йн m
Два ра́за в неде́лю я хожу́ в бассе́йн.

Schwimmhalle f
Zweimal in der Woche gehe ich in die Schwimmhalle.

бе́гать
По воскресе́ньям он бе́гает в лесу́.

laufen, rennen
Sonntags läuft er im Wald.

выи́грывать/вы́играть
Э́ту па́ртию в ша́хматы вы́играл мой проти́вник.

gewinnen
Diese Schachpartie gewann mein Gegner.

занима́ться спо́ртом
Что́бы похуде́ть, ей на́до занима́ться спо́ртом.

Sport treiben
Um abzunehmen, muß sie Sport treiben.

игра́ f
Оте́ц зна́ет мно́го ра́зных игр.

Spiel n
Der Vater kennt viele verschiedene Spiele.

игра́ть/сыгра́ть
Ма́льчики с увлече́нием игра́ют в футбо́л.

spielen
Die Jungen spielen mit Begeisterung Fußball.

кома́нда f
В соревнова́нии уча́ствуют 10 футбо́льных кома́нд.

Mannschaft f
Am Wettkampf nehmen 10 Fußballmannschaften teil.

ма́стер m
В 16 лет де́вочка ста́ла ма́стером спо́рта по гимна́стике.

Meister m
Das Mädchen wurde mit 16 Jahren Meister des Sports im Turnen.

матч m
Футбо́льный матч начина́ется в 17 часо́в.

Spiel n
Das Fußballspiel beginnt um 17 Uhr.

меда́ль f
Во вре́мя олимпи́йских игр спортсме́н получи́л 3 меда́ли.

Medaille f
Während der Olympischen Spiele errang der Sportler 3 Medaillen.

охо́та f
В Сиби́ри мужчи́ны хо́дят в тайгу́ на охо́ту.

Jagd f
In Sibirien gehen die Männer zur Jagd in die Taiga.

охо́тник m
Охо́тник уби́л двух за́йцев.

Jäger m
Der Jäger tötete zwei Hasen.

Sport

пла́вать
Де́ти хо́дят в бассе́йн и у́чатся пла́вать.

schwimmen
Die Kinder gehen in die Schwimmhalle und lernen schwimmen.

пры́гать/пры́гнуть
Студе́нт Н. пры́гнул да́льше всех.

springen
Der Student N. sprang am weitesten von allen.

соревнова́ние *n*
Моя́ дочь уе́хала на соревнова́ние.

Wettkampf *m*
Meine Tochter ist zum Wettkampf gefahren.

спорт *m*
Вы занима́етесь спо́ртом?

Sport *m*
Treiben Sie Sport?

спорти́вный
Шко́льники игра́ли в футбо́л на спорти́вной площа́дке.

sportlich, Sport-
Die Schüler spielten auf dem Sportplatz Fußball.

устана́вливать/установи́ть
Молодо́й спортсме́н установи́л но́вый реко́рд.

aufstellen
Ein junger Sportler stellte einen neuen Rekord auf.

фо́рма *f*
Футболи́ст Н. сего́дня в наилу́чшей фо́рме.

Form *f*
Der Fußballspieler N. ist heute in Topform.

футбо́л *m*
Мой ста́рший сын игра́ет в футбо́л в университе́тской кома́нде.

Fußball *m*
Mein älterer Sohn spielt Fußball in der Universitätsmannschaft.

футбо́льный
В про́шлом году́ на́ша футбо́льная кома́нда игра́ла о́чень хорошо́.

Fußball-
Im vergangenen Jahr spielte unsere Fußballmannschaft sehr gut.

чемпио́н *m*
Э́та футбо́льная кома́нда была́ чемпио́ном ми́ра.

Meister *m*
Diese Fußballmannschaft war Weltmeister.

«2001–4000»

бег *m*
20 спортсме́нов уча́ствуют в бе́ге на 1000 (ты́сячу) ме́тров.

Lauf *m*, **Rennen** *n*
20 Sportler nehmen am 1000-Meter-Lauf teil.

воро́та *n Pl*
Кто стои́т сего́дня в воро́тах?

Tor *n*, **Gehäuse** *n*
Wer steht heute im Tor?

Sport

гол *m*
В конце матча Иванов забил один гол.

Tor *n*
Am Ende des Spiels schoß Iwanow ein Tor.

забивать/забить
На второй минуте в ворота противника был забит перый гол.

schießen *(ein Tor)*
In der 2. Minute wurde das erste Tor ins Gehäuse der gegnerischen Mannschaft geschossen.

лыжа *f*
Мы поехали в отпуск и взяли с собой лыжи.

Ski *m*
Wir fuhren in den Urlaub und nahmen die Skier mit.

мяч *m*
Во дворе дети играли в мяч.

Ball *m*
Die Kinder spielten im Hof Ball.

олимпиада *f*
Шахматная олимпиада проводится раз в два года.

Olympiade *f*
Die Schacholympiade wird alle zwei Jahre durchgeführt.

плавание *n*
Он занимается плаванием уже 5 лет.

Schwimmen *n*
Er geht seit 5 Jahren schwimmen.

площадка *f*
На спортивной площадке собрались все спортсмены.

Platz *m*
Auf dem Sportplatz versammelten sich alle Sportler.

приз *m*
Какой приз получила ваша команда?

Preis *m*, **Auszeichnung** *f*
Welche Auszeichnung bekam eure Mannschaft?

рекорд *m*
О новом рекорде по плаванию писали все газеты.

Rekord *m*
Über den neuen Rekord im Schwimmen schrieben alle Zeitungen.

спортсмен *m*
На соревнования приехали спортсмены из разных стран.

Sportler *m*
Zum Wettkampf kamen Sportler aus verschiedenen Ländern.

стадион *m*
На стадионе состоится сегодня спортивный праздник.

Stadion *n*
Im Stadion findet heute ein Sportfest statt.

старт *m*
Участники бега на 1000 (тысячу) метров вышли на старт.

Start *m*
Die Teilnehmer des 1000-Meter-Rennens kamen zum Start.

судья *m*
Судья вызвал на старт первых четырёх спортсменов.

Schiedsrichter *m*
Der Schiedsrichter rief die ersten vier Sportler an den Start.

Staat und Politik

те́ннис *m* Я хочу́ научи́ться игра́ть в те́ннис.	**Tennis** *n* Ich möchte Tennis spielen lernen.
фи́ниш *m* Два спортсме́на одновреме́нно пришли́ к фи́нишу.	**Finish** *n*, **Ziel** *n* Zwei Sportler kamen gleichzeitig ins Ziel.

1.4 Öffentliches Leben

1.4.1 STAATSWESEN

1.4.1.1 STAAT UND POLITIK

«1–2000»

буржуази́я *f* В стране́ появи́лась национа́льная буржуази́я.	**Bourgeoisie** *f* Im Land entwickelte sich die nationale Bourgeoisie.
буржуа́зный В результа́те револю́ции в стране́ установи́лась буржуа́зная респу́блика.	**bürgerlich** Nach der Revolution wurde im Land die bürgerliche Republik errichtet.
власть *f* Эта па́ртия пришла́ к вла́сти 2 го́да тому́ наза́д.	**Macht** *f* Diese Partei kam vor zwei Jahren an die Macht.
вступа́ть/вступи́ть Почему́ ты хо́чешь вступи́ть в э́ту па́ртию?	**eintreten** Warum willst du in diese Partei eintreten?
гла́сность *f* Во времена́ гла́стности в Росси́и опубликова́ли рома́н Пастерна́ка «До́ктор Жива́го».	**Transparenz** *f*, **Glasnost** *f* In Rußland veröffentlichte man während der Glasnostperiode Pasternaks Roman „Doktor Shiwago".
голосова́ть/проголосова́ть За кандида́та в президе́нты проголосова́ли 45% населе́ния.	**(ab)stimmen** Für den Präsidentschaftskandidaten stimmten 45% der Bevölkerung.
госуда́рственный Наш по́езд приближа́лся к госуда́рственной грани́це.	**Staats-, staatlich** Unser Zug näherte sich der Staatsgrenze.

Staat und Politik

государство n
СНГ – это Содружество Независимых Государств.

Staat m
Die GUS ist eine Gemeinschaft unabhängiger Staaten.

гражданин m, **гражданка** f
Все граждане имеют равные права и обязанности.

Bürger(in) m (f)
Alle Bürger haben gleiche Rechte und Pflichten.

гражданский
Вскоре после революции началась гражданская война.

bürgerlich, zivil, Bürger-
Kurz nach der Revolution begann der Bürgerkrieg.

граница f
Часть южной границы России проходит по морю.

Grenze f
Ein Teil der südlichen Grenze Rußlands verläuft im Meer.

демократический
Трудящиеся борются за осуществление демократических прав.

demokratisch
Die Werktätigen kämpfen für die Verwirklichung ihrer demokratischen Rechte.

демократия f
Путь от диктатуры к демократии трудный.

Demokratie f
Der Weg von der Diktatur zur Demokratie ist schwierig.

диктатура f
В стране установилась военная диктатура.

Diktatur f
Im Land wurde eine Militärdiktatur errichtet.

договор m
Президент подписал договор о дружбе.

Vertrag m
Der Präsident unterschrieb den Freundschaftsvertrag.

заключать/заключить
Европейские страны заключили ряд экономических соглашений.

abschließen
Die europäischen Länder schlossen eine Reihe von Wirtschaftsabkommen ab.

иностранный
Иностранные граждане могут учиться в вузах России.

Девушка учится в институте иностранных языков.

ausländisch; Fremd-
Ausländische Bürger können an Hochschulen Rußlands studieren.

Das Mädchen studiert am Fremdspracheninstitut.

капитализм m
Развитие капитализма в России имело свои особенности.

Kapitalismus m
Die Entwicklung des Kapitalismus in Rußland zeichnete sich durch Besonderheiten aus.

капиталистический
В этой главе учебника идёт речь о капиталистических производственных отношениях.

kapitalistisch
In diesem Kapitel des Lehrbuches geht es um die kapitalistischen Produktionsverhältnisse.

Staat und Politik

ле́вый
Ле́вые па́ртии образова́ли оппози́цию.
К вла́сти в стране́ пришли́ ле́вые.

linker; Linke(r) *m*
Die linken Parteien bildeten die Opposition.
Die Linken kamen an die Macht.

министе́рство *n*
Он рабо́тает в министе́рстве се́льского хозя́йства.

Ministerium *n*
Er arbeitet im Landwirtschaftsministerium.

мини́стр *m*
На совеща́нии выступа́л мини́стр культу́ры Росси́и.

Minister *m*
In der Beratung trat der Kulturminister Rußlands auf.

мир *m*
Он был во мно́гих стра́нах ми́ра.
Перегово́ры о ми́ре зако́нчились успе́шно.

Welt *f*; **Frieden** *m*
Er war in vielen Ländern der Welt.
Die Friedensverhandlungen fanden ihren erfolgreichen Abschluß.

наро́д *m*
Президе́нт обрати́лся к наро́ду с ре́чью.

Volk *n*
Der Präsident wandte sich mit einer Rede an das Volk.

« 2001 – 4000 »

демонстра́ция *f*
В демонстра́ции уча́ствовали 200 ты́сяч челове́к.

Demonstration *f*
An der Demonstration nahmen 200 000 Menschen teil.

демонстри́ровать
Они́ демонстри́ровали солида́рность с иностра́нными гра́жданами.

demonstrieren
Sie demonstrierten für Solidarität mit den ausländischen Mitbürgern.

заграни́ца *f*
Его́ роди́тели ча́сто е́здят за грани́цу.

Ausland *n*
Seine Eltern fahren oft ins Ausland.

зарубе́жный
Зарубе́жные го́сти посети́ли на́шу шко́лу.

ausländisch
Die ausländischen Gäste besuchten unsere Schule.

избира́ть/избра́ть
Гра́ждане э́той страны́ избира́ют президе́нта.

wählen
Die Bürger dieses Landes wählen den Präsidenten.

Staat und Politik

иностра́нец *m*, **иностра́нка** *f*	**Ausländer(in)** *m (f)*
В Герма́нии живёт мно́го иностра́нцев.	In Deutschland leben viele Ausländer.
класс *m*	**Klasse** *f*
В э́той стране́ пра́вящим кла́ссом явля́ется буржуази́я.	In diesem Land ist die Bourgeoisie die herrschende Klasse.
коммуни́зм *m*	**Kommunismus** *m*
Мно́гие лю́ди мечта́ли о коммуни́зме как о справедли́вом о́бществе.	Viele Menschen träumten vom Kommunismus als einer gerechten Gesellschaft.
коммунисти́ческий	**kommunistisch**
Здесь коммунисти́ческая па́ртия была́ запрещена́.	Hier wurde die kommunistische Partei verboten.
конститу́ция *f*	**Verfassung** *f*
Конститу́ция – э́то основно́й зако́н страны́.	Die Verfassung ist das Grundgesetz des Landes.
на́ция *f*	**Nation** *f*
Организа́ция Объединённых На́ций была́ осно́вана в 1945 году́.	Die Vereinten Nationen wurden 1945 gegründet.
незави́симость *f*	**Unabhängigkeit** *f*
Наро́д э́той африка́нской страны́ бо́рется за незави́симость.	Das Volk dieses afrikanischen Landes kämpft um seine Unabhängigkeit.
объединя́ть/объедини́ть	**(ver)einen**
Состоя́лось заседа́ние Организа́ции Объединённых На́ций.	Es fand eine Tagung der Vereinten Nationen statt.
Он объединя́ет в свои́х рука́х все подве́домственности.	Er vereint alle Kompetenzen in seiner Hand.
оппози́ция *f*	**Opposition** *f*
Оппози́ция не была́ согла́сна с предложе́нием пра́вящей па́ртии.	Die Opposition war mit dem Vorschlag der Regierungspartei nicht einverstanden.
па́ртия *f*	**Partei** *f*
За каку́ю па́ртию ты бу́дешь голосова́ть?	Welche Partei wählst du?
перестро́йка *f*	**Umgestaltung** *f*
С больши́м интере́сом я прочита́ла кни́гу о перестро́йке.	Ich las mit großem Interesse das Buch über die Umgestaltung.

Staat und Politik

поли́тик *m*
Он явля́ется одни́м из са́мых популя́рных поли́тиков э́той страны́.

Politiker *m*
Er ist einer der populärsten Politiker dieses Landes.

поли́тика *f*
Прави́тельство должно́ измени́ть свою́ экономи́ческую поли́тику.

Politik *f*
Die Regierung muß ihre Wirtschaftspolitik ändern.

полити́ческий
В диску́ссии шла речь о полити́ческих права́х.

politisch
In der Diskussion ging es um politische Rechte.

постановле́ние *n*
В газе́те бы́ло опублико́вано постановле́ние прави́тельства.

Beschluß *m*, **Bestimmung** *f*
In der Zeitung wurde der Regierungsbeschluß veröffentlicht.

прави́тельство *n*
Бы́ло и́збрано но́вое прави́тельство.

Regierung *f*
Es wurde eine neue Regierung gewählt.

пра́вый
Пра́вые потерпе́ли пораже́ние на вы́борах.
К сча́стью, ты оказа́лся прав.

Rechte(r) *m*; **recht**
Die Rechten erlitten eine Wahlniederlage.
Zum Glück hattest du recht.

равнопра́вие *n*
Же́нщины э́той страны́ бо́рются за их равнопра́вие с мужчи́нами.

Gleichberechtigung *f*
Die Frauen dieses Landes kämpfen für ihre Gleichberechtigung.

радика́льный
В э́той стране́ необходи́мы радика́льные рефо́рмы.

radikal
In diesem Land sind radikale Reformen notwendig.

революцио́нный
Де́душка лю́бит петь революцио́нные пе́сни.

Revolutions-, revolutionär
Der Großvater singt gern revolutionäre Lieder.

револю́ция *f*
В феврале́ 1917 го́да в Росси́и произошла́ буржуа́зно-демократи́ческая револю́ция.

Revolution *f*
Im Februar 1917 fand in Rußland die bürgerlich-demokratische Revolution statt.

респу́блика *f*
Большинство́ европе́йских стран явля́ется респу́бликами.

Republik *f*
Die meisten europäischen Länder sind Republiken.

Staat und Politik 171

рефо́рма f	**Reform** f
В стране́ прово́дятся экономи́ческие рефо́рмы.	Im Land werden Wirtschaftsreformen durchgeführt.
ро́дина f	**Heimat** f
Он живёт в Герма́нии, но ро́дина его́ – Росси́я.	Er lebt in Deutschland, seine Heimat aber ist Rußland.
рубе́ж m	**Grenze** f, **Ausland** n
Мои́ ро́дственники живу́т за рубежо́м.	Meine Verwandten leben im Ausland.
свобо́да f	**Freiheit** f
Наро́д э́той страны́ до́лго боро́лся за свобо́ду.	Das Volk dieses Landes kämpfte lange für seine Freiheit.
свобо́дный	**frei**
Я ду́маю, что челове́к никогда́ не мо́жет быть абсолю́тно свобо́дным.	Ich denke, der Mensch kann nie absolut frei sein.
сове́тский	**sowjetisch, Sowjet-**
В СССР входи́ли 15 сове́тских социалисти́ческих респу́блик.	Zur UdSSR gehörten 15 Sozialistische Sowjetrepubliken.
социали́зм m	**Sozialismus** m
В 1917 году́ в Росси́и на́чали стро́ить социали́зм.	1917 begann man in Rußland den Sozialismus aufzubauen.
социалисти́ческий	**sozialistisch**
Сою́з Сове́тских Социалисти́ческих респу́блик прекрати́л своё существова́ние в 1991 году́.	Die Union der Sozialistischen Sowjetrepubliken hörte 1991 auf zu existieren.
столи́ца f	**Hauptstadt** f
Назови́те столи́цы европе́йских госуда́рств.	Nennt die Hauptstädte der europäischen Staaten.
страна́ f	**Land** n
Э́та страна́ экспорти́рует пшени́цу.	Dieses Land exportiert Weizen.
строй m	**(Gesellschafts)Ordnung** f, **Staatsform** f, **Staatsaufbau** m
На экза́мене студе́нт расска́зывал о госуда́рственном стро́е в А́нглии.	In der Prüfung erzählte der Student über den Staatsaufbau Englands.
флаг m	**Flagge** f
Госуда́рственный флаг Росси́и си́не-бе́ло-кра́сный.	Die Staatsflagge Rußlands ist blau-weiß-rot.

1.4.1.2 KRIEG UND FRIEDEN

«1–2000»

автома́т *m*
Солда́ты чи́стили автома́ты.

Maschinenpistole *f*
Die Soldaten reinigten die Maschinenpistolen.

а́рмия *f*
Расхо́ды на а́рмию ну́жно уме́ньшить.

Armee *f*
Die Ausgaben für die Armee müssen verringert werden.

боро́ться
Же́нщины бо́рются за равнопра́вие с мужчи́нами.

kämpfen
Die Frauen kämpfen für ihre Gleichberechtigung.

борьба́ *f*
Борьба́ с террори́змом явля́ется о́чень тру́дной пробле́мой.

Kampf *m*
Der Kampf gegen den Terrorismus ist ein sehr schwieriges Problem.

воева́ть
В 18-ом ве́ке Росси́я воева́ла с Ту́рцией.

Krieg führen
Im 18. Jahrhundert führte Rußland Krieg gegen die Türkei.

вое́нный
Его́ оте́ц был вое́нным врачо́м.
Моя́ сестра́ вы́шла за́муж за вое́нного.

Militär-; Militärangehörige(r) *m*
Sein Vater war Militärarzt.

Meine Schwester hat einen Militärangehörigen geheiratet.

война́ *f*
Её де́душка уча́ствовал в двух во́йнах.

Krieg *m*
Ihr Großvater nahm an zwei Kriegen teil.

войска́ *n Pl*
Войска́ Кра́сной А́рмии взя́ли Берли́н в ма́е 1945-го го́да.

Truppen *f Pl*
Die Truppen der Roten Armee nahmen im Mai 1945 Berlin ein.

враг *m*
У него́ мно́го враго́в.

Feind *m*
Er hat viele Feinde.

генера́л *m*
Неда́вно у́мер ста́рый генера́л.

General *m*
Vor kurzem starb der alte General.

геро́й *m*
Он стал национа́льным геро́ем.

Held *m*
Er wurde zum Nationalhelden.

завоёвывать/завоева́ть
Наро́д э́той страны́ завоева́л свобо́ду.

erobern, erkämpfen
Das Volk dieses Landes erkämpfte seine Freiheit.

захва́тывать/захвати́ть	**erobern, ergreifen**
Буржуази́я захвати́ла власть.	Die Bourgeoisie ergriff die Macht.
защи́та *f*	**Verteidigung** *f*
Защи́та оте́чества – долг ка́ждого граждани́на.	Die Verteidigung des Vaterlandes ist die Pflicht jedes Staatsbürgers.
мир *m*	**Frieden** *m*
Догово́р о ми́ре ещё не подпи́сан.	Der Friedensvertrag wurde noch nicht unterzeichnet.
ми́рный	**friedlich**
Мы выступа́ем за ми́рное реше́ние междунаро́дных пробле́м.	Wir treten für die friedliche Lösung der internationalen Probleme ein.
мирово́й	**Welt-**
Втора́я мирова́я война́ начала́сь в 1939 году́.	Der zweite Weltkrieg begann im Jahre 1939.
ору́жие *n*	**Waffe** *f*
Престу́пник угрожа́л милиционе́ру ору́жием.	Der Verbrecher bedrohte den Milizionär mit einer Waffe.
освобожда́ть/освободи́ть	**befreien**
Го́род был освобождён войска́ми Кра́сной А́рмии.	Die Stadt wurde durch die Truppen der Roten Armee befreit.
офице́р *m*	**Offizier** *m*
Она́ вы́шла за́муж за офице́ра.	Sie hat einen Offizier geheiratet.
побе́да *f*	**Sieg** *m*
9-го ма́я в Росси́и пра́зднуют День Побе́ды.	Am 9. Mai feiert man in Rußland den Tag des Sieges.
побежда́ть/победи́ть	**siegen, besiegen**
А́рмия врага́ была́ побежде́на.	Die Armee des Feindes wurde besiegt.
прика́з *m*	**Befehl** *m*
Генера́л дал прика́з о наступле́нии.	Der General gab den Befehl zum Angriff.
раке́та *f*	**Rakete** *f*
В не́бе мы уви́дели кра́сную раке́ту.	Wir sahen am Himmel eine rote Rakete.
служи́ть	**dienen**
Мой брат два го́да служи́л в а́рмии.	Mein Bruder diente 2 Jahre in der Armee.

смéлый
Газéта писáла о смéлом постýпке рýсского офицéра.

tapfer, kühn
Die Zeitung berichtete über die tapfere Tat des russischen Offiziers.

солдáт *m*
Во врéмя войны́ он был солдáтом.

Soldat *m*
Während des Krieges war er Soldat.

стрелять
Солдáт Ивано́в пло́хо стреля́ет.

schießen
Der Soldat Iwanow schießt schlecht.

уничтожáть/уничтóжить
Войскá протѝвника уничтóжили мнóго городов и деревéнь.

vernichten
Die Truppen des Gegners vernichteten viele Städte und Dörfer.

«2001–4000»

безопáсность *f*
На совещáнии обсуждáлись вопрóсы европéйской безопáсности.

Sicherheit *f*
In der Beratung wurden Fragen der europäischen Sicherheit erörtert.

винтóвка *f*
Солдáты должны́ бы́ли чи́стить свои́ винтóвки.

Gewehr *n*
Die Soldaten mußten ihre Gewehre reinigen.

врáжеский
Врáжеская áрмия захвати́ла го́род.

feindlich
Die feindliche Armee eroberte die Stadt.

вы́стрелить
Солдáт вы́стрелил в во́здух.

schießen
Der Soldat schoß in die Luft.

защищáть/защити́ть
Войскá защищáли го́род два дня.

verteidigen
Die Truppen verteidigten zwei Tage lang die Stadt.

освобождéние *n*
Её отéц учáствовал в освобождéнии Берли́на.

Befreiung *f*
Ihr Vater nahm an der Befreiung Berlins teil.

отéчественный
Вели́кая Отéчественная войнá окóнчилась в 1945-ом годý.

vaterländisch
Der Große Vaterländische Krieg endete 1945.

проти́вник *m*
Проти́вник был побеждён.

Gegner *m*
Der Gegner wurde besiegt.

Kirche und Religion

смéло *Adv*
Нáши войскá дéйствовали смéло и решительно.

tapfer, kühn
Unsere Truppen handelten tapfer und entschlossen.

сопротивлéние *n*
Противник не ждал такóго сопротивлéния.

Widerstand *m*
Der Gegner erwartete diesen Widerstand nicht.

танк *m*
В бою учáствовали тáнки.

Panzer *m*
Am Kampf nahmen Panzer teil.

фашизм *m*
Студéнт написáл сочинéние на тéму «Социáльные кóрни фашизма».

Faschismus *m*
Der Student schrieb einen Aufsatz zum Thema „Soziale Wurzeln des Faschismus".

я́дерное орýжие *n*
Нарóды мира трéбуют запрещéния испытáний я́дерного орýжия.

Atomwaffe *f*
Die Völker der Welt fordern das Verbot der Atomwaffentests.

1.4.2 KIRCHE UND RELIGION

«1–2000»

библия *f*
В библии напи́сано ...

Bibel *f*
In der Bibel steht ...

Бог *m*
Бáбушка вéрит в Бóга.

Gott *m*
Die Großmutter glaubt an Gott.

вéра *f*
Вéра в Бóга даёт ей си́лы.

Glaube *m*
Der Glaube an Gott gibt ihr Kraft.

вéрить/повéрить
Я не могý в э́то повéрить.

glauben
Ich kann daran nicht glauben.

душá *f*
Душá – э́то внýтренний мир человéка.
На душé у меня́ грýстно.

Seele *f*
Die Seele ist die innere Welt des Menschen.
Es ist mir traurig ums Herz.

Иисýс Христóс *m*
Рождествó считáется днём рождéния Иисýса Христá.

Jesus Christus *m*
Weihnachten feiert man die Geburt von Jesus Christus.

Kirche und Religion

нéбо *n*
Онá былá на седьмóм нéбе от счáстья.

Himmel *m*
Sie schwebte vor Glück im siebenten Himmel.

поп *m*
Свящéнник рýсской цéркви – э́то поп.

Pope *m*
Ein Geistlicher der russischen Kirche heißt Pope.

правослáвный
В э́той цéркви мóлятся правослáвные христиáне.

orthodox
In dieser Kirche beten orthodoxe Christen.

религиóзный
Моя́ бáбушка былá глубокó религиóзным человéком.

religiös, gläubig
Meine Großmutter war ein tief gläubiger Mensch.

релúгия *f*
Шкóльники писáли сочинéние на тéму «Что такóе релúгия».

Religion *f*
Die Schüler schrieben einen Aufsatz zum Thema „Was ist Religion".

рождествó *n*
Правослáвные христиáне прáзднуют Рождествó седьмóго января́.

Weihnachten *n*
Die orthodoxen Christen feiern das Weihnachtsfest am 7. Januar.

святóй
На картúне был изображён святóй Пётр.

heilig
Auf dem Gemälde war der heilige Petrus dargestellt.

цéрковь *f*
По воскресéньям бáбушка ходúла в цéрковь.

Kirche *f*
Sonntags ging die Großmutter in die Kirche.

чёрт *m*
Он не вéрил ни в Бóга, ни в чёрта.

Teufel *m*
Er glaubte weder an Gott, noch an den Teufel.

«2001–4000»

грех *m*
Кто из нас без грехá?

Sünde *f*
Wer von uns ist frei von Sünde?

молúтва *f*
Ребёнок дóлжен был вы́учить молúтву наизýсть.

Gebet *n*
Das Kind mußte das Gebet auswendig lernen.

молúться
Пéред едóй онú всегдá мóлятся.

beten
Vor dem Essen beten sie immer.

папа *m*
Папа – это глава римско-католической церкви.

Papst *m*
Der Papst ist das Oberhaupt der römisch-katholischen Kirche.

пасха *f*
Пасха в этом году будет в конце апреля.

Ostern *n*
Ostern ist in diesem Jahr Ende April.

священник *m*
Священник прочитал молитву.

Geistliche(r) *m*
Der Geistliche las ein Gebet.

служба *f*
Служба начинается в 5 часов вечера.

(Gottes)Dienst *m*
Der Gottesdienst fängt um 17 Uhr an.

христианский
В Европе преобладают христианские религии.

christlich
In Europa herrschen die christlichen Religionen vor.

1.5 Umwelt

1.5.1 STADT UND DORF

«1–2000»

город *m*
Расскажите о вашем родном городе.

Stadt *f*
Erzählen Sie über Ihre Heimatstadt.

городской
На уроке мы обсуждали проблемы городского транспорта.

städtisch, Stadt-
Im Unterricht diskutierten wir über Probleme des städtischen Nahverkehrs.

дворец *m*
Во дворце находится теперь музей.

Palast *m*
Im Palast ist jetzt ein Museum untergebracht.

деревня *f*
Дедушка и бабушка живут в деревне.

Dorf *n*
Die Großeltern leben im Dorf.

древний
Студенты изучают историю древнего города.

alt, altertümlich
Die Studenten erforschen die Geschichte der alten Stadt.

Stadt und Dorf

зда́ние *n*
В э́том зда́нии нахо́дится тепе́рь институ́т.

Gebäude *n*
In diesem Gebäude befindet sich jetzt ein Institut.

край *m*
В э́том краю́ мно́го лесо́в и озёр.

Land *n*, **Region** *f*
In dieser Region gibt es viele Wälder und Seen.

ме́стный
Ме́стное населе́ние ча́сто хо́дит в лес по я́годы.

lokal, hiesig
Die hiesige Bevölkerung geht oft in den Wald, um Beeren zu sammeln.

моско́вский
Моско́вское метро́ изве́стно во всём ми́ре.

Moskauer
Die Moskauer Metro ist in der ganzen Welt bekannt.

населе́ние *n*
Большинство́ населе́ния ста́рой Росси́и составля́ли крестья́не.

Bevölkerung *f*
Die Mehrheit der Bevölkerung im alten Rußland waren Bauern.

пло́щадь *f*
Се́рдце Росси́и – Кра́сная пло́щадь.

Platz *m*
Der Rote Platz ist das Herz Rußlands.

райо́н *m*
Я живу́ в но́вом райо́не.

В се́верных райо́нах страны́ начала́сь зима́.

(Stadt)Bezirk *m*; **Region** *f*
Ich wohne in einem neuen Stadtbezirk.
In den nördlichen Regionen des Landes begann der Winter.

располага́ться/расположи́ться
Го́род располо́жен на берегу́ реки́.

sich befinden, gelegen sein
Die Stadt liegt am Ufer des Flusses.

село́ *n*
В селе́ постро́или но́вую шко́лу.

Dorf *n*
Im Dorf baute man eine neue Schule.

се́льский
Всю жизнь она́ рабо́тала се́льской учи́тельницей.
Де́душка и ба́бушка жи́ли в се́льской ме́стности.

Dorf-, ländlich
Ihr ganzes Leben lang arbeitete sie als Dorflehrerin.
Die Großeltern wohnten in einer ländlichen Gegend.

сельскохозя́йственный
В э́том го́роде есть заво́д сельскохозя́йственных маши́н.

landwirtschaftlich
In dieser Stadt gibt es ein Werk für landwirtschaftliche Maschinen.

Stadt und Dorf

столи́ца f Москва́ – столи́ца Росси́и.	**Hauptstadt** f Moskau ist die Hauptstadt Rußlands.
у́лица f Я живу́ на у́лице Ле́рмонтова.	**Straße** f Ich wohne in der Lermontowstraße.

«2001–4000»

алле́я f К до́му вела́ широ́кая алле́я.	**Allee** f Zum Haus führte eine breite Allee.
ба́шня f Мы пообе́дали в рестора́не, кото́рый нахо́дится в ста́рой ба́шне.	**Turm** m Wir aßen zu Mittag in einem Restaurant, das sich in einem alten Turm befindet.
жи́тель m На демонстра́цию вы́шли мно́гие жи́тели го́рода.	**Einwohner** m, **Bewohner** m Zur Demonstration kamen viele Bewohner der Stadt.
за́мок m Мы осмотре́ли ста́рый за́мок.	**Schloß** n Wir besichtigten ein altes Schloß.
кре́пость f В го́роде сохрани́лись сте́ны ста́рой кре́пости.	**Festung** f, **Burg** f In der Stadt sind die Reste einer alten Festung erhalten geblieben.
москви́ч m, **москви́чка** f Я чита́ю кни́гу «Москва́ и москвичи́».	**Moskauer(in)** m (f) Ich lese das Buch „Moskau und Moskauer".
мост m Ната́ша стои́т на мосту́.	**Brücke** f Natascha steht auf der Brücke.
па́мятник m В Москве́ есть прекра́сные па́мятники ру́сским писа́телям.	**Denkmal** n In Moskau gibt es sehr schöne Denkmäler russischer Schriftsteller.
парк m В большо́м па́рке стои́т ста́рый за́мок.	**Park** m In dem großen Park steht ein altes Schloß.

посёлок *m*
Около большого завода вырос новый посёлок.

Siedlung *f*
Neben dem großen Werk entstand eine neue Siedlung.

пригород *m*
Наша семья живёт в пригороде.

Vorort *m*
Unsere Familie wohnt in einem Vorort.

собор *m*
Туристы были поражены красотой собора.

Dom *m*, **Kathedrale** *f*
Die Touristen waren von der Schönheit des Domes tief beeindruckt.

тротуар *m*
По тротуару шли пешеходы.

Bürgersteig *m*, **Gehweg** *m*
Auf dem Bürgersteig gingen Fußgänger.

ферма *f*
Моя тётя работает на ферме.

Farm *f*
Meine Tante arbeitet auf einer Farm.

1.5.2 LANDSCHAFT

«1–2000»

берег *m*
На берегу реки стоит церковь.

Ufer *m*
Am Ufer des Flusses steht eine Kirche.

вершина *f*
Мы взобрались на вершину горы.

Gipfel *m*
Wir stiegen auf den Berggipfel.

вид *m*
С этой горы прекрасный вид на море.

Aussicht *f*
Von diesem Berg aus hat man eine schöne Aussicht auf das Meer.

гора *f*
Город окружён высокими горами.

Berg *m*
Die Stadt ist von hohen Bergen umgeben.

лес *m*
Недалеко от города находится лес.

Wald *m*
Nicht weit von der Stadt befindet sich ein Wald.

область *f*
В южных областях страны убирают урожай.

Gebiet *n*
In den südlichen Gebieten wird die Ernte eingebracht.

о́зеро *n*
В о́тпуск мы е́здили на о́зеро Байка́л.

See *m*
Im Urlaub waren wir am Baikalsee.

о́стров *m*
В океа́не мно́го острово́в.

Insel *f*
Im Ozean gibt es viele Inseln.

по́ле *n*
На поля́х рабо́тают совреме́нные маши́ны.

Feld *n*
Auf den Feldern arbeiten moderne Maschinen.

просто́р *m*
Просто́ры Росси́и поража́ют тури́стов.

Weite *f*
Die Weite Rußlands beeindruckt die Touristen.

пусты́ня *f*
Саха́ра – са́мая больша́я пусты́ня в ми́ре.

Wüste *f*
Die Sahara ist die größte Wüste der Welt.

река́ *f*
Река́ в э́том ме́сте о́чень широ́кая.

Fluß *m*
Der Fluß ist an dieser Stelle sehr breit.

степь *f*
В степи́ стро́ят желе́зную доро́гу.

Steppe *f*
In der Steppe wird eine Eisenbahnstrecke gebaut.

тайга́ *f*
Охо́тник ушёл в тайгу́ на охо́ту.

Taiga *f*
Der Jäger ist in die Taiga zur Jagd gegangen.

тече́ние *n*
У го́рных рек о́чень бы́строе тече́ние.

Strömung *f*
Bergflüsse haben eine starke Strömung.

«2001–4000»

доли́на *f*
Го́род располо́жен в доли́не реки́.

Tal *n*
Die Stadt liegt in einem Flußtal.

круто́й
Дом стои́т на круто́м берегу́.

steil
Das Haus steht am Steilufer.

ме́стность *f*
На́ша да́ча нахо́дится в краси́вой се́льской ме́стности.

Gegend *f*
Unser Wochenendhaus befindet sich in einer schönen ländlichen Gegend.

пейза́ж m
Мы стоя́ли на верши́не горы́ и любова́лись краси́вым пейза́жем.

Landschaft f
Wir standen auf dem Gipfel des Berges und genossen die schöne Landschaft.

пляж m
Éсли за́втра бу́дет жа́рко, мы пойдём на пляж.

Strand m
Wenn es morgen heiß ist, gehen wir zum Strand.

равни́на f
На восто́ке страны́ нахо́дится равни́на.

Ebene f
Im Osten des Landes befindet sich eine Ebene.

ро́ща f
В ро́ще росли́ больши́е дере́вья.

Hain m
Im Hain wuchsen hohe Bäume.

руче́й m
Вода́ в ручье́ была́ чи́стая и холо́дная.

Bach m
Das Wasser im Bach war sauber und kalt.

тропа́ f
Тури́сты поднима́лись в го́ру по у́зкой тропе́.

Pfad m
Die Touristen erklommen den Berg auf einem schmalen Pfad.

ту́ндра f
В ту́ндре дере́вьев почти́ нет.

Tundra f
In der Tundra gibt es fast keine Bäume.

целина́ f
Шко́льники писа́ли сочине́ние по рома́ну Шо́лохова «По́днятая целина́».

Neuland n
Die Schüler schrieben einen Aufsatz über den Roman Scholochows „Neuland unterm Pflug".

1.5.3 NATUR

1.5.3.1 ALLGEMEINES

«1–2000»

а́том m
Все тела́ состоя́т из а́томов.

Atom n
Alle Körper bestehen aus Atomen.

во́здух m
Тебе́ на́до бо́льше быва́ть на све́жем во́здухе.

Luft f
Du mußt häufiger an die frische Luft gehen.

волна́ f
Прибо́р регистри́рует электромагни́тные во́лны.
Дул си́льный ве́тер, и на мо́ре бы́ли во́лны.

Welle f
Das Gerät registriert elektromagnetische Wellen.
Es wehte ein starker Wind, und auf dem Meer waren Wellen.

дым m
В ко́мнате бы́ло мно́го ды́ма.

Rauch m, **Qualm** m
Das Zimmer war voller Qualm.

загрязне́ние n
На конфере́нции обсужда́ли пробле́мы, свя́занные с загрязне́нием рек.

Verschmutzung f
In der Konferenz diskutierte man Probleme, die mit der Verschmutzung der Flüsse zusammenhängen.

звезда́ f
Не́бо покры́ли ту́чи, и звёзд не́ было ви́дно.

Stern m
Regenwolken bedeckten den Himmel, und die Sterne waren nicht zu sehen.

Земля́ f
Земля́ враща́ется вокру́г Со́лнца.

Erde f (der Planet)
Die Erde dreht sich um die Sonne.

земля́ f
Земля́ в лесу́ была́ вла́жной, так как неда́вно прошёл дождь.

Erde f, **(Erd-)Boden** m
Der Boden im Wald war feucht, weil es vor kurzem geregnet hatte.

Луна́ f
В 1969 году́ состоя́лся пе́рвый полёт челове́ка на Луну́.

Mond m
1969 fand der erste Flug eines Menschen zum Mond statt.

луна́ f
Облака́ закры́ли луну́.

Mond m
Die Wolken verdeckten den Mond.

луч m
Лучи́ со́лнца нагре́ли зе́млю.

Strahl m
Die Sonnenstrahlen erwärmten den Boden.

материа́льный
Фи́зики и хи́мики изуча́ют материа́льный мир.

stofflich, materiell
Physiker und Chemiker erforschen die materielle Welt.

мо́ре n
Чёрное мо́ре мне бо́льше нра́вится, чем Балти́йское.

Meer n
Das Schwarze Meer gefällt mir besser als die Ostsee.

не́бо n
На не́бе я́рко свети́ло со́лнце.

Himmel m
Am Himmel schien hell die Sonne.

огóнь *m*
Огóнь уничтóжил нéсколько гектáров лéса.

Feuer *n*
Das Feuer vernichtete mehrere Hektar Wald.

океáн *m*
Учёные изучáют влияние океáна на климат Земли.

Ozean *m*
Die Wissenschaftler untersuchen den Einfluß des Ozeans auf das Klima der Erde.

окружáющая средá *f*
Однóй из актуáльных проблéм являeтся охрáна окружáющей среды.

Umwelt *f*
Eines der aktuellen Probleme ist der Umweltschutz.

планéта *f*
Исслéдования планéт сóлнечной системы помогáют изучáть Зéмлю.

Planet *m*
Die Untersuchungen der Planeten des Sonnensystems helfen bei der Erforschung der Erde.

прирóда *f*
Человéк дóлжен охранять прирóду.

Natur *f*
Der Mensch muß die Natur schützen.

свет *m*
Не читáй при плохóм свéте.
Онá готóва идти с ним на край свéта.

Licht *n*; **Welt** *f*
Lies nicht bei schlechtem Licht.
Sie ist bereit, mit ihm bis ans Ende der Welt zu gehen.

сóлнце *n*
Дéти пéли пéсню «Пусть всегдá бýдет сóлнце!»

Sonne *f*
Die Kinder sangen das Lied „Immer lebe die Sonne!"

средá *f*
Влияние человéка на окружáющую средý увеличивается.

Umwelt *f*
Der Einfluß des Menschen auf die Umwelt wird immer größer.

тень *f*
В тени дéрева былo не так жáрко.

Schatten *m*
Im Schatten des Baumes war es nicht so heiß.

«2001–4000»

газ *m*
Этот газ анализируют в лаборатóрии.

Gas *n*
Dieses Gas wird im Labor analysiert.

естéственный
Рекá слýжит естéственной границей мéжду государствами.

natürlich
Der Fluß dient als natürliche Grenze zwischen den Staaten.

жи́дкость f
Вода́ и молоко́ – жи́дкости.

Flüssigkeit f
Wasser und Milch sind Flüssigkeiten.

землетрясе́ние n
В Арме́нии произошло́ си́льное землетрясе́ние.

Erdbeben n
In Armenien war ein starkes Erdbeben.

ко́смос m
Пе́рвые полёты в ко́смос бы́ли сенса́цией.

Weltraum m
Die ersten Flüge in den Weltraum waren eine Sensation.

пар m
При кипле́нии воды́ образу́ется пар.

Dampf m
Beim Sieden des Wassers bildet sich Dampf.

пла́мя n
Лес горе́л, и пла́мя бы́ло ви́дно издалека́.

Flamme f
Der Wald brannte, und man konnte die Flammen von weitem sehen.

плодоро́дный
Зе́мли в э́той о́бласти плодоро́дные.

fruchtbar
Der Boden in dieser Gegend ist fruchtbar.

по́чва f
На э́той по́чве хорошо́ расту́т о́вощи.

(Erd)boden m
Gemüse wächst auf diesem Boden gut.

свети́ть
Со́лнце све́тит всем.

scheinen
Die Sonne scheint für alle.

тепло́ Adv
Расте́ниям необходи́мы тепло́ и со́лнечный свет.

warm
Die Pflanzen brauchen unbedingt Wärme und Sonnenlicht.

1.5.3.2 TIERE

«1–2000»

выра́щивать/вы́растить
На фе́рме выра́щивают свине́й.

züchten
Auf der Farm werden Schweine gezüchtet.

ди́кий
В э́том лесу́ во́дятся ди́кие зве́ри.

wild
In diesem Wald gibt es wilde Tiere.

живо́тное n
Де́вочка ра́да кни́ге «Жизнь живо́тных».

Tier n
Das Mädchen freut sich über das Buch „Das Leben der Tiere".

зверь *m*
В э́тих леса́х мно́го ди́ких звере́й.

Tier *n*
In diesen Wäldern gibt es viele wilde Tiere.

кле́тка *f*
Ма́льчик вы́пустил пти́цу из кле́тки.

Käfig *m*, **Vogelbauer** *m*
Der Junge ließ den Vogel aus dem Käfig heraus.

коза́ *f*
В дере́вне у ба́бушки бы́ли ко́зы.

Ziege *f*
Die Großmutter auf dem Lande hatte Ziegen.

козёл *m*
На лугу́ пасли́сь бе́лая коза́ и чёрный козёл.

Ziegenbock *m*
Auf der Wiese weideten eine weiße Ziege und ein schwarzer Ziegenbock.

комар *m*
Меня́ не́сколько раз укуси́л кома́р.

Mücke *f*
Ich wurde mehrmals von einer Mücke gestochen.

коро́ва *f*
Крестья́нин купи́л на ры́нке коро́ву.

Kuh *f*
Der Bauer kaufte auf dem Markt eine Kuh.

ко́шка *f*
Ма́мину ко́шку зову́т Ма́ша.

Katze *f*
Muttis Katze heißt Mascha.

ку́рица *f*
По́ двору́ бе́гает ку́рица.

Huhn *n*
Auf dem Hof läuft ein Huhn umher.

куса́ть
Соба́ка не куса́ет дете́й.

beißen
Der Hund beißt die Kinder nicht.

ло́шадь
Посмотри́, кака́я краси́вая ло́шадь!

Pferd *n*
Sieh mal, was für ein schönes Pferd!

му́ха *f*
Он о́чень до́брый, да́же му́хи не оби́дит.

Fliege *f*
Er ist gutmütig, er tut keiner Fliege etwas zuleide.

мышь *f*
Моя́ ма́ма о́чень бои́тся мыше́й.

Maus *f*
Meine Mutter hat große Angst vor Mäusen.

обезья́на *f*
В кле́тке сиде́ли ма́ленькие обезья́ны.

Affe *m*
Im Käfig saßen kleine Affen.

петух *m*
В дере́вне по утра́м кричи́т пету́х: «Ку-ка-ре-ку́!»

Hahn *m*
Auf dem Dorf kräht morgens der Hahn: „Ki-ke-ri-ki!"

Tiere 187

пти́ца *f*
Óсенью пти́цы улета́ют на юг.

Vogel *m*
Im Herbst fliegen die Vögel in den Süden.

ры́ба *f*
Почему́ ты молчи́шь, как ры́ба?

Fisch *m*
Warum bist du stumm wie ein Fisch?

свинья́ *f*
Свинья́ убежа́ла в сад.

Schwein *n*
Das Schwein ist in den Garten gelaufen.

слон *m*
Де́вочке чита́ли ска́зку про слона́.

Elefant *m*
Dem Mädchen las man ein Märchen über einen Elefanten vor.

соба́ка *f*
Ма́льчику подари́ли ма́ленькую соба́ку.

Hund *m*
Der Junge bekam einen kleinen Hund geschenkt.

« 2000–4000 »

го́лубь *m*
Бе́лый го́лубь – э́то си́мвол ми́ра.

Taube *f*
Die weiße Taube ist das Friedenssymbol.

запове́дник *m*
В э́том запове́днике мно́го ди́ких звере́й.

Naturschutzgebiet *n*
In diesem Naturschutzgebiet gibt es viele wilde Tiere.

за́яц *m*
Охо́тник принёс с охо́ты одного́ за́йца.

Hase *m*
Der Jäger brachte von der Jagd einen Hasen mit.

клюв *m*
В клю́ве орёл держа́л мышь.

Schnabel *m*
Der Adler hielt eine Maus im Schnabel.

крыло́ *n*
У орла́ больши́е кры́лья.

Flügel *m*
Der Adler hat große Flügel.

ла́па *f*
Соба́ка мое́й подру́ги мо́жет дава́ть ла́пу.

Pfote *f*
Der Hund meiner Freundin kann die Pfote geben.

насеко́мое *n*
У моего́ бра́та есть больша́я колле́кция насеко́мых.

Insekt *n*
Mein Bruder besitzt eine große Insektensammlung.

овца́ *f*
Ста́до ове́ц ме́дленно шло че́рез доро́гу.

Schaf *n*
Eine Schafherde ging langsam über die Straße.

Pflanzen

орёл *m* На дереве сидел огромный орёл.	**Adler** *m* Auf dem Baum saß ein großer Adler.
самец *m* Твой попугай самец или самка?	**Männchen** *n* Ist dein Papagei ein Männchen oder ein Weibchen?
самка *f* Самка орла прилетела и села на дерево.	**Weibchen** *n* Das Adlerweibchen kam geflogen und setzte sich auf den Baum.
стадо *n* У крестьянина было маленькое стадо коров.	**Herde** *f* Der Bauer hatte eine kleine Rinderherde.
телёнок *m* Наш сосед продал телёнка.	**Kalb** *n* Unser Nachbar verkaufte ein Kalb.
утка *f* На обед я приготовила утку с яблоками.	**Ente** *f* Zum Mittag habe ich Ente mit Äpfeln zubereitet.
хвост *m* У белой кошки был чёрный хвост.	**Schwanz** *m* Die weiße Katze hatte einen schwarzen Schwanz.

1.5.3.3 PFLANZEN

«1–2000»

дерево *n* Рядом с домом росло большое дерево.	**Baum** *m* Neben dem Haus wuchs ein hoher Baum.
ёлка *f* Дети украшали ёлку к празднику.	**Tannenbaum** *m* Die Kinder schmückten den Tannenbaum zum Fest.
корень *m* У этого растения длинные корни.	**Wurzel** *f* Diese Pflanze hat lange Wurzeln.
лист *m* Жёлтые листья медленно падают на землю.	**Blatt** *n* Die gelben Blätter fallen langsam auf die Erde.

Pflanzen

па́хнуть	**riechen**
Ро́зы хорошо́ па́хнут.	Die Rosen riechen gut.
пшени́ца *f*	**Weizen** *m*
Пшени́ца в э́той ме́стности не растёт.	In dieser Gegend wächst kein Weizen.
расте́ние *n*	**Pflanze** *f*
Моя́ подру́га лю́бит ко́мнатные расте́ния.	Meine Freundin mag Zimmerpflanzen.
расти́/вы́расти	**wachsen**
Не́которые дере́вья расту́т о́чень ме́дленно.	Einige Bäume wachsen sehr langsam.
ро́за *f*	**Rose** *f*
На день рожде́ния он подари́л ей два́дцать кра́сных роз.	Zum Geburtstag schenkte er ihr zwanzig rote Rosen.
сажа́ть/посади́ть	**pflanzen**
Весно́й сажа́ют цветы́ в саду́.	Im Frühling pflanzt man im Garten Blumen.
трава́ *f*	**Gras** *n*
Де́ти бе́гали по траве́, игра́ли в мяч.	Die Kinder liefen über das Gras und spielten Ball.
цвето́к *m*	**Blume** *f*
В ва́зе стоя́ли бе́лые цветы́.	In der Vase standen weiße Blumen.

« 2000–4000 »

ве́тка *f*	**Zweig** *m*, **Ast** *m*
На ве́тке сиде́л го́лубь.	Auf dem Zweig saß eine Taube.
дуб *m*	**Eiche** *f*
В па́рке растёт дуб, кото́рому сто лет.	Im Park wächst eine 100 Jahre alte Eiche.
ель *f*	**Tanne** *f*
У Кремлёвской стены́ расту́т голубы́е е́ли.	An der Kremlmauer wachsen Blautannen.
зреть/созре́ть	**reifen**
В саду́ зре́ет клубни́ка.	Im Garten reifen die Erdbeeren.
плод *m*	**Frucht** *f*
Плоды́ э́того де́рева есть нельзя́.	Die Früchte dieses Baumes darf man nicht essen.

поливáть/полúть
Вéчером я поливáю цветы́ в садý.

gießen
Abends gieße ich die Blumen im Garten.

расцветáть/расцвестú
Мой люби́мый цветóк наконéц расцвёл.

aufblühen
Meine Lieblingsblume blühte endlich auf.

рвать
Мы шли по лéсу, рвáли цветы́, собирáли я́годы.

pflücken
Wir gingen durch den Wald, pflückten Blumen und sammelten Beeren.

сéять/посéять
Мы ужé посéяли моркóвь, рáзные цветы́.

säen
Wir haben schon Mohrrüben und verschiedene Blumen gesät.

соснá *f*
На берегý óзера рослú высóкие сóсны.

Kiefer *f*
Am Seeufer wuchsen hohe Kiefern.

ствол *m*
Ствол дéрева был óчень тóлстым.

(Baum)Stamm *m*
Der Baumstamm war sehr dick.

урожáй *m*
В э́том годý мы собрáли хорóший урожáй я́блок.

Ernte *f*
In diesem Jahr hatten wir eine gute Apfelernte.

1.5.3.4 WETTER UND KLIMA

«1–2000»

вéтер *m*
В э́той мéстности чáсто дýет сéверный вéтер.

Wind *m*
In dieser Gegend weht oft ein Nordwind.

гололёд *m*
Осторóжно! Сегóдня на дорóгах гололёд.

Glatteis *n*
Vorsicht! Heute herrscht auf den Straßen Glatteis.

грáдус *m*
Сегóдня днём температýра вóздуха дéсять грáдусов нúже нуля́.

Grad *n*
Tagsüber beträgt heute die Außentemperatur 10 Grad minus.

дождь *m*
Сегóдня бýдет дождь, возьмú с собóй зонт.

Regen *m*
Heute wird es Regen geben, nimm einen Regenschirm mit.

Wetter und Klima

дождь идёт
Дождь идёт уже второй день.

es regnet
Es regnet schon den zweiten Tag.

жа́рко *Adv*
В комнате очень жарко.

heiß
Im Zimmer ist es sehr heiß.

замерза́ть/замёрзнуть
Наступила зима, и вода в пруду замёрзла.

gefrieren, zufrieren
Der Winter kam, und der Teich fror zu.

кли́мат *m*
В России умеренный климат.

Klima *n*
In Rußland herrscht gemäßigtes Klima.

лёд *m*
Лёд на реке тонкий.

Eis *n*
Das Eis auf dem Fluß ist dünn.

моро́з *m*
В январе бывают сильные морозы.

Frost *m*
Im Januar gibt es starke Fröste.

не́бо *n*
Утром небо было по-весеннему голубым.

Himmel *m*
Am Morgen war der Himmel blau wie im Frühling.

о́блако *n*
На горизонте появилось облако.

Wolke *f*
Am Horizont erschien eine Wolke.

пого́да *f*
Мой друг любит дождливую погоду.

Wetter *n*
Mein Freund liebt Regenwetter.

снег *m*
Снег в этом году выпал уже в октябре.

Schnee *m*
Der Schnee fiel in diesem Jahr bereits im Oktober.

снег идёт
Смотри, снег идёт!

es schneit
Schau, es schneit!

со́лнечный
День был солнечный, и мы решили поехать в лес.

sonnig
Der Tag war sonnig, und wir beschlossen, in den Wald zu fahren.

тепло́ *Adv*
На улице сегодня тепло.

warm
Draußen ist es heute warm.

тёплый
Подул тёплый ветер, и снег начал таять.

warm
Es wehte ein warmer Wind, und der Schnee begann zu schmelzen.

Wetter und Klima

температу́ра f
Кака́я сего́дня температу́ра во́здуха?

Temperatur f
Wie hoch ist heute die Lufttemperatur?

тума́н m
Маши́на исче́зла в тума́не.

Nebel m
Das Auto verschwand im Nebel.

холо́дный
В феврале́ ду́ет холо́дный се́верный ве́тер.

kalt
Im Februar weht der kalte Nordwind.

я́сный
Не́бо сего́дня я́сное.

klar
Der Himmel ist heute klar.

«2001–4000»

бу́ря f
Гео́логи попа́ли в бу́рю и чуть не поги́бли.

Sturm m
Die Geologen gerieten in einen Sturm und sind beinahe umgekommen.

греме́ть
Всю ночь греме́л гром.

donnern, dröhnen
Die ganze Nacht donnerte es.

гроза́ f
Но́чью была́ си́льная гроза́.

Gewitter n
In der Nacht war ein starkes Gewitter.

гром m
Гроза́ была́ с гро́мом.

Donner m
Das Gewitter wurde von Donner begleitet.

дуть
С мо́ря дул си́льный ве́тер.

wehen
Vom Meer her wehte ein starker Wind.

жара́ f
От ле́тней жары́ тури́сты спаса́ются в тени́.

Hitze f
Vor der Sommerhitze retten sich die Touristen in den Schatten.

жа́ркий
День был о́чень жа́ркий, и мы пошли́ купа́ться.

heiß
Der Tag war sehr heiß und wir gingen baden.

ка́пля f
Упа́ли пе́рвые ка́пли дождя́.

Tropfen m
Die ersten Regentropfen sind gefallen.

мете́ль f
Мете́ль станови́лась всё сильне́е и сильне́е.

Schneesturm m
Der Schneesturm wurde stärker und stärker.

Wetter und Klima 193

мо́крый
Асфа́льт был мо́крый, зна́чит, неда́вно шёл дождь.

naß
Der Asphalt war naß, d. h. vor kurzem hat es geregnet.

мо́лния *f*
Я бою́сь гро́ма и мо́лнии.

Blitz *m*
Ich habe Angst vor Blitz und Donner.

оса́дки *m Pl*
Метеоро́логи обеща́ют оса́дки.

Niederschläge *m Pl*
Die Meteorologen sagen Niederschläge voraus.

прохла́дный
День был прохла́дный, и я наде́ла пальто́.

kühl
Der Tag war kühl, und ich zog den Mantel an.

сво́дка пого́ды *f*
По ра́дио передава́ли сво́дку пого́ды.

Wetterbericht *m*
Im Radio wurde der Wetterbericht gesendet.

сухо́й
Ле́то бы́ло сухо́е, без оса́дков.

trocken
Der Sommer war trocken und niederschlagsfrei.

та́ять/раста́ять
Снег на́чал та́ять уже́ в конце́ февраля́.

tauen, schmelzen
Der Schnee begann schon Ende Februar zu schmelzen.

термо́метр *m*
Термо́метр пока́зывает плюс два́дцать гра́дусов.

Thermometer *n*
Das Thermometer zeigt plus zwanzig Grad an.

ту́ча *f*
Смотри́, кака́я чёрная ту́ча на не́бе!

Regenwolke *f*
Schau, was für eine schwarze Regenwolke am Himmel ist!

уме́ренный
Кли́мат в э́той о́бласти уме́ренный.

gemäßigt
In diesem Gebiet herrscht gemäßigtes Klima.

хо́лод *m*
Он не мо́жет привы́кнуть к хо́лоду.

Kälte *f*
Er kann sich nicht an die Kälte gewöhnen.

хо́лодно *Adv*
В ко́мнате бы́ло хо́лодно.

kalt
Im Zimmer war es kalt.

1.6 Technik und Materialien

1.6.1 TECHNIK

«1–2000»

автоматический
У э́той маши́ны автомати́ческое управле́ние.

automatisch
Diese Maschine hat eine automatische Steuerung.

давле́ние *n*
Э́тим прибо́ром мо́жно измеря́ть давле́ние.

Druck *m*
Mit diesem Gerät kann man den Druck messen.

компью́тер *m*
Я учу́сь рабо́тать на компью́тере.

Computer *m*
Ich lerne mit dem Computer zu arbeiten.

маши́на *f*
Я купи́ла но́вую стира́льную маши́ну.

Maschine *f*
Ich kaufte eine neue Waschmaschine.

мо́щный
У э́той маши́ны мо́щный мото́р.

leistungsstark
Diese Maschine hat einen leistungsstarken Motor.

прибо́р *m*
Объясни́, пожа́луйста, как рабо́тает э́тот прибо́р.

Gerät *n*
Erkläre mir bitte, wie dieses Gerät funktioniert.

рабо́тать
Э́тот механи́зм не рабо́тает.

funktionieren
Dieser Mechanismus funktioniert nicht.

строи́тельство *n*
Строи́тельство заво́да начнётся че́рез год.

Bau *m*
Der Bau des Werkes beginnt in einem Jahr.

те́хника *f*
Он совсе́м не разбира́ется в те́хнике.

Technik *f*
Von Technik versteht er nichts.

техни́ческий
Он получи́л техни́ческое образова́ние.

technisch
Er erhielt eine technische Ausbildung.

электри́ческий
По э́тим провода́м течёт электри́ческий ток.

elektrisch
Durch diese Leiter fließt elektrischer Strom.

эне́ргия *f*
Но́вый холоди́льник эконо́мит эне́ргию.

Energie *f*
Der neue Kühlschrank spart Energie.

«2001–4000»

механиза́ция f
Пробле́ма механиза́ции се́льского хозя́йства решена́ не по́лностью.

Mechanisierung f
Das Problem der Mechanisierung der Landwirtschaft ist noch nicht vollständig gelöst.

механи́зм m
Механи́зм часо́в рабо́тает прекра́сно.

Mechanismus m
Der Uhrmechanismus funktioniert einwandfrei.

моде́ль f
Но́вая моде́ль «Ла́ды» экспорти́руется в Нидерла́нды.

Modell n
Das neue Ladamodell wird in die Niederlande exportiert.

напряже́ние n
Осторо́жно! Высо́кое напряже́ние!

Spannung f
Vorsicht! Hochspannung!

промы́шленный
Необходи́мо увели́чить объём промы́шленной проду́кции.

Industrie-
Es ist notwendig, die Industrieproduktion zu erhöhen.

ток m
Пре́жде чем ремонти́ровать мото́р, вы́ключи электри́ческий ток.

Strom m
Schalte den Strom ab, bevor du den Motor reparierst.

труба́ f
Заво́д выпуска́ет стальны́е тру́бы.

Rohr n
Das Werk produziert Stahlrohre.

устано́вка f
Производи́тельность но́вой устано́вки вы́ше производи́тельности ста́рой.

Anlage f
Die Leistung der neuen Anlage ist doppelt so hoch wie die der alten.

ша́хта f
Мой дя́дя рабо́тал на ша́хте.

Bergwerk n
Mein Onkel arbeitete in einem Bergwerk.

электри́чество n

На да́че у нас ещё нет электри́чества.

Elektrizität f, **elektrischer Strom** m
Im Wochenendhaus haben wir noch keinen elektrischen Strom.

1.6.2 MATERIALIEN

«1–2000»

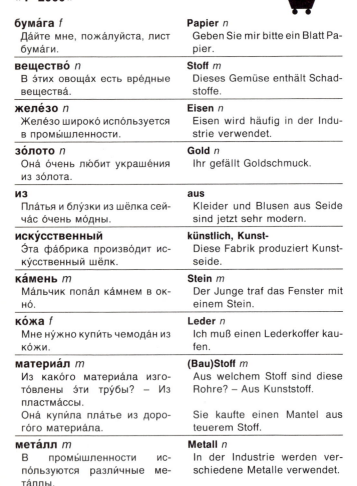

бума́га *f*
Да́йте мне, пожа́луйста, лист бума́ги.

Papier *n*
Geben Sie mir bitte ein Blatt Papier.

вещество́ *n*
В э́тих овоща́х есть вре́дные вещества́.

Stoff *m*
Dieses Gemüse enthält Schadstoffe.

желе́зо *n*
Желе́зо широко́ испо́льзуется в промы́шленности.

Eisen *n*
Eisen wird häufig in der Industrie verwendet.

зо́лото *n*
Она́ о́чень лю́бит украше́ния из зо́лота.

Gold *n*
Ihr gefällt Goldschmuck.

из
Пла́тья и блу́зки из шёлка сейча́с о́чень мо́дны.

aus
Kleider und Blusen aus Seide sind jetzt sehr modern.

иску́сственный
Э́та фа́брика произво́дит иску́сственный шёлк.

künstlich, Kunst-
Diese Fabrik produziert Kunstseide.

ка́мень *m*
Ма́льчик попа́л ка́мнем в окно́.

Stein *m*
Der Junge traf das Fenster mit einem Stein.

ко́жа *f*
Мне ну́жно купи́ть чемода́н из ко́жи.

Leder *n*
Ich muß einen Lederkoffer kaufen.

материа́л *m*
Из како́го материа́ла изгото́влены э́ти тру́бы? – Из пластма́ссы.
Она́ купи́ла пла́тье из дорого́го материа́ла.

(Bau)Stoff *m*
Aus welchem Stoff sind diese Rohre? – Aus Kunststoff.

Sie kaufte einen Mantel aus teuerem Stoff.

мета́лл *m*
В промы́шленности испо́льзуются разли́чные мета́ллы.

Metall *n*
In der Industrie werden verschiedene Metalle verwendet.

нефть *f*
Нефть явля́ется це́нным хими́ческим сырьём для промы́шленности.

Erdöl *n*
Erdöl ist ein wertvoller Rohstoff für die Industrie.

Materialien

песо́к *m*
Мы лежа́ли на пля́же, на тёплом песке́.

Sand *m*
Wir lagen auf dem warmen Sand am Strand.

пластма́сса *f*
Этот стака́н сде́лан из пластма́ссы.

Kunststoff *m*
Dieser Becher ist aus Kunststoff.

прозра́чный
Лёд на реке́ тако́й прозра́чный, что ви́дно ры́бу.

durchsichtig
Das Eis auf dem Fluß ist so durchsichtig, daß die Fische zu sehen sind.

про́чный
Пластма́ссы – э́то про́чный материа́л.

haltbar, fest
Kunststoff ist ein haltbares Material.

стекло́ *n*
Из стекла́ де́лают краси́вую посу́ду.

Glas *n*
Aus Glas wird schönes Geschirr hergestellt.

твёрдый
Земля́ была́ твёрдая, как ка́мень.

fest, hart
Die Erde war hart wie Stein.

ткань *f*
Сестра́ шьёт себе́ пла́тье из лёгкой тка́ни.

(Kleider)Stoff *m*
Die Schwester näht sich ein Kleid aus leichtem Stoff.

у́голь *m*
Мы то́пим печь углём и дрова́ми.

Kohle *f*
Wir heizen den Ofen mit Holz und Kohlen.

« 2001–4000 »

густо́й
Лес в э́том ме́сте был о́чень густо́й.

dicht
Der Wald war an dieser Stelle sehr dicht.

жи́дкий
Нефть явля́ется жи́дким то́пливом.

flüssig
Erdöl ist ein flüssiger Brennstoff.

кирпи́ч *m*
Дом был постро́ен из кра́сного кирпича́.

Ziegel *m*
Das Haus wurde aus roten Ziegeln gebaut.

медь *f*
При изготовле́нии проводо́в испо́льзуется медь.

Kupfer *n*
Bei der Herstellung von Drähten wird Kupfer verwendet.

резина f
Резину в строительстве заменяют пластмассой.

Gummi m
Gummi wird beim Bau durch Kunststoffe ersetzt.

серебро n
Это кольцо из чистого серебра.

Silber n
Dieser Ring ist aus echtem Silber.

синтетический
Из нефти производят синтетические вещества.

synthetisch
Aus Erdöl werden synthetische Stoffe hergestellt.

сталь f
В России резко упало производство стали.

Stahl m
In Rußland ist die Stahlproduktion rapide gesunken.

хлопок m
В Узбекистане выращивают хлопок.

Baumwolle f
In Usbekistan wird Baumwolle angebaut.

цемент m
Цемент используют в строительстве домов.

Zement m
Zement wird beim Hausbau eingesetzt.

шерсть f
Я подарила маме кофту из чистой шерсти.

Wolle f
Ich schenkte meiner Mutter eine Jacke aus reiner Wolle.

шёлк m
Покажите мне, пожалуйста, блузку из шёлка.

Seide f
Zeigen Sie mir bitte eine Seidenbluse.

шерстяной
Мне нужен на зиму шерстяной шарф.

Woll-
Ich brauche für den Winter einen Wollschal.

1.7 Reise und Verkehr

1.7.1 REISE

«1–2000»

багаж m
Мы сдали багаж в камеру хранения.

Gepäck n
Wir gaben das Gepäck in der Gepäckaufbewahrung ab.

будить/разбудить
Разбудите меня, пожалуйста, в 7 часов.

wecken
Wecken Sie mich bitte um 7 Uhr morgens.

Reise 199

выезжа́ть/вы́ехать
Из Москвы́ мы вы́ехали в 8 часо́в ве́чера.

fortfahren, abfahren
Wir sind um 8 Uhr abends in Moskau abgefahren.

гости́ница *f*
Есть в э́том го́роде хоро́шая гости́ница?

Hotel *n*
Gibt es in dieser Stadt ein gutes Hotel?

ка́рта *f*
Не забу́дь взять с собо́й ка́рту.

Karte *f*
Vergiß nicht, eine Karte mitzunehmen.

меня́ть/поменя́ть
Валю́ту мо́жно поменя́ть в гости́нице «Интури́ст».

tauschen
Valuta kann man im Hotel „Intourist" umtauschen.

направля́ть/напра́вить
Англи́йских тури́стов напра́вили в другу́ю гости́ницу.

richten, schicken
Die englischen Touristen wurden in ein anderes Hotel geschickt.

но́мер *m*
Но́мер на двои́х в э́той гости́нице сто́ит 60 до́лларов.

Hotelzimmer *n*
Ein Doppelbettzimmer in diesem Hotel kostet 60 Dollar.

опа́здывать/опозда́ть
По́езд опозда́л на 20 мину́т.

sich verspäten, zu spät kommen
Der Zug kam 20 Minuten zu spät.

осма́тривать/осмотре́ть
Тури́сты с больши́м интере́сом осмотре́ли це́рковь.

besichtigen
Die Touristen besichtigten mit großem Interesse die Kirche.

остана́вливаться/останови́ться
Мы останови́лись в гости́нице «Ко́смос».

ein Zimmer *(im Hotel)* **nehmen**
Wir nahmen ein Zimmer im Hotel „Kosmos".

пое́здка *f*
Мой брат верну́лся из пое́здки по́здно ве́чером.

Reise *f*
Mein Bruder kam spät am Abend von der Reise zurück.

путеше́ствие *n*
Ле́том на́ша семья́ отпра́вится в путеше́ствие по Евро́пе.

Reise *f (längere Tour)*
Im Sommer macht unsere Familie eine Europareise.

путь *m*
По́сле тру́дного пути́ мы отдыха́ли у реки́.

Weg *m*
Nach dem anstrengenden Weg erholten wir uns am Fluß.

скла́дывать/сложи́ть
Ей ну́жно ещё сложи́ть ве́щи в чемода́н.

packen
Sie muß noch ihre Sachen in den Koffer packen.

чемода́н m
Чемода́ны ве́сили 20 килогра́мм.

Koffer m
Die Koffer wogen 20 Kilogramm.

«2001–4000»

ви́за f
Ви́зу в э́ту страну́ Вы мо́жете получи́ть в ко́нсульстве.

Visum n
Das Visum für dieses Land können Sie im Konsulat bekommen.

значо́к m
Из пое́здки в Пари́ж он привёз мно́го значко́в.

Abzeichen n
Von seiner Parisreise brachte er viele Abzeichen mit.

командиро́вка f
Её муж ча́сто е́здит в командиро́вку за грани́цу.

Dienstreise f
Ihr Mann fährt oft auf Dienstreise ins Ausland.

маршру́т m
Мы определи́ли маршру́т на́шего путеше́ствия.

Marsch-, Reiseroute f
Wir legten unsere Reiseroute fest.

ночева́ть/переночева́ть
В Ки́еве мы ночева́ли у на́ших друзе́й.

übernachten
In Kiew übernachteten wir bei unseren Freunden.

опозда́ние n
Он извиня́лся за опозда́ние.

Verspätung f
Er hat sich für die Verspätung entschuldigt.

отъе́зд m
Сын никому́ не сказа́л о своём отъе́зде.

Abreise f
Der Sohn sagte keinem etwas von seiner Abreise.

пала́тка f
Они́ разби́ли пала́тки на берегу́ большо́го о́зера.

Zelt n
Sie schlugen ihre Zelte am Ufer eines großen Sees auf.

прие́зд f
Моя́ подру́га сообщи́ла в письме́ о своём прие́зде.

Ankunft f
Meine Freundin teilte mir im Brief ihre Ankunft mit.

приключе́ние n
По вечера́м де́душка расска́зывал о свои́х приключе́ниях в Кита́е.

Abenteuer n
Abends erzählte der Großvater über seine Abenteuer in China.

путеше́ственник m
Путеше́ственник мно́го расска́зывал о да́льних стра́нах.

Reisende(r) m
Der Reisende erzählte viel über ferne Länder.

путеше́ствовать Его́ оте́ц мно́го путеше́ствовал.	**reisen** Sein Vater ist viel gereist.
сбор *m* Вся семья́ была́ за́нята сбо́рами в Рим.	**Reisevorbereitung** *f* Die ganze Familie war mit Reisevorbereitungen für Rom beschäftigt.
тури́ст *m* В наш го́род приезжа́ют тури́сты со всего́ све́та.	**Tourist** *m* In unsere Stadt kommen Touristen aus der ganzen Welt.
укла́дывать/уложи́ть Ма́ма помога́ет мне уложи́ть ве́щи в чемода́н.	**(ein)packen** Meine Mutter hilft mir, die Sachen in den Koffer zu packen.
экскурсово́д *m* Экскурсово́д показа́л нам ста́рую кре́пость.	**Reiseführer** *m* Der Reiseführer zeigte uns eine alte Burg.

1.7.2 VERKEHR

1.7.2.1 STRASSENVERKEHR
(Siehe auch KRAFTFAHRZEUGE 1.7.2.2)

«1–2000»

движе́ние *n* В э́то вре́мя дня движе́ние в го́роде о́чень оживлённое.	**Verkehr** *m* Zu dieser Tageszeit herrscht in der Stadt reger Verkehr.
доро́га *f* Посереди́не доро́ги останови́лась маши́на.	**Straße** *f* Mitten auf der Straße blieb ein Auto stehen.
е́здить На рабо́ту я е́зжу на маши́не.	**fahren** Ich fahre mit dem Auto zur Arbeit.
е́хать Куда́ вы е́дете? – Я е́ду на Украи́ну.	**fahren** Wohin fahren Sie? – Ich fahre in die Ukraine.
нале́во *Adv* Иди́те пря́мо, пото́м нале́во – и сра́зу уви́дите дворе́ц.	**nach links** Gehen Sie geradeaus, dann nach links, und schon sehen Sie das Palais.

напра́во Adv
За светофо́ром вам на́до поверну́ть напра́во.

nach rechts
Hinter der Ampel müssen Sie nach rechts abbiegen.

остано́вка f
До остано́вки авто́буса я иду́ 5 мину́т.

Haltestelle f
Ich laufe 5 Minuten bis zur Bushaltestelle.

переходи́ть/перейти́
Ма́льчик помо́г пожило́й же́нщине перейти́ че́рез доро́гу.

überqueren
Der Junge half einer alten Frau, die Straße zu überqueren.

перехо́д m
Авто́бус остана́вливается у перехо́да.

(Fußgänger)Überweg m
Der Bus hält am Fußgängerüberweg.

повора́чивать/поверну́ть
Поверни́те снача́ла напра́во, а пото́м нале́во.

abbiegen
Biegen Sie zuerst nach rechts und dann nach links ab.

проезжа́ть/прое́хать
Авто́бус проезжа́л ми́мо но́вого райо́на.
Я, ка́жется, прое́хала мою́ остано́вку.

vorbeifahren; verpassen
Der Bus fuhr am neuen Stadtbezirk vorbei.
Es scheint, ich habe meine Haltestelle verpaßt.

проходи́ть/пройти́
Проходи́те, пожа́луйста.
Че́рез час мы уже́ прошли́ полови́ну пути́.

nähertreten; zurücklegen
Treten Sie bitte näher.
Nach einer Stunde hatten wir schon die Hälfte des Weges zurückgelegt.

пря́мо Adv
Он поверну́л нале́во, а мы пошли́ пря́мо.

geradeaus
Er bog nach links ab, und wir gingen geradeaus.

«2001–4000»

велосипе́д m
Роди́тели подари́ли ма́льчику велосипе́д.

Fahrrad n
Die Eltern schenkten dem Jungen ein Fahrrad.

знак m
На углу́ я уви́дела знак «Гла́вная доро́га».

(Verkehrs)Zeichen n
An der Ecke sah ich das Verkehrszeichen „Hauptstraße".

обгоня́ть/обогна́ть
Нам на́до обогна́ть э́тот грузови́к.

überholen
Wir müssen diesen LKW überholen.

перекрёсток *m*
На перекрёстке стоял милиционéр.

Kreuzung *f*
Auf der Kreuzung stand ein Milizionär.

пешехóд *m*
Пешехóдов на ýлице почти нé было.

Fußgänger *m*
Auf der Straße waren fast keine Fußgänger.

поворóт *f*
Будь осторóжен! Впереди крутóй поворóт!

Kurve *f*
Sei vorsichtig! Vorn ist eine scharfe Kurve!

свора́чивать/сверну́ть
За углóм нам нáдо срáзу сверну́ть налéво.

ein-, abbiegen
An der Ecke müssen wir sofort nach links abbiegen.

светофóр *m*
Маши́на останови́лась пéред светофóром.

Ampel *f*
Das Auto hielt vor der Ampel.

скóрость *f*
Пóезд éхал с большóй скóростью.
У э́той маши́ны пять скоростéй.

Geschwindigkeit *f;* **Gang** *m*
Der Zug fuhr mit hoher Geschwindigkeit.
Dieses Auto hat fünf Gänge.

трáнспорт *m*
На заседáнии обсуждáли проблéмы ýличного движéния.

Verkehr *m*
In der Sitzung diskutierte man Probleme des Straßenverkehrs.

шоссé *n*
Ми́мо нас по шоссé бы́стро éхали маши́ны.

Chaussee *f*
Auf der Chaussee fuhren Autos schnell an uns vorbei.

1.7.2.2 KRAFTFAHRZEUGE

«1–2000»

автóбус *m*
На остановке «Университéт» мы вы́шли из автóбуса.

(Auto)bus *m*
An der Haltestelle „Universität" stiegen wir aus dem Bus.

автомаши́на *f,* **автомоби́ль** *m*
Завóд выпускáет автомоби́ли нóвой мáрки.

Auto *n*

Das Werk produziert eine neue Automarke.

бензи́н *m*
Эта маши́на рабо́тает на бензи́не.

Benzin *n*
Dieses Auto fährt mit Benzin.

везти́
Грузови́к везёт ме́бель в магази́н.

fahren, transportieren
Der LKW transportiert Möbel in den Laden.

вести́
Ма́ленького ма́льчика вела́ за́ руку его́ сестра́.

führen
Den kleinen Jungen führte seine Schwester an der Hand.

води́тельские права́ *n Pl*
Он сдал экза́мен и получи́л води́тельские права́.

Führerschein *m*
Er legte die Prüfung ab und bekam den Führerschein.

вози́ть
Авто́бус во́зит пассажи́ров к вокза́лу.

fahren, transportieren
Der Bus fährt die Fahrgäste zum Bahnhof.

запра́вочная ста́нция *f*
Запра́вочная ста́нция сего́дня не рабо́тает.

Tankstelle *f*
Die Tankstelle ist heute geschlossen.

мастерска́я *f*
Автомаши́ну отремонти́ровали в мастерско́й о́чень бы́стро.

Werkstatt *f*
Das Auto wurde in der Werkstatt sehr schnell repariert.

маши́на *f*
В маши́не е́хали пять челове́к.

Auto *n*
Im Auto fuhren fünf Personen.

ме́дленно *Adv*
По́езд е́хал о́чень ме́дленно.

langsam
Der Zug fuhr sehr langsam.

метро́ *n*
До э́той пло́щади вы мо́жете дое́хать на метро́.

Metro *f*, **U-Bahn** *f*
Bis zu diesem Platz können Sie mit der U-Bahn fahren.

мото́р *m*
У э́той маши́ны мо́щный мото́р.

Motor *m*
Dieses Auto hat einen leistungsstarken Motor.

остана́вливать/останови́ть
Останови́те, пожа́луйста, маши́ну, мне пло́хо.

anhalten, zum Stehen bringen
Halten Sie bitte das Auto an, mir ist schlecht.

такси́ *n*
До вокза́ла мы дое́хали на такси́.

Taxi *n*
Wir sind im Taxi zum Bahnhof gefahren.

трамва́й *m*
До вы́ставки вы мо́жете дое́хать на трамва́е.

Straßenbahn *f*
Bis zur Ausstellung können Sie mit der Straßenbahn fahren.

«2001–4000»

ава́рия f
С на́шей маши́ной произошла́ ава́рия.
В ава́рии поги́бли два челове́ка.

Panne f; **Unfall** m
Unser Auto hatte eine Panne.
Zwei Menschen kamen bei dem Unfall um.

бензоба́к m
У э́той маши́ны бензоба́к на пятьдеся́т ли́тров.

Tank m
Der Tank dieses Autos faßt 50 Liter.

води́тель m
Води́тель такси́ назва́л мне хоро́шую гости́ницу.

Fahrer m
Der Taxifahrer nannte mir ein gutes Hotel.

води́ть
Он хорошо́ во́дит маши́ну.

fahren, führen
Er fährt gut Auto.

груз m
Маши́на с тяжёлым гру́зом е́хала че́рез мост.

Last f, **Ladung** f
Das Auto fuhr mit schwerer Ladung über die Brücke.

грузови́к m
Мы перевози́ли ме́бель на грузовике́.

Lastauto n, **LKW** m
Wir transportierten die Möbel mit einem LKW.

дви́гатель m
Дви́гатель рабо́тает хорошо́.

Motor m
Der Motor läuft gut.

заводи́ть/завести́
Води́тель до́лго не мог завести́ дви́гатель.

anlassen
Der Fahrer konnte den Motor lange nicht anlassen.

колесо́ n
Не забу́дь взять запасно́е колесо́.

Rad n
Vergiß nicht, ein Ersatzrad mitzunehmen.

ме́дленный
Это был о́чень ме́дленный по́езд.

langsam
Das war ein sehr langsamer Zug.

мотоци́кл m
На мотоци́кле е́здить опа́снее, чем на маши́не.

Motorrad n
Es ist gefährlicher, mit einem Motorrad zu fahren als mit einem Auto.

подъезжа́ть/подъе́хать
К до́му подъе́хал большо́й грузови́к с ме́белью.

heranfahren
Ein großes Lastauto mit Möbeln fuhr an das Haus heran.

Eisenbahn

то́рмоз *m* То́рмоз ремонти́ровали в мастерско́й це́лый час.	**Bremse** *f* In der Werkstatt reparierte man eine ganze Stunde lang die Bremse.
тормози́ть Тормози́ть на льду опа́сно.	**bremsen** Es ist gefährlich, auf dem Eis zu bremsen.

1.7.2.3 EISENBAHN

«1–2000»

ваго́н *m*
Мы пое́дем в седьмо́м ваго́не.

Waggon *m*, **Wagen** *m*
Wir fahren im Wagen Nr. 7.

вокза́л *m*
Я проводи́ла мою́ подру́гу на вокза́л.

Bahnhof *m*
Ich brachte meine Freundin zum Bahnhof.

желе́зная доро́га *f*
В Сиби́ри стро́ят но́вую желе́зную доро́гу.

Eisenbahn *f*
In Sibirien baut man eine neue Eisenbahn.

зал ожида́ния *m*
В за́ле ожида́ния на скаме́йках сиде́ли пассажи́ры.

Wartesaal *m*
Im Wartesaal saßen die Fahrgäste auf Bänken.

ка́мера хране́ния *f*
Чемода́ны мы сда́ли в ка́меру хране́ния.

Gepäckaufbewahrung *f*
Die Koffer gaben wir in der Gepäckaufbewahrung auf.

мя́гкий (ваго́н)
У меня́ биле́т в мя́гкий ваго́н.

(Wagen) 1. Klasse
Ich habe eine Karte für die 1. Klasse.

носи́льщик *m*
Носи́льщик помо́г мне донести́ ве́щи до ваго́на.

Gepäckträger *m*
Der Gepäckträger half mir, die Sachen bis zum Wagen zu bringen.

обра́тно *Adv*
Мы е́хали на маши́не туда́ и обра́тно.

zurück
Wir fuhren mit dem Auto hin und zurück.

по́езд *m*
По́езд «Берли́н–Москва́» опа́здывает на два́дцать мину́т.

Zug *m*
Der Zug „Berlin–Moskau" hat 20 Minuten Verspätung.

прибыва́ть/прибы́ть
В Москву́ по́езд прибыва́ет в шесть часо́в утра́.

ankommen
Der Zug kommt früh um 6 Uhr in Moskau an.

Eisenbahn

расписа́ние *n*
По расписа́нию по́езд до́лжен прибы́ть в Минск в три часа́.

Fahrplan *m*
Laut Fahrplan muß der Zug um 15 Uhr in Minsk sein.

ско́рый (по́езд)
Ско́рый по́езд № 12 прибу́дет че́рез де́сять мину́т.

D-Zug *m*
Der D-Zug Nr. 12 kommt in 10 Minuten an.

ста́нция *f*
Вам ну́жно е́хать до ста́нции «Дина́мо».

Station *f*
Sie müssen bis zur Station „Dynamo" fahren.

сходи́ть/сойти́
На како́й ста́нции вы схо́дите?

aussteigen
An welcher Station steigen Sie aus?

туда́
Биле́т туда́ и обра́тно сто́ит 300 рубле́й.

hin
Die Fahrkarte kostet hin und zurück 300 Rubel.

электри́чка *f*
В электри́чке не́ было ни одного́ свобо́дного ме́ста.

Vorortzug *m*
Im Vorortzug gab es keinen einzigen freien Platz.

«2001–4000»

гудо́к *m*
Мы услы́шали гудо́к приближа́ющейся электри́чки.

Signal *n*
Wir hörten das Signal des sich nähernden Vorortzuges.

железнодоро́жный
В го́роде нахо́дятся три железнодоро́жных вокза́ла.

Eisenbahn-
In der Stadt gibt es drei Bahnhöfe.

жёсткий (ваго́н)
Я смогла́ доста́ть биле́ты то́лько в жёсткий ваго́н.

(Wagen) 2. Klasse
Ich konnte die Fahrkarten nur für den Wagen 2. Klasse kaufen.

купе́ *n*
В купе́ сиде́ли четы́ре пассажи́ра.

Abteil *n*
Im Abteil saßen vier Fahrgäste.

обра́тный
Ты уже́ купи́л обра́тный биле́т?

Rückfahr-
Hast du schon die Rückfahrkarte gekauft?

пассажи́р *m*
На вокза́ле есть зал для пассажи́ров.

Fahrgast *m*, **Passagier** *m*
Auf dem Bahnhof gibt es einen Wartesaal für die Reisenden.

пассажи́рский На како́м по́езде ты е́дешь, на ско́ром и́ли на пассажи́рском?	**Personen-** Mit welchem Zug fährst du: mit einem D- oder Personenzug?
переса́дка f В Ки́еве мне ну́жно де́лать переса́дку.	**Umsteigen** n In Kiew muß ich umsteigen.
переса́живаться/пересе́сть В це́нтре вам на́до пересе́сть на трамва́й.	**umsteigen** Im Zentrum müssen Sie in die Straßenbahn umsteigen.
платфо́рма f Сосе́д по купе́ вы́нес мои́ ве́щи на платфо́рму.	**Bahnsteig** m Mein Reisegefährte stellte mein Gepäck auf den Bahnsteig.
плацка́рта f За плацка́рту я заплати́ла 30 рубле́й.	**Platzkarte** f Für die Platzkarte bezahlte ich 30 Rubel.
проводни́к m Его́ дя́дя рабо́тает проводнико́м по́езда «Москва́–Оде́сса».	**Schaffner** m Sein Onkel arbeitet als Schaffner des Zuges „Moskau–Odessa".
путь m По́езд на Берли́н стои́т на второ́м пути́.	**Gleis** n Der Zug nach Berlin steht auf Gleis 2.
спа́льный Он доста́л биле́ты в спа́льный ваго́н.	**Schlaf-** Er besorgte Schlafwagenkarten.

1.7.2.4 FLUGZEUG, SCHIFF

«1–2000»

аэропо́рт m В аэропо́рт мы прие́хали в во́семь часо́в утра́.	**Flughafen** m Wir kamen früh um 8 Uhr am Flughafen an.
борт m На борту́ самолёта находи́лась гру́ппа тури́стов.	**Bord** m An Bord des Flugzeugs befand sich eine Touristengruppe.
капита́н m Ма́льчик хо́чет стать капита́ном корабля́.	**Kapitän** m Der Junge möchte Schiffskapitän werden.

корабль *m*	**Schiff** *n*
В Америку мы плыли на большом корабле.	Wir sind mit einem großen Schiff nach Amerika gefahren.
летать	**fliegen**
Она часто летает в Москву на самолёте.	Sie fliegt oft nach Moskau.
лететь	**fliegen**
Сегодня мы летим в Париж.	Heute fliegen wir nach Paris.
матрос *m*	**Matrose** *m*
Он был матросом на корабле.	Er war Matrose auf einem Schiff.
пароход *m*	**Dampfer** *m*
До острова мы плыли на пароходе.	Mit einem Dampfer fuhren wir zur Insel.
порт *m*	**Hafen** *m*
В порт входит большой корабль.	Ein großes Schiff läuft in den Hafen ein.
регистрация *f*	**Abfertigung** *f*
Уже началась регистрация пассажиров и багажа.	Es hat bereits die Abfertigung der Passagiere und des Gepäcks begonnen.
рейс *m*	**Route** *f*, **Flug** *m*
Я купил билеты на обратный рейс.	Ich kaufte Flugtickets für den Rückflug.
судно *m Pl*, **суда**	**Schiff** *n*
Здесь строят морские суда.	Hier werden Hochseeschiffe gebaut.
экипаж *m*	**Besatzung** *f*
Весь экипаж самолёта погиб.	Die ganze Flugzeugbesatzung kam um.

« 2001–4000 »

вертолёт *m*	**Hubschrauber** *m*
Зимой в Сибири возят почту на вертолёте.	Im Winter befördert man die Post in Sibirien mit einem Hubschrauber.
гавань *f*	**Hafen** *m*
Корабль отремонтировали в гавани.	Das Schiff wurde im Hafen repariert.

па́луба f	**Deck** n
На па́лубе собра́лся весь экипа́ж.	Die gesamte Besatzung versammelte sich an Deck.
полёт m	**Flug** m
За полётом Гага́рина следи́л весь мир.	Die ganze Welt verfolgte den Flug Gagarins.
поса́дка f	**Landung** f
Во вре́мя поса́дки кури́ть запреща́ется.	Es ist verboten, während der Landung zu rauchen.
приземля́ться/приземли́ться	**landen**
Самолёт приземли́лся то́чно в два часа́.	Das Flugzeug landete pünktlich um 14 Uhr.
прилета́ть/прилете́ть	**heran-, herbeifliegen**
Самолёт из Москвы́ ещё не прилете́л.	Das Flugzeug aus Moskau ist noch nicht angekommen.
при́стань f	**Anlegestelle** f
При́стань нахо́дится недалеко́ от гости́ницы.	Die Anlegestelle befindet sich unweit vom Hotel.
самолёт m	**Flugzeug** n
Самолёт лети́т от Москвы́ до Берли́на два часа́.	Das Flugzeug fliegt von Moskau bis Berlin 2 Stunden.
стюарде́сса f	**Stewardeß** f
Стюарде́сса обслу́живает пассажи́ров самолёта.	Die Stewardeß bedient die Flugpassagiere.
теплохо́д m	**Motorschiff** n
В порт вошёл но́вый теплохо́д.	In den Hafen lief ein neues Motorschiff ein.
я́корь m	**Anker** m
Наш кора́бль бро́сил я́корь в Оде́ссе.	Unser Schiff ging in Odessa vor Anker.

1.8 Länder und Völker

1.8.1 GEOGRAPHISCHE NAMEN

«1–2000»

Австра́лия f	**Australien** n
А́зия f	**Asien** n
Аме́рика f	**Amerika** n

Geographische Namen

А́нглия f	England n
А́фрика f	Afrika n
Герма́ния f	Deutschland n
Евро́па f	Europa n
Ита́лия f	Italien n
Кита́й m	China n
Лати́нская Аме́рика f	Lateinamerika n
Росси́я f	Rußland n
СССР = Сою́з Сове́тских Социалисти́ческих Респу́блик m *(ист.)*	UdSSR = Union der Sozialistischen Sowjetrepubliken f *(hist.)*
США = Соединённые Шта́ты Аме́рики Pl	USA = Vereinigte Staaten von Amerika Pl
Фра́нция f	Frankreich n
ФРГ = Федерати́вная Респу́блика Герма́ния f	BRD = Bundesrepublik Deutschland f
Япо́ния f	Japan n

«2001–4000»

А́встрия f	Österreich n
Азербайджа́н m	Aserbaidshan n
Арме́ния f	Armenien n
Белару́сь f	Belorußland n, Weißrußland n
Болга́рия f	Bulgarien n
Бо́сния f	Bosnien n
Великобрита́ния f	Großbritannien n
Ве́нгрия f	Ungarn n
Герцегови́на f	Herzegowina f
Голла́ндия f	Holland n
Гре́ция f	Griechenland n
Гру́зия f	Georgien n
Да́ния f	Dänemark n
Испа́ния f	Spanien n
Казахста́н m	Kasachstan n
Кыргызста́н m	Kyrgysstan n
Ку́ба f	Kuba n
Ла́твия f	Lettland n
Литва́ f	Litauen n
Молдо́ва f	Moldova n
Нидерла́нды m Pl	Niederlande Pl
По́льша f	Polen n
Португа́лия f	Portugal n
Румы́ния f	Rumänien n
Се́рбия f	Serbien n

Слова́кия f	Slowakei f
Слове́ния f	Slowenien n
Таджикиста́н m	Tadshikistan n
Туркмениста́н m	Turkmenistan n
Ту́рция f	Türkei f
Узбекиста́н m	Usbekistan n
Украи́на f	Ukraine f
Хорва́тия f	Kroatien n
Че́хия f	Tschechien n
Чехо-Слова́кия f *(ист.)*	Tschechoslowakei f *(hist.)*
Черного́рия f	Montenegro n
Чи́ли n	Chile n
Швейца́рия f	Schweiz f
Шве́ция f	Schweden n

1.8.2 NATIONALITÄTEN, BEWOHNER, SPRACHBEZEICHNUNGEN

« 1–2000 »

азиа́т m	Asiat m
азиа́тский	asiatisch
америка́нец m, америка́нка f	Amerikaner m, Amerikanerin f
америка́нский	amerikanisch
англича́нин m, англича́нка f	Engländer m, Engländerin f
англи́йский; англи́йский язы́к m	englisch; Englisch n
африка́нец m, африка́нка f	Afrikaner m, Afrikanerin f
африка́нский	afrikanisch
не́мец m, не́мка f	Deutsche(r) m, Deutsche f
неме́цкий; неме́цкий язы́к m	deutsch; Deutsch n
грек m, греча́нка f	Grieche m, Griechin f
гре́ческий; гре́ческий язы́к m	griechisch; Griechisch n
европе́ец m	Europäer m
европе́йский	europäisch
испа́нец m, испа́нка f	Spanier m, Spanierin f
испа́нский; испа́нский язы́к m	spanisch; Spanisch n
италья́нец m, италья́нка f	Italiener m, Italienerin f
италья́нский; италья́нский язы́к m	italienisch; Italienisch n

Nationalitäten, Bewohner, Sprachbezeichnungen

латиноамерика́нец m, латиноамерика́нка f	Lateinamerikaner m, Lateinamerikanerin f
латиноамерика́нский	lateinamerikanisch
поля́к m, по́лька f	Pole m, Polin f
по́льский; по́льский язы́к m	polnisch; Polnisch n
ру́сский m, ру́сская f	Russe m, Russin f
ру́сский; ру́сский язы́к m	russisch; Russisch n
росси́йский	Rußlands-
япо́нец m, япо́нка f	Japaner m, Japanerin f
япо́нский; япо́нский язы́к m	japanisch; Japanisch n
францу́з m, францу́женка f	Franzose m, Französin f
францу́зский; францу́зский язы́к m	französisch; Französisch n

«2001–4000»

австрали́ец m, австрали́йка f	Australier m, Australierin f
австрали́йский	australisch
австри́ец m, австри́йка f	Österreicher m, Österreicherin f
австри́йский	österreichisch
азербайджа́нец m, азербайджа́нка f	Aserbaidschaner m, Aserbaidschanerin f
азербайджа́нский; азербайджа́нский язы́к m	aserbaidschanisch; Aserbaidschanisch n
армяни́н m, армя́нка f	Armenier m, Armenierin f
армя́нский; армя́нский язы́к m	armenisch; Armenisch n
белору́сс m, белору́сска f	Belorusse m, Belorussin f
белору́сский; белору́сский язы́к m	belorussisch; Belorussisch n
болга́рин m, болга́рка f	Bulgare m, Bulgarin f
болга́рский; болга́рский язы́к m	bulgarisch; Bulgarisch n
венгр m, венге́рка f	Ungar m, Ungarin f
венге́рский; венге́рский язы́к m	ungarisch; Ungarisch n
голла́ндец m, голла́ндка f	Holländer m, Holländerin f
голла́ндский; голла́ндский язы́к m	holländisch; Holländisch n
грузи́н m, грузи́нка f	Georgier m, Georgierin f
грузи́нский; грузи́нский язы́к m	georgisch; Georgisch n
датча́нин m, датча́нка f	Däne m, Dänin f

Nationalitäten, Bewohner, Sprachbezeichnungen

да́тский; да́тский язы́к *m*	dänisch; Dänisch *n*
каза́х *m*, каза́шка *f*	Kasache *m*, Kasachin *f*
каза́хский; каза́хский язы́к *m*	kasachisch; Kasachisch *n*
кита́ец *m*, китая́нка *f*	Chinese *m*, Chinesin *f*
кита́йский; кита́йский язы́к *m*	chinesisch; Chinesisch *n*
кирги́з *m*, кирги́зка *f*	Kirgise *m*, Kirgisin *f*
кирги́зский; кирги́зский язы́к *m*	kirgisisch; Kirgisisch *n*
куби́нец *m*, куби́нка *f*	Kubaner *m*, Kubanerin *f*
куби́нский	kubanisch
латви́ец *m*, латви́йка *f*	Lette *m*, Lettin *f*
латви́йский; латви́йский язы́к *m*	lettisch; Lettisch *n*
лито́вец *m*, лито́вка *f*	Litauer *m*, Litauerin *f*
лито́вский; лито́вский язы́к *m*	litauisch; Litauisch *n*
молдава́нин *m*, молдава́нка *f*	Moldauer *m*, Moldauerin *f*
молда́вский; молда́вский язы́к *m*	moldauisch; Moldauisch *n*
нидерла́ндец *m*, нидерла́ндка *f*	Niederländer *m*, Niederländerin *f*
нидерла́ндский, нидерла́ндский язы́к *m*	niederländisch, Niederländisch *n*
португа́лец *m*, португа́лка *f*	Portugiese *m*, Portugiesin *f*
португа́льский; португа́льский язы́к *m*	portugiesisch; Portugiesisch *n*
румы́н *m*, румы́нка *f*	Rumäne *m*, Rumänin *f*
румы́нский; румы́нский язы́к *m*	rumänisch; Rumänisch *n*
слова́к *m*, слова́чка *f*	Slowake *m*, Slowakin *f*
слова́цкий; слова́цкий язы́к *m*	slowakisch; Slowakisch *n*
таджи́к *m*, таджи́чка *f*	Tadshike *m*, Tadshikin *f*
таджи́кский; таджи́кский язы́к *m*	tadshikisch; Tadshikisch *n*
туркме́н *m*, туркме́нка *f*	Turkmene *m*, Turkmenin *f*
туркме́нский; туркме́нский язы́к *m*	turkmenisch; Turkmenisch *n*
ту́рок *m*, турча́нка *f*	Türke *m*, Türkin *f*
туре́цкий; туре́цкий язы́к *m*	türkisch; Türkisch *n*
узбе́к *m*, узбе́чка *f*	Usbeke *m*, Usbekin *f*
узбе́кский; узбе́кский язы́к *m*	usbekisch; Usbekisch *n*

украи́нец *m*, украи́нка *f*	Ukrainer *m*, Ukrainerin *f*
украи́нский; украи́нский язы́к *m*	ukrainisch; Ukrainisch *n*
чех *m*, че́шка *f*	Tscheche *m*, Tschechin *f*
че́шский; че́шский язы́к *m*	tschechisch; Tschechisch *n*
чили́ец *m*, чили́йка *f*	Chilene *m*, Chilenin *f*
чили́йский	chilenisch
швейца́рец *m*, швейца́рка *f*	Schweizer *m*, Schweizerin *f*
швейца́рский	schweizerisch
швед *m*, шве́дка *f*	Schwede *m*, Schwedin *f*
шве́дский; шве́дский язы́к *m*	schwedisch; Schwedisch *n*

2 ALLGEMEINE BEGRIFFE

2.1 Zeit

2.1.1 JAHRESEINTEILUNG

«1–2000»

весна́ *f*	**Frühling** *m*
Весна́ наступи́ла.	Der Frühling ist gekommen.
весно́й *Adv*	**im Frühling, im Frühjahr**
Э́той весно́й мы хоти́м пое́хать в Испа́нию.	In diesem Frühjahr wollen wir nach Spanien reisen.
вре́мя го́да *n*	**Jahreszeit** *f*
В году́ четы́ре вре́мени го́да.	Das Jahr hat vier Jahreszeiten.
год *m, Pl:* го́ды и года́	**Jahr** *n*
В про́шлом году́ на́ши друзья́ бы́ли в А́нглии.	Im vorigen Jahr waren unsere Freunde in England.
Мой сын научи́лся чита́ть, когда́ ему́ бы́ло шесть лет.	Mein Sohn lernte lesen als er sechs Jahre alt war.
зима́ *f*	**Winter** *m*
Зима́ в э́том году́ начала́сь ра́но.	Der Winter begann in diesem Jahr früh.
зимо́й *Adv*	**im Winter**
Зимо́й де́ти ката́ются на лы́жах.	Im Winter laufen die Kinder Ski.
ле́то *n*	**Sommer** *m*
Ле́то бы́ло жа́рким и сухи́м.	Der Sommer war heiß und trocken.

Jahreseinteilung

ле́том *Adv* Ле́том де́ти пое́дут к ба́бушке в дере́вню.	**im Sommer** Im Sommer fahren die Kinder zur Großmutter aufs Land.
ме́сяц *m* В году́ 12 ме́сяцев.	**Monat** *m* Das Jahr hat 12 Monate.
неде́ля *f* Зи́мние кани́кулы начну́тся че́рез неде́лю.	**Woche** *f* In einer Woche fangen die Winterferien an.
о́сень *f* О́сень – моё люби́мое вре́мя го́да.	**Herbst** *m* Der Herbst ist meine Lieblingsjahreszeit.
о́сенью *Adv* О́сенью ча́сто иду́т дожди́.	**im Herbst** Im Herbst regnet es oft.

«2001–4000»

ежего́дно *Adv* Этот журна́л выхо́дит оди́н раз в год, то есть ежего́дно.	**jährlich** Diese Zeitschrift erscheint einmal im Jahr, das heißt jährlich.
ежедне́вный Я чита́ю ежедне́вную газе́ту.	**täglich, Tages-** Ich lese eine Tageszeitung.
ежеме́сячно *Adv* Ско́лько вы пла́тите за ко́мнату ежеме́сячно?	**monatlich** Wieviel zahlen Sie monatlich für das Zimmer?
кварта́л *m* Но́вая ме́бель поступи́т в магази́н во второ́м кварта́ле.	**Quartal** *n* Die neuen Möbel werden im zweiten Quartal im Geschäft angeliefert.

2.1.2 MONATSNAMEN, DATUM

«1–2000»

янва́рь *m* Моя́ ма́ма родила́сь 7-ого января́. В январе́ бы́ло мно́го сне́га.	**Januar** *m* Meine Mutter wurde am 7. Januar geboren. Im Januar gab es viel Schnee.
февра́ль *m*	**Februar** *m*
март *m*	**März** *m*
апре́ль *m*	**April** *m*
май *m*	**Mai** *m*

июнь *m*
июль *m*
август *m*
сентябрь *m*
октябрь *m*
ноябрь *m*
декабрь *m*

Juni *m*
Juli *m*
August *m*
September *m*
Oktober *m*
November *m*
Dezember *m*

«2001–4000»

дата *f*
  Укажите точную дату рождения.

Datum *n*
  Geben Sie das genaue Geburtsdatum an.

число *n*
  Какое сегодня число?

Datum *n*
  Der Wievielte ist heute?

2.1.3 WOCHENTAGE

«1–2000»

понедельник *m*
  Мы увидимся в следующий понедельник.
  Доживём до понедельника!
  В понедельник я пойду в парикмахерскую.
  По понедельникам он ходит в бассейн.

Montag *m*
  Wir sehen uns am nächsten Montag.
  Warten wir den Montag ab!
  Am Montag gehe ich zum Friseur.
  Montags geht er in die Schwimmhalle.

вторник *m*
среда *f*
четверг *m*
пятница *f*
суббота *f*
воскресенье *n*

Dienstag *m*
Mittwoch *m*
Donnerstag *m*
Freitag *m*
Sonnabend *m*
Sonntag *m*

2.1.4 TAGESZEIT

«1–2000»

вечер *m*
  Занятия продолжаются до вечера.

Abend *m*
  Der Unterricht dauert bis zum Abend.

вéчером Adv
Я позвоню вам вéчером.

am Abend
Ich rufe Sie am Abend an.

день m, Pl: **дни**
Скóро óсень, дни становятся корóче.

Tag m
Bald ist Herbst, die Tage werden kürzer.

днём Adv
Днём было óчень жáрко.

am Tage, tagsüber
Am Tage war es sehr heiß.

ночь f
Онá не спалá всю ночь.

Nacht f
Die ganze Nacht konnte sie nicht schlafen.

нóчью Adv
Лéтом дáже нóчью бывáет теплó.

nachts
Im Sommer ist es sogar nachts warm.

пóлдень m
Он вернýлся домóй в пóлдень.

Mittag m
Er kehrte am Mittag heim.

пóлночь f
Вчерá он лёг спать óколо полýночи.

Mitternacht f
Gestern ging er gegen Mitternacht schlafen.

ýтро n
Дóброе ýтро!

Morgen m
Guten Morgen!

ýтром Adv
Ýтром шёл дождь.

morgens, am Morgen
Am Morgen hat es geregnet.

2.1.5 UHRZEIT
(Siehe auch GRUNDZAHLEN 2.3.2)

«1–2000»

в
Онá встáла сегóдня в 8 часóв.

um
Sie ist heute um 8 Uhr aufgestanden.

без
Часы покáзывают без пяти двенáдцать.

vor
Die Uhr zeigt 5 vor 12.

минýта f
Урóк продолжáется 45 минýт.

Minute f
Die Unterrichtsstunde dauert 45 Minuten.

половина f
Котóрый час? – Половина десятого.

Hälfte f, halb
Wie spät ist es? – Halb 10.

полчаса́ *m* Я приду́ че́рез полчаса́.	**halbe Stunde** Ich komme in einer halben Stunde.
секу́нда *f* В мину́те 60 секу́нд.	**Sekunde** *f* Eine Minute hat 60 Sekunden.
су́тки *f Pl* По́езд идёт до Москвы́ су́тки.	**24 Stunden, Tag und Nacht** Der Zug fährt 24 Stunden bis Moskau.
час *m* Я жду тебя́ уже́ це́лый час.	**Stunde** *f* Ich warte bereits eine Stunde auf dich.
че́тверть *f* Пе́рвый уро́к начина́ется без че́тверти во́семь.	**Viertel** *n* Die 1. Stunde fängt um dreiviertel 8 an.

2.1.6 SONSTIGE ZEITBEGRIFFE

2.1.6.1 SUBSTANTIVE

«1–2000»

бу́дущее *n* Лю́ди давно́ мечта́ют о счастли́вом бу́дущем.	**Zukunft** *f* Die Menschen träumen schon seit langem von einer glücklichen Zukunft.
век *m* Э́тот писа́тель жил в про́шлом ве́ке.	**Jahrhundert** *n* Dieser Schriftsteller lebte im vorigen Jahrhundert.
вре́мя *n* Бо́же! Как бы́стро лети́т вре́мя.	**Zeit** *f* O Gott! Wie schnell die Zeit vergeht.
коне́ц *m* Он прие́дет в конце́ ме́сяца.	**Ende** *n*, **Schluß** *m* Er kommt am Monatsende.
моме́нт *m* Для тако́го разгово́ра ну́жно вы́брать удо́бный моме́нт.	**Moment** *m*, **Zeitpunkt** *m* Für dieses Gespräch muß man einen günstigen Zeitpunkt wählen.
нача́ло *n* Я по́мню то́лько нача́ло пе́сни.	**Anfang** *m* Ich kann mich nur an den Anfang des Liedes erinnern.

Verben

период *m*
Это был трудный период в его жизни.

Periode *f*, **Zeit** *f*
Das war eine schwere Zeit in seinem Leben.

прошлое *n*
Надо знать прошлое своей страны.

Vergangenheit *f*
Man muß die Vergangenheit seines Landes kennen.

раз *m*
Я говорила вам об этом несколько раз.

Mal *n*
Ich habe euch das bereits mehrere Male gesagt.

срок *m*
Срок обучения в институте 5 лет.

Dauer *f*
Die Ausbildungsdauer am Institut beträgt 5 Jahre.

«2001–4000»

календарь *m*
Календарь лежит на столе.

Kalender *m*
Der Kalender liegt auf dem Tisch.

настоящее *n*
Может, будущее будет лучше настоящего.

Gegenwart *f*
Vielleicht wird die Zukunft besser als die Gegenwart.

продолжительность *f*
Продолжительность фильма 90 минут.

Dauer *f*
Die Filmdauer beträgt 90 Minuten.

столетие *n*
Художник жил в прошлом столетии.

Jahrhundert *n*
Der Maler lebte im vorigen Jahrhundert.

эпоха *f*
В истории страны началась новая эпоха.

Epoche *f*
In der Geschichte des Landes begann eine neue Epoche.

2.1.6.2 VERBEN

«1–2000»

длиться
Война длилась четыре года.

dauern
Der Krieg dauerte 4 Jahre.

заканчивать/закончить
Через два часа он закончил работу.

beenden
Nach zwei Stunden beendete er die Arbeit.

идти́	gehen; vergehen
Мои́ часы́ иду́т то́чно.	Meine Uhr geht genau.
Вре́мя идёт бы́стро.	Die Zeit vergeht schnell.
конча́ться/ко́нчиться	enden
Уро́к ко́нчился в де́сять часо́в.	Die Unterrichtsstunde endete um 10 Uhr.
наступа́ть/наступи́ть	beginnen, anbrechen
Весна́ прошла́, наступи́ло ле́то.	Der Frühling verging, der Sommer begann.
начина́ть/нача́ть	anfangen, beginnen
Он реши́л всё нача́ть снача́ла.	Er beschloß, von vorn zu beginnen.
начина́ться/нача́ться	beginnen
Уче́бный год начина́ется в сентябре́.	Das Studienjahr beginnt im September.
прерыва́ть/прерва́ть	unterbrechen, abbrechen
Профе́ссор прерва́л ле́кцию на пять мину́т.	Der Professor unterbrach die Vorlesung für 5 Minuten.
проводи́ть/провести́	verbringen
Я провёл воскресе́нье у друзе́й.	Ich habe den Sonntag bei meinen Freunden verbracht.
продолжа́ть/продо́лжить	fortsetzen
По́сле па́узы он продо́лжил свой расска́з.	Nach der Pause setzte er seine Erzählung fort.
продолжа́ться/продо́лжиться	andauern, währen
Дождь продолжа́лся весь день.	Der Regen dauerte den ganzen Tag an.
проходи́ть/пройти́	vergehen, weg sein
О́тпуск прошёл бы́стро.	Der Urlaub verging schnell.
торопи́ться/поторопи́ться	sich beeilen, es eilig haben
Извини́, пожа́луйста, я торо́плю́сь.	Entschuldige bitte, ich habe es eilig.
тяну́ться	sich hinziehen
Переговоры тяну́лись не́сколько ме́сяцев.	Die Verhandlungen zogen sich über mehrere Monate hin.

2.1.6.3 ADJEKTIVE

« 1–2000 »

бу́дущий
Подру́га познако́мила меня́ со свои́м бу́дущем му́жем.

zukünftig
Die Freundin machte mich mit ihrem zukünftigen Mann bekannt.

весе́нний
Был тёплый весе́нний день.

Frühlings-
Es war ein warmer Frühlingstag.

вече́рний
Она́ пришла́ в теа́тр в дли́нном вече́рнем пла́тье.

Abend-
Sie kam in einem langen Abendkleid ins Theater.

выходно́й
За́втра выходно́й день.

frei
Morgen ist ein freier Tag.

гото́вый
Обе́д гото́в, сади́тесь за стол.

fertig, bereit
Das Mittagessen ist fertig, setzt euch an den Tisch.

зи́мний
Сестра́ купи́ла зи́мние сапоги́.

Winter-
Die Schwester kaufte Winterstiefel.

ле́тний
Июнь, июль, а́вгуст – ле́тние ме́сяцы.

Sommer-, sommerlich
Die Sommermonate sind Juni, Juli und August.

но́вый
У них совсе́м но́вая маши́на.

neu
Sie haben ein ganz neues Auto.

ночно́й
Мы ме́дленно шли по ночно́й у́лице.

Nachts-, nächtlich
Wir gingen langsam durch die nächtliche Straße.

осе́нний
Когда́ начина́ются осе́нние кани́кулы?

Herbst-, herbstlich
Wann beginnen die Herbstferien?

постоя́нный
Его́ постоя́нные жа́лобы мне надое́ли.

ständig
Seine ständigen Beschwerden habe ich satt.

пре́жний
Он рабо́тает на пре́жнем ме́сте.

ehemalig, alt
Er arbeitet an seinem alten Arbeitsplatz.

про́шлый
В про́шлом году́ он е́здил в Пари́ж.

vergangen, vorig
Im vergangenen Jahr war er in Paris.

сего́дняшний	**heutig**
Ты уже́ чита́л сего́дняшние газе́ты?	Hast du schon die heutigen Zeitungen gelesen?
совреме́нный	**modern, gegenwärtig, Gegenwarts-**
За́втра состои́тся ле́кция о совреме́нном ру́сском языке́.	Morgen findet eine Vorlesung über die russische Sprache der Gegenwart statt.

«2001–4000»

ве́чный	**ewig**
Кто́-то предложи́л тост за ве́чную дру́жбу.	Jemand brachte einen Toast auf die ewige Freundschaft aus.
дневно́й	**Tages-**
Тебе́ лу́чше пое́хать на дневно́м по́езде.	Du solltest lieber den Tageszug nehmen.
за́втрашний	**morgig**
Он хорошо́ подгото́вился к за́втрашней ле́кции.	Er hat sich auf die morgige Vorlesung gut vorbereitet.
по́здний	**Spät-**
Я люблю́ лес по́здней о́сенью.	Ich mag den Wald im Spätherbst.
предыду́щий	**vorhergehend, letzter**
На предыду́щем заня́тии мы говори́ли об экологи́ческих пробле́мах.	In der letzten Stunde sprachen wir über ökologische Probleme.
ра́нний	**früh**
Мне нра́вятся ра́нние расска́зы Распу́тина.	Mir gefallen die frühen Erzählungen Rasputins.
ре́дкий	**selten, rar**
У моего́ знако́мого ре́дкое и́мя.	Mein Bekannter hat einen seltenen Namen.
у́тренний	**Morgen-**
Он регуля́рно де́лает у́треннюю гимна́стику.	Er macht regelmäßig Morgengymnastik.
ча́стый	**häufig**
Твои́ ча́стые разгово́ры по телефо́ну мне не нра́вятся.	Deine häufigen Telefongespräche mißfallen mir.

2.1.6.4 ADVERBIEN

« 1–2000 »

бы́стро — schnell
По́езд шёл о́чень бы́стро. — Der Zug fuhr sehr schnell.

вдруг — plötzlich
Вдруг он встал и вы́шел из ко́мнаты. — Plötzlich stand er auf und ging aus dem Zimmer.

впервы́е — zum ersten Mal
Э́ту му́зыку я слы́шу впервы́е. — Diese Musik höre ich zum ersten Mal.

всегда́ — immer
По вечера́м я всегда́ до́ма. — Abends bin ich immer zu Hause.

вчера́ — gestern
Вчера́ мы бы́ли в рестора́не. — Gestern waren wir im Restaurant.

давно́ — lange, längst
Она́ тебя́ давно́ забы́ла. — Sie hat dich längst vergessen.

до́лго — lange
Как до́лго вы учи́лись в ву́зе? — Wie lange haben Sie studiert?

ещё — noch
Де́ти ещё спят. — Die Kinder schlafen noch.

за́втра — morgen
Он прие́дет за́втра у́тром. — Er kommt morgen früh.

зате́м — danach
Маши́на уме́ньшила ско́рость, зате́м останови́лась. — Das Auto verringerte die Geschwindigkeit und blieb danach stehen.

иногда́ — ab und zu, manchmal
Иногда́ я встреча́ю его́ в библиоте́ке. — Ab und zu treffe ich ihn in der Bibliothek.

наконе́ц — endlich
Наконе́ц зима́ ко́нчилась. — Endlich war der Winter zu Ende.

неда́вно — vor kurzem, unlängst
Неда́вно мы бы́ли в теа́тре. — Wir waren vor kurzem im Theater.

неме́дленно — sofort, umgehend
Сообщи́ мне, пожа́луйста, неме́дленно твой но́мер телефо́на. — Teile mir bitte umgehend deine Telefonnummer mit.

никогда́	**nie, niemals**
Лу́чше по́здно, чем никогда́.	Besser spät als nie.
Мы никогда́ не уви́димся.	Wir werden uns nie wiedersehen.
одна́жды	**einmal, einst**
Одна́жды он зашёл к нам.	Eines Tages kam er bei uns vorbei.
по́здно	**spät**
Уже́ по́здно, мне ну́жно спеши́ть домо́й.	Es ist schon spät, ich muß mich beeilen, nach Hause zu kommen.
пора́	**es ist Zeit**
Пора́ домо́й.	Es ist Zeit, nach Hause zu gehen.
пото́м	**später, danach**
Пото́м он всё равно́ всё расска́жет.	Er wird später sowieso alles erzählen.
пре́жде	**früher**
Пре́жде здесь была́ дере́вня, а сейча́с – о́зеро.	Früher war hier ein Dorf, und jetzt ist hier ein See.
ра́но	**früh**
За́втра мне ра́но встава́ть.	Ich muß morgen früh aufstehen.
ра́ньше	**früher**
Говоря́т, она́ ра́ньше о́чень хорошо́ пе́ла.	Man sagt, sie konnte früher sehr gut singen.
сего́дня	**heute**
Како́е сего́дня число́?	Der Wievielte ist heute?
сейча́с	**jetzt; bald, gleich**
Сейча́с семь часо́в утра́.	Jetzt ist es 7 Uhr morgens.
Подожди́те, он сейча́с придёт.	Warten Sie, er kommt gleich.
ско́ро	**bald**
Ско́ро придёт мой друг.	Bald kommt mein Freund.
снача́ла	**zuerst, am Anfang, noch mal von vorn**
Снача́ла она́ пло́хо понима́ла по-ру́сски.	Zuerst verstand sie schlecht russisch.
На́до всё нача́ть с нача́ла.	Man muß alles von vorn anfangen.
сно́ва	**wieder**
Сно́ва идёт до́ждь.	Es regnet wieder.

Adverbien

сра́зу
Учени́к сра́зу всё по́нял.

sofort
Der Schüler hat sofort alles verstanden.

тепе́рь
Его́ тепе́рь нет в Москве́.

jetzt, zur Zeit
Er ist zur Zeit nicht in Moskau.

тогда́
Мы бы́ли тогда́ студе́нтами.

damals
Wir waren damals Studenten.

то́чно
То́чно в 8 часо́в начала́сь конфере́нция.

pünktlich
Die Konferenz begann pünktlich um 8 Uhr.

уже́
Мне ка́жется, я вас уже́ где́-то ви́дел.

schon, bereits
Mir scheint, ich habe Sie schon irgendwo gesehen.

ча́сто
Они́ встреча́ются ча́сто, почти́ ка́ждый день.

oft
Sie treffen sich oft, fast täglich.

«2001–4000»

внача́ле
Внача́ле он о́чень волнова́лся, но пото́м успоко́ился.

zuerst, am Anfang
Zuerst war er aufgeregt, dann beruhigte er sich.

внеза́пно
Внеза́пно пошёл снег.

plötzlich
Plötzlich fing es an zu schneien.

во́время
Мы во́время прие́хали на вокза́л.

rechtzeitig
Wir kamen rechtzeitig am Bahnhof an.

вско́ре
Э́то случи́лось вско́ре по́сле войны́.

kurz nach
Es geschah kurz nach dem Krieg.

ежедне́вно
Э́та газе́та выхо́дит ежедне́вно.

täglich
Diese Zeitung erscheint täglich.

зара́нее
Мы зара́нее договори́лись о встре́че.

im voraus
Wir verabredeten im voraus ein Treffen.

навсегда́
Э́то собы́тие мы запо́мним навсегда́.

für immer
Dieses Ereignis werden wir für immer im Gedächtnis behalten.

надо́лго
Оте́ц уе́хал надо́лго за грани́цу.

auf lange Zeit
Der Vater ist für lange Zeit ins Ausland gefahren.

накану́не
Накану́не мы бы́ли в теа́тре.

tags zuvor
Tags zuvor waren wir im Theater.

недо́лго
Встре́ча продолжа́лась недо́лго.

nicht lange
Das Treffen dauerte nicht lange.

одновреме́нно
Они́ пришли́ одновреме́нно.

gleichzeitig
Sie sind gleichzeitig gekommen.

позавчера́
Я ви́дела его́ позавчера́.

vorgestern
Ich sah ihn vorgestern.

по-пре́жнему
Он по-пре́жнему живёт в дере́вне.

immer noch
Er lebt immer noch auf dem Lande.

послеза́втра
Послеза́втра начина́ются кани́кулы.

übermorgen
Übermorgen beginnen die Ferien.

ре́дко
Они́ ре́дко пи́шут друг дру́гу.

selten
Sie schreiben einander selten.

сро́чно
К сожале́нию, мне ну́жно сро́чно уе́хать.

dringend
Leider muß ich dringend wegfahren.

у́тром
У́тром де́ти иду́т в шко́лу, а взро́слые – на рабо́ту.

am Morgen, morgens
Morgens gehen die Kinder in die Schule und die Erwachsenen zur Arbeit.

2.1.6.5 PRÄPOSITIONEN

«1–2000»

в
В сре́ду мы пойдём в кино́.

Уро́ки начина́ются в 8 часо́в.

В про́шлом году́ он жени́лся.

an, um, in
Am Mittwoch gehen wir ins Kino.

Der Unterricht beginnt um 8 Uhr.

Im vorigen Jahr hat er geheiratet.

до Я рабо́таю до пяти́ часо́в.	**bis** Ich arbeite bis um 17 Uhr.
за Он написа́л сочине́ние за час.	**in** Er schrieb den Aufsatz in einer Stunde.
к Вся семья́ собрала́сь до́ма к у́жину.	**zu** Die ganze Familie versammelte sich zum Abendbrot zu Hause.
на На второ́й день больно́му ста́ло лу́чше. Он уе́хал на неде́лю в о́тпуск. На сле́дующей неде́ле он вернётся.	**an, für, in** Am zweiten Tag fühlte sich der Kranke besser. Er ist für eine Woche in den Urlaub gefahren. In der nächsten Woche kommt er zurück.
с ... до Магази́н откры́т с десяти́ до двадцати́ часо́в.	**von ... bis** Der Laden ist von 10 bis 20 Uhr geöffnet.
в тече́ние В тече́ние разгово́ра ме́жду бра́тьями она́ молча́ла.	**im Laufe, während** Während des Gesprächs zwischen den Brüdern schwieg sie.

«2001–4000»

о́коло Я ждала́ вас о́коло ча́са.	**etwa, ungefähr** Ich wartete etwa eine Stunde auf sie.
по́сле Мы пойдём на вы́ставку по́сле обе́да.	**danach, später** Wir gehen nach dem Mittagessen in die Ausstellung.
че́рез Че́рез полчаса́ начнётся ле́кция.	**in** In einer halben Stunde beginnt die Vorlesung.

2.1.6.6 KONJUNKTIONEN

«1–2000»

едва́ Едва́ мы вы́шли на у́лицу, на́чался дождь.	**kaum** Kaum waren wir draußen, fing es an zu regnen.

Konjunktionen

как то́лько
Она́ придёт, как то́лько у неё бу́дет вре́мя.

sobald
Sie kommt, sobald sie Zeit hat.

когда́
Когда́ он вошёл, я сиде́л и чита́л.

als
Als er eintrat, saß ich da und las.

лишь (то́лько)
Лишь (то́лько) он вошёл, де́ти побежа́ли к нему́.

sobald, kaum
Kaum war er eingetreten, da liefen die Kinder zu ihm.

пока́
Мне на́до поговори́ть с Та́ней, пока́ она́ ещё здесь.

solange
Ich muß mit Tanja sprechen, solange sie noch da ist.

пока́ (не)
Подожди́, пока́ (не) придёт ма́ма.

(so lange) bis
Warte (so lange), bis Mutti kommt.

с тех пор как
С тех пор как я был в Ки́еве, прошло́ мно́го лет.

seitdem
Seitdem ich in Kiew war, sind viele Jahre vergangen.

«2001–4000»

вся́кий раз, как
Вся́кий раз, как он приходи́л, он приноси́л кни́ги.

sooft, jedesmal
Jedesmal, wenn er kam, brachte er Bücher mit.

до тех пор, пока́ (не)
Мы жда́ли до тех пор, пока́ кто́-то (не) пришёл.

(so lange), bis
Wir warteten so lange, bis jemand kam.

пе́ред тем как
Пе́ред тем как поу́жинать, я просмотре́л газе́ты.

bevor
Bevor ich zu Abend aß, las ich die Zeitungen.

по́сле того́ как
По́сле того́ как я верну́лась домо́й, я снача́ла пообе́дала.

nachdem
Nachdem ich nach Hause gekommen war, aß ich zuerst zu Mittag.

пре́жде чем
Пре́жде чем е́хать на вокза́л, он зашёл к дру́гу.

bevor, ehe
Bevor er zum Bahnhof fuhr, ging er zu seinem Freund.

2.2 Räumliche Begriffe

2.2.1 SUBSTANTIVE

« 1–2000 »

высота f
Высота дома 30 метров.

Höhe f
Die Höhe des Hauses beträgt 30 Meter.

длина f
Длина машины 4 метра.

Länge f
Das Auto ist 4 Meter lang.

направление n
Ветер изменил направление.

Richtung f
Der Wind änderte die Richtung.

площадь f
Площадь нашей квартиры 80 квадратных метров.

Fläche f
Unsere Wohnung ist 80 m² groß.

поверхность f
Поверхность стола была гладкой и блестящей.

Oberfläche f
Die Tischoberfläche war glatt und glänzend.

пространство n
Между столом и диваном осталось небольшое пространство.

Raum m
Zwischen Tisch und Sofa blieb nur ein kleiner Raum.

сторона f
По обеим сторонам дороги росли сосны.

Seite f
Auf beiden Seiten der Straße wuchsen Kiefern.

точка f
Где находится самая южная точка страны?

Punkt m
Wo befindet sich der südlichste Punkt des Landes?

центр m
Мы живём в центре города.

Zentrum n, **Stadtmitte** f
Wir wohnen im Stadtzentrum.

« 2001–4000 »

верх m
Мы живём на верху, то есть на последнем этаже.

Oberteil, oben
Wir wohnen oben, d. h. im letzten Stockwerk.

восток m
На востоке страны находится тайга.

Ost(en) m
Im Osten des Landes liegt die Taiga.

за́пад *m* Ве́тер с за́пада прино́сит обы́чно дождь.	**West(en)** *m* Westwind bringt gewöhnlich Regen.
низ *m* Ту́фли лежа́т в са́мом низу́ чемода́на.	**unterer Teil, unten** Die Schuhe liegen im Koffer ganz unten.
расстоя́ние *n* Расстоя́ние от до́ма до остано́вки авто́буса 500 ме́тров.	**Entfernung** *f* Die Entfernung vom Haus bis zur Bushaltestelle beträgt 500 m.
се́вер *m* Наш кора́бль плыл на се́вер.	**Norden** *m* Unser Schiff fuhr nach Norden.
середи́на *f* Кни́гу я прочита́ла то́лько до середи́ны.	**Mitte** *f* Das Buch las ich nur bis zur Mitte.
ширина́ *f* Изме́рь, пожа́луйста, ширину́ окна́.	**Breite** *f* Miß bitte die Breite des Fensters.
юг *m* Чёрное мо́ре нахо́дится на ю́ге Росси́и.	**Süden** *m* Das Schwarze Meer liegt im Süden Rußlands.

2.2.2 ADJEKTIVE

« 1–2000 »

большо́й На́ша семья́ живёт в большо́м до́ме.	**groß** Unsere Familie bewohnt ein großes Haus.
ве́рхний Уче́бники стоя́т на ве́рхней по́лке.	**oberer, Ober-** Die Lehrbücher stehen im oberen Regal.
вну́тренний Он положи́л биле́ты во вну́тренний карма́н пиджака́.	**innerer, Innen-** Er steckte die Karten in die Innentasche der Jacke.
да́льний В Москве́ живёт на́ша да́льняя ро́дственница.	**fern, weitläufig** In Moskau lebt eine weitläufige Verwandte von uns.
дли́нный На ней была́ блу́зка с дли́нным рукаво́м.	**lang** Sie hatte eine langärmlige Bluse an.

за́падный
Его́ роди́тели живу́т в за́падной ча́сти го́рода.

westlich, West-
Seine Eltern wohnen im Westteil der Stadt.

ле́вый
У неё боли́т ле́вое коле́но.

linker
Ihr linkes Knie tut ihr weh.

ма́ленький
Она́ родила́сь в ма́леньком го́роде.

klein, Klein-
Sie wurde in einer Kleinstadt geboren.

ме́лкий
Из ме́лких я́блок я свари́ла компо́т.
Река́ в э́том ме́сте ме́лкая.

klein; seicht
Aus den kleinen Äpfeln habe ich Kompott gekocht.
Der Fluß ist an dieser Stelle seicht.

небольшо́й
Он взял с собо́й небольшу́ю су́мму де́нег.

nicht groß, klein
Er nahm eine kleine Summe Geld mit.

ни́зкий
Го́сти сиде́ли за ни́зким столо́м.

niedrig
Die Gäste saßen an einem niedrigen Tisch.

огро́мный
О́чень тру́дно управля́ть огро́мной страно́й.

riesig
Es ist schwierig, ein riesiges Land zu regieren.

пра́вый
Он положи́л письмо́ в пра́вый карма́н.

rechter
Er steckte den Brief in die rechte Tasche.

прямо́й
К ле́су вела́ пряма́я доро́га.

direkt, gerade
Zum Wald führte ein gerader Weg.

у́зкий
По у́зкому коридо́ру мы прошли́ в ко́мнату.

schmal, eng
Durch einen schmalen Korridor gingen wir ins Zimmer.

центра́льный
Институ́т нахо́дится на центра́льной у́лице.

zentral, Haupt-
Das Institut befindet sich an der Hauptstraße.

широ́кий
На второ́й эта́ж вела́ широ́кая ле́стница.

breit
In den 1. Stock führte eine breite Treppe.

«2001–4000»

бесконе́чный
Доро́га каза́лась бесконе́чной.

unendlich
Der Weg schien unendlich.

вертикальный
Проведи на листе бумаги вертикальную линию.

senkrecht
Ziehe eine senkrechte Linie auf dem Blatt Papier.

восточный
Дует восточный ветер.

östlich, Ost-
Der Ostwind weht.

глубокий
В горах мы нашли глубокое озеро.

tief
In den Bergen fanden wir einen tiefen See.

горизонтальный
Проведи горизонтальную линию.

waagerecht
Du sollst einen waagerechten Strich ziehen.

короткий
Я быстро прочитала короткое письмо брата.

kurz
Ich las den kurzen Brief von meinem Bruder schnell durch.

нижний
На нижней полке стоят словари.

unter, Unter-
Im unteren Regal stehen Wörterbücher.

северный
Окна квартиры выходят на северную сторону.

nördlich, Nord-
Die Fenster der Wohnung zeigen nach Norden.

тесный
В этой тесной комнате невозможно было танцевать.

eng, schmal
Es war unmöglich, in diesem schmalen Zimmer zu tanzen.

южный
Южная природа очень богата.

südlich, Süd-
Die südliche Vegetation ist sehr üppig.

2.2.3 ADVERBIEN

«1–2000»

близко
Я живу близко отсюда.

nah
Ich wohne nah von hier.

вблизи
Вблизи не было видно ни одной души.

in der Nähe
Keine Seele war in der Nähe zu sehen.

вверх
Он посмотрел вверх и увидел самолёт.

nach oben, hinauf
Er schaute nach oben und sah ein Flugzeug.

234 Adverbien

вниз	**abwärts, hinunter**
Тропинка вела вниз к озеру.	Der Pfad führte hinunter zum See.
вперёд	**vorwärts, nach vorn**
Он сделал два шага вперёд.	Er machte zwei Schritte nach vorn.
впереди	**vorn**
Впереди на шоссе было видно много машин.	Vorn auf der Chaussee waren viele Autos zu sehen.
высоко	**hoch**
Птицы летели высоко над лесом.	Die Vögel flogen hoch über dem Wald.
где	**wo**
Я не знаю, где он работает.	Ich weiß nicht, wo er arbeitet.
далеко	**weit**
Скажите, пожалуйста, далеко ли до вокзала?	Sagen Sie bitte, ist es weit bis zum Bahnhof?
здесь	**hier**
Я буду ждать вас здесь.	Ich werde hier auf Sie warten.
куда	**wohin**
Он не сказал, куда пошёл.	Er sagte nicht, wohin er ging.
навстречу	**entgegen**
Мне навстречу шла Наташа.	Natascha ging mir entgegen.
назад	**zurück**
Он сделал шаг назад и остановился.	Er machte einen Schritt zurück und blieb stehen.
откуда	**woher**
Отец не знает, откуда у сына деньги.	Der Vater weiß nicht, woher der Sohn das Geld hat.
рядом	**nebeneinander, daneben**
Они сидели рядом и разговаривали.	Sie saßen nebeneinander und unterhielten sich.
сюда	**hierher**
Идите сюда, здесь ягод больше.	Kommt hierher, hier gibt es mehr Beeren.
там	**dort**
Там сейчас уже тепло.	Dort ist es jetzt schon warm.
туда	**dorthin**
Яна, не ходи туда, там злая собака.	Jana, gehe nicht dorthin, dort ist ein bissiger Hund.

Adverbien

тут
Тут бу́дет но́вый вокза́л.

da, hier
Hier wird der neue Bahnhof stehen.

«2001–4000»

вдали́
Вдали́ мы уви́дели го́ры.

in der Ferne, fern
In der Ferne erblickten wir die Berge.

везде́
У него́ везде́ есть друзья́.

überall
Er hat überall Freunde.

внизу́
Ба́бушка живёт внизу́, на пе́рвом этаже́.

unten
Die Oma wohnt unten im Erdgeschoß.

недалеко́
Апте́ка нахо́дится недалеко́.

nicht weit, unweit
Die Apotheke ist nicht weit.

наве́рх
Путь наве́рх был лёгким.

nach oben
Der Weg nach oben war leicht.

наверху́
Наверху́ расту́т краси́вые цветы́.

oben
Oben wachsen schöne Blumen.

напро́тив
В до́ме напро́тив живёт моя́ подру́га.

gegenüber
Im Haus gegenüber wohnt meine Freundin.

нигде́
Я нигде́ не могу́ найти́ мою́ ру́чку.

nirgends
Ich kann nirgends meinen Federhalter finden.

ни́зко
Ла́мпа виси́т ни́зко над столо́м.

tief
Die Lampe hängt tief über dem Tisch.

никуда́
Уже́ по́здно, и я никуда́ бо́льше не пойду́.

nirgendwohin
Es ist schon spät, und ich gehe nirgendwo mehr hin.

све́рху
Вдруг све́рху упа́л ка́мень.

von oben
Plötzlich fiel von oben ein Stein.

сза́ди
Сза́ди шла гру́ппа тури́стов.

von hinten, hinten
Hinten ging eine Gruppe von Touristen.

сле́ва
Сле́ва от доро́ги стои́т дом.

links
Links von der Straße steht ein Haus.

снару́жи
Снару́жи дом каза́лся о́чень ста́рым и забро́шенным.

(von) draußen
Von außen schien das Haus ganz alt und vernachlässigt zu sein.

сни́зу
Сни́зу ничего́ не́ было ви́дно.

von unten
Von unten war nichts zu sehen.

спра́ва
Спра́ва от шко́лы нахо́дится стадио́н.

rechts
Rechts von der Schule befindet sich das Stadion.

2.2.4 PRÄPOSITIONEN

«1–2000»

в, во
Ты пойдёшь сего́дня в шко́лу?
Де́ти бы́ли сего́дня в кино́.

in
Gehst du heute in die Schule?
Die Kinder waren heute im Kino.

до
От Москвы́ до Санкт-Петербу́рга 696 киломе́тров.

bis
Von Moskau bis Sankt-Petersburg sind es 696 Kilometer.

за
Го́сти сиде́ли за столо́м.
За шка́фом лежа́л слова́рь.

an; hinter
Die Gäste saßen am Tisch.
Hinter dem Schrank lag ein Wörterbuch.

из, изо
В 7 часо́в я вы́шла из до́ма.

aus
Um 7 Uhr ging ich aus dem Haus.

к, ко
Позови́те, пожа́луйста, к телефо́ну Андре́я.
Ко мне пришёл мой брат.

an; zu
Rufen Sie bitte Andrej ans Telefon.
Mein Bruder kam zu mir.

ме́жду
В теа́тре она́ сиде́ла ме́жду подру́гой и бра́том.

zwischen
Im Theater saß sie zwischen der Freundin und dem Bruder.

ми́мо
Авто́бус прое́хал ми́мо но́вого магази́на.

vorbei
Der Bus fuhr an dem neuen Geschäft vorbei.

на
На столе́ лежи́т хлеб.

auf
Auf dem Tisch liegt Brot.

над, на́до
Над го́родом лете́л самолёт.

über
Über die Stadt flog ein Flugzeug.

около	neben
Около Маши сидела её дочь.	Neben Mascha saß ihre Tochter.
от, ото	von
Слева от окна стоит шкаф.	Links vom Fenster steht ein Schrank.
перед	vor
Перед домом стояла машина.	Vor dem Haus stand ein Auto.
по	auf
По реке плыл пароход.	Auf dem Fluß fuhr ein Dampfer.
под	unter
Чемодан лежит под кроватью.	Der Koffer liegt unter dem Bett.
при	bei, an, neben
При доме есть сад.	Am Haus ist ein Garten.
с	von ... weg, von
Он взял книгу с полки.	Er nahm das Buch vom Regal.
сквозь	durch
Сквозь деревья был виден дом.	Durch die Bäume sah man das Haus.
у	bei, an, neben
Машина остановилась у ворот.	Das Auto blieb am Tor stehen.
через	über; durch
Через дорогу переходили дети.	Über die Straße gingen Kinder.
Учитель строго смотрел через очки.	Der Lehrer schaute streng durch die Brille.

«2001–4000»

вне	außer, außerhalb
Они живут в старом доме вне города.	Sie wohnen außerhalb der Stadt in einem alten Haus.
позади	hinter
Позади дома большой сад.	Hinter dem Haus ist ein großer Garten.
поперёк	quer
Дерево лежало поперёк дороги.	Der Baum lag quer über der Straße.

2.3 Menge und Maß

2.3.1 MENGENBEGRIFFE

2.3.1.1 SUBSTANTIVE, VERBEN

«1–2000»

большинство́ *n* Большинство́ студе́нтов пришло́ на заня́тие.	**Mehrheit** *f* Die Mehrheit der Studenten kam zu den Lehrveranstaltungen.
коли́чество *n* Необходи́мо увели́чить коли́чество проду́кции.	**Anzahl** *f*, **Menge** *f* Es ist notwendig, die Menge der Erzeugnisse zu erhöhen.
ма́сса *f* У него́ здесь ма́сса знако́мых.	**Masse** *f*, **Menge** *f* Er hat hier eine Menge Bekannte.
ме́ра *f* Ты зна́ешь ру́сские ме́ры длины́?	**Maß** *n*, **Maßeinheit** *f* Kennst du russische Längenmaße?
па́ра *f* Я взяла́ в о́тпуск три па́ры ту́фель.	**Paar** *n* Ich nahm drei Paar Schuhe mit in den Urlaub.
полови́на *f* Полови́на гру́ппы сдала́ экза́мены.	**Hälfte** *f* Die Hälfte der Gruppe legte die Prüfungen ab.
хвата́ть/хвати́ть У сестры́ не хвата́ет де́нег на телеви́зор.	**ausreichen** Das Geld der Schwester reicht nicht für einen Fernseher.
часть Он прочита́л то́лько часть статьи́.	**Teil** *n* Er las nur einen Teil des Artikels.
число́ *n* Число́ книг в библиоте́ке увели́чилось.	**Menge** *f*, **Anzahl** *f* Die Anzahl der Bücher in der Bibliothek hat sich vergrößert.

«2001–4000»

дю́жина *f* Купи́ на ры́нке дю́жину яи́ц.	**Dutzend** *n* Kauf auf dem Markt ein Dutzend Eier.

Adjektive

меньшинство *n* За это предложение проголосовало меньшинство.	**Minderheit** f Für diesen Vorschlag hat die Minderheit gestimmt.
объём *m* Необходимо измерить объём этого тела.	**Umfang** m, **Volumen** n Man muß das Volumen dieses Körpers messen.
процент *m* Семьдесят процентов учеников получили хорошие отметки.	**Prozent** n 70% der Schüler bekamen gute Zensuren.
содержание *n* Меня интересует содержание этого рассказа.	**Inhalt** m Mich interessiert der Inhalt dieser Erzählung.
содержать Этот продукт содержит вредные вещества.	**enthalten, beinhalten** Dieses Produkt enthält Schadstoffe.

2.3.1.2 ADJEKTIVE

« 1–2000 »

лёгкий Какой у тебя лёгкий чемодан!	**leicht** Was für einen leichten Koffer du hast!
полный Она налила мне полную чашку чая.	**voll** Sie goß mir eine volle Tasse Tee ein.
тяжёлый Женщина несла тяжёлую сумку с продуктами.	**schwer** Die Frau trug eine schwere Tasche mit Lebensmitteln.
целый Целый день он писал письма.	**ganz** Den ganzen Tag schrieb er Briefe.

« 2001–4000 »

многочисленный В стране прошли многочисленные демонстрации.	**zahlreich** Im Lande fanden zahlreiche Demonstrationen statt.

пустой
Ей было страшно в пустом доме.

leer
Sie fürchtete sich in dem leeren Haus.

2.3.1.3 ADVERBIEN

«1–2000»

всего
Всего он получил 2000 рублей.

insgesamt, im ganzen
Er bekam insgesamt 2000 Rubel.

достаточно
Для этого достаточно двух человек.
Он достаточно умён, чтобы понять это.

genug, ausreichend
Hierfür sind zwei Mann genug.
Er ist klug genug, um das zu verstehen.

мало
У неё ещё мало жизненного опыта.

wenig
Sie hat noch wenig Lebenserfahrung.

много
Теперь у него много свободного времени.

viel
Jetzt hat er viel Freizeit.

немного
Снегу этой зимой было немного.

ein wenig, nicht viel
In diesem Winter gab es wenig Schnee.

столько
Откуда у тебя столько книг?

soviel
Woher hast du so viele Bücher?

тяжело
Ей тяжело говорить, так как у неё болит горло.

schwer
Das Sprechen fällt ihr schwer, weil sie Halsschmerzen hat.

«2001–4000»

полтора
Для каши нужно полтора литра молока.

anderthalb
Für den Brei braucht man anderthalb Liter Milch.

поровну
Заработанные деньги они разделили поровну.

gleich viel, zu gleichen Teilen
Das verdiente Geld teilten sie zu gleichen Teilen auf.

Grundzahlen 241

приблизи́тельно	**ungefähr**
До аэропо́рта приблизи́тельно семь киломе́тров.	Bis zum Flughafen sind es ungefähr sieben Kilometer.
приме́рно	**ungefähr, etwa**
Ему́ приме́рно со́рок лет.	Er ist etwa 40 Jahre alt.

2.3.2 GRUNDZAHLEN

«1–2000»

- 0 ноль, нуль
- 1 оди́н
- 2 два
- 3 три
- 4 четы́ре
- 5 пять
- 6 шесть
- 7 семь
- 8 во́семь
- 9 де́вять
- 10 де́сять
- 11 оди́ннадцать
- 12 двена́дцать
- 13 трина́дцать
- 14 четы́рнадцать
- 15 пятна́дцать
- 16 шестна́дцать
- 17 семна́дцать
- 18 восемна́дцать
- 19 девятна́дцать
- 20 два́дцать
- 21 два́дцать оди́н
- 22 два́дцать два
- 23 два́дцать три
- 24 два́дцать четы́ре
- 25 два́дцать пять
- 26 два́дцать шесть
- 27 два́дцать семь
- 28 два́дцать во́семь
- 29 два́дцать де́вять
- 30 три́дцать
- 40 со́рок
- 50 пятьдеся́т
- 60 шестьдеся́т
- 70 се́мьдесят
- 80 во́семьдесят
- 90 девяно́сто
- 100 сто
- 101 сто оди́н
- 112 сто двена́дцать
- 121 сто два́дцать оди́н
- 200 две́сти
- 300 три́ста
- 400 четы́реста
- 500 пятьсо́т
- 600 шестьсо́т
- 700 семьсо́т
- 800 восемьсо́т
- 900 девятьсо́т
- 1000 (одна́) ты́сяча
- 2000 две ты́сячи

миллио́н *m*	Million *f*
миллиа́рд *m*	Milliarde *f*

«2001–4000»

дели́ть/раздели́ть	**dividieren, teilen**
Раздели́ два́дцать на четы́ре.	Dividiere 20 durch 4.
деся́ток *m*	**10 Stück**
Купи́ ребёнку деся́ток я́блок.	Kauf dem Kind 10 Äpfel.
о́ба *m, n,* **о́бе** *f*	**beide**
О́ба пи́ли чай с молоко́м.	Beide tranken Tee mit Milch.
прибавля́ть/приба́вить	**addieren**
Что́бы получи́ть 15, ну́жно к десяти́ приба́вить пять.	Um 15 zu erhalten, muß man zu 10 5 addieren.
умножа́ть/умно́жить	**multiplizieren**
Шко́льники у́чатся умножа́ть.	Die Schüler lernen das Multiplizieren.

2.3.3 MASSE UND GEWICHT

«1–2000»

ве́сить	**wiegen**
Ско́лько ты ве́сишь?	Wieviel wiegst du?
весы́ *m Pl*	**Waage** *f*
Весы́ пока́зывают 300 гра́мм.	Die Waage zeigt 300 Gramm.
гра́дус *m*	**Grad** *n*
Сего́дня на у́лице 4° (гра́дуса) тепла́.	Heute sind draußen 4 Grad plus.
едини́ца *f*	**Einheit** *f*
Назови́те англи́йские едини́цы ве́са.	Nennen Sie englische Maßeinheiten.
измеря́ть/изме́рить	**messen**
В каки́х едини́цах измеря́ют длину́?	In welchen Einheiten wird die Länge gemessen?
квадра́тный	**quadratisch**
Посреди́ ко́мнаты стоя́л квадра́тный стол.	In der Mitte des Zimmers stand ein quadratischer Tisch.
ме́рить	**(aus)messen**
Он ме́рил ко́мнату шага́ми.	Er maß das Zimmer mit Schritten aus.

« 2001–4000 »

вес *m*
Вес багажа 20 килограмм.

Gewicht *n*
Das Gewicht des Gepäcks beträgt 20 kg.

гектар *m*
Крестьянин обрабатывал 5 гектаров земли.

Hektar *m*
Der Bauer bearbeitete 5 Hektar Boden.

грамм *m*
В магазине я купила 200 грамм масла.

Gramm *n*
Im Geschäft kaufte ich 200 Gramm Butter.

килограмм *m*
Килограмм яблок стоит 500 рублей.

Kilogramm *n*
Ein Kilogramm Äpfel kostet 500 Rubel.

километр *m*
От нашего дома до леса 3 километра.

Kilometer *n*
Von unserem Haus bis zum Wald sind es 3 Kilometer.

литр *m*
Сколько стоит литр молока?

Liter *n*
Wieviel kostet ein Liter Milch?

метр *m*
На платье нужно три метра ткани.

Meter *n*
Für ein Kleid brauche ich 3 Meter Stoff.

сантиметр *m*
В метре 100 сантиметров.

Zentimeter *n*
Ein Meter hat 100 Zentimeter.

тонна *f*
Что тяжелее: тонна железа или тонна бумаги?

Tonne *f*
Was ist schwerer: eine Tonne Eisen oder eine Tonne Papier?

2.4 Ordnung

2.4.1 ORDNUNG UND EINTEILUNG

« 1–2000 »

база *f*
Для развития науки нужна прочная материальная база.

Basis *f*, **Grundlage** *f*
Für die Entwicklung der Wissenschaft muß man eine stabile materielle Basis schaffen.

вид *m* Каки́м ви́дом спо́рта ты интересу́ешься?	**Art** *f* Für welche Sportart interessierst du dich?
еди́нственный Вы́полни, пожа́луйста, мою́ еди́нственную про́сьбу.	**einzig** Erfülle bitte meine einzige Bitte.
значи́тельный Семья́ ока́зывает значи́тельное влия́ние на ребёнка.	**bedeutend** Die Familie übt einen bedeutenden Einfluß auf das Kind aus.
осно́ва *f* В стране́ со́здана осно́ва для разви́тия промы́шленности.	**Grundlage** *f* Im Land wurde die Grundlage für die Entwicklung der Produktion geschaffen.
основно́й Конститу́ция – основно́й зако́н госуда́рства.	**Haupt-, Grund-** Die Verfassung ist das Grundgesetz eines Staates.
план *m* Друг рассказа́л о свои́х пла́нах на ле́то.	**Plan** *m* Der Freund erzählte über seine Pläne für den Sommer.
поря́док *m* На рабо́чем столе́ отца́ всегда́ поря́док.	**Ordnung** *f* Auf dem Arbeitstisch des Vaters herrscht immer Ordnung.
после́дний Студе́нт пра́вильно отве́тил на после́дний вопро́с.	**letzter** Der Student beantwortete die letzte Frage richtig.
преде́л *m* Всему́ есть преде́л – моему́ терпе́нию то́же.	**Grenze** *f* Alles hat seine Grenzen, meine Geduld auch.
предме́т *m* На столе́ лежа́ли кни́ги, ру́чки и други́е предме́ты.	**Gegenstand** *m* Auf dem Tisch lagen Bücher, Federhalter und andere Gegenstände.
проце́нт *m* Це́ны повы́сились на сто проце́нтов.	**Prozent** *n* Die Preise haben sich um 100 Prozent erhöht.
ряд *m* Мы сиде́ли в теа́тре на пя́том ряду́.	**Reihe** *f* Wir saßen im Theater in der 5. Reihe.
систе́ма *f* Он изуча́ет язы́к по но́вой систе́ме.	**System** *n* Er erlernt die Sprache nach einem neuen System.

сле́дующий
На сле́дующей неде́ле к нам прие́дут го́сти.
Кто сле́дующий?

nächst
In der nächsten Woche kommen Gäste zu uns.
Wer ist der nächste?

специа́льный
На фа́брике изготовля́ют специа́льное стекло́.

speziell, Spezial-
In der Fabrik wird Spezialglas hergestellt.

террито́рия f
На террито́рии э́той страны́ име́ется не́сколько часовы́х зон.

Territorium n
Auf dem Territorium dieses Landes gibt es mehrere Zeitzonen.

тип m
В сле́дующем году́ бу́дут выпуска́ться самолёты но́вого ти́па.

Typ m, **Marke** f
Im nächsten Jahr werden Flugzeuge eines neuen Typs produziert.

у́ровень m
Жи́зненный у́ровень в э́той стране́ о́чень высо́кий.

Niveau n
Das Lebensniveau ist in diesem Land sehr hoch.

фо́рма f
Земля́ име́ет фо́рму ша́ра.

Form f
Die Erde hat die Form einer Kugel.

часть f
Рома́н состои́т из трёх часте́й.

Teil m
Der Roman besteht aus 3 Teilen.

шту́ка f
Ско́лько карандаше́й тебе́ ну́жно? – Пять штук.

Stück n
Wieviel Bleistifte brauchst du? – Fünf Stück.

« 2001–4000 »

беспоря́док m
В ко́мнате был большо́й беспоря́док.

Unordnung f
Im Zimmer herrschte große Unordnung.

еди́нство n
Руководи́тели делега́ций подчеркну́ли еди́нство взгля́дов обе́их сторо́н.

Einheit f, **Gemeinsamkeit** f
Die Delegationsleiter unterstrichen die Gemeinsamkeit der Auffassungen beider Seiten.

звено́ n, Pl: **зве́нья**
Э́то всё зве́нья одно́й цепи́.

(Ketten-, Verbindungs-)Glied n
Das alles sind Glieder einer Kette.

Ordnung und Einteilung

зо́на f
В э́той зо́не не расту́т ни дере́вья, ни цветы́.

Zone f
In dieser Zone wachsen weder Blumen noch Bäume.

исключе́ние n
Нет пра́вил без исключе́ния.

Ausnahme f
Ausnahmen bestätigen die Regel.

норма́льно Adv
Он чу́вствует себя́ норма́льно.

normal
Er fühlt sich normal.

норма́льный
У Воло́ди норма́льная температу́ра.

normal
Wolodja hat normale Temperatur.

обы́чай m
У ка́ждого наро́да свой обы́чаи.

Brauch m
Jedes Volk hat seine Bräuche.

ограни́чивать/ограни́чить
Мне ка́жется, он – ограни́ченный челове́к.

beschränken, begrenzen
Ich glaube, er ist ein beschränkter Mensch.

оста́ток m
Она́ сши́ла до́чери ю́бку из оста́тков тка́ни.

Rest m
Sie nähte für ihre Tochter einen Rock aus Stoffresten.

плани́рование n
На плани́рование но́вого зда́ния инжене́ру потре́бовались два ме́сяца.

Planung f
Für die Planung des neuen Gebäudes benötigte der Ingenieur 2 Monate.

плани́ровать/расплани́ровать
Ве́чер он плани́ровал провести́ в рестора́не.

planen, vorhaben
Er hatte vor, den Abend im Restaurant zu verbringen.

пра́вило n
Граммати́ческие пра́вила вы найдёте в конце́ уче́бника.

Regel f, **Vorschrift** f
Grammatische Regeln findet ihr am Ende des Lehrbuches.

противополо́жный
На противополо́жном берегу́ стоя́ла ста́рая це́рковь.

gegenüberliegend
Am gegenüberliegenden Ufer stand eine alte Kirche.

пункт m
На перегово́рах обсужда́ли гла́вные пу́нкты догово́ра.

Stelle f, **Punkt** m
Während der Verhandlungen besprach man die Hauptpunkte des Vertrages.

разде́л m
Прочита́йте пе́рвый разде́л уче́бника.

Abschnitt m
Lest den ersten Abschnitt des Lehrbuches durch.

регуля́рно *Adv* Он регуля́рно хо́дит в бассе́йн.	**regelmäßig** Er geht regelmäßig in die Schwimmhalle.
се́рия *f* Сего́дня ве́чером идёт втора́я се́рия фи́льма.	**Serie** *f*, **Teil** *m* Heute abend läuft der zweite Teil des Films.
сорт *m* В магази́не бы́ло пять сорто́в конфе́т.	**Sorte** *f* Im Geschäft gab es fünf Sorten Pralinen.
табли́ца *f* Граммати́ческие табли́цы помога́ют при изуче́нии иностра́нного языка́.	**Tabelle** *f* Grammatische Tabellen helfen beim Erlernen einer Fremdsprache.
типи́чный Воро́неж – типи́чный ру́сский го́род.	**typisch** Woronesh ist eine typische russische Stadt.
тради́ция *f* Мно́гие тради́ции лю́ди уже́ забы́ли.	**Tradition** *f* Viele Traditionen haben die Menschen bereits vergessen.

2.4.2 ORDNUNGSZAHLEN

« 1–2000 »

1-ый пе́рвый	erster
2-ой второ́й	zweiter
3-ий тре́тий	dritter
4-ый четвёртый	vierter
5-ый пя́тый	fünfter
6-ой шесто́й	sechster
7-ой седьмо́й	siebenter
8-ой восьмо́й	achter
9-ый девя́тый	neunter
10-ый деся́тый	zehnter

« 2001–4000 »

11-ый оди́ннадцатый	elfter
12-ый двена́дцатый	zwölfter
13-ый трина́дцатый	dreizehnter
14-ый четы́рнадцатый	vierzehnter

15-ый пятна́дцатый	fünfzehnter
16-ый шестна́дцатый	sechzehnter
17-ый семна́дцатый	siebzehnter
18-ый восемна́дцатый	achtzehnter
19-ый девятна́дцатый	neunzehnter
20-ый двадца́тый	zwanzigster
во-пе́рвых	erstens
во-вторы́х	zweitens
в-тре́тьих	drittens

2.5 Art und Weise

2.5.1 ADVERBIEN DER ART UND WEISE

«1—2000»

вообще́
Он вообще́ не изуча́л иностра́нный язы́к.

überhaupt
Er hat überhaupt keine Fremdsprache gelernt.

ина́че
На твоём ме́сте я э́то сде́лала бы ина́че.

anders
An deiner Stelle hätte ich das anders gemacht.

как
Как вы себя́ чу́вствуете?

wie
Wie geht es Ihnen?

осо́бенно
Нам осо́бенно прия́тно уви́деть вас здесь.

besonders
Es ist uns besonders angenehm, Sie hier zu sehen.

постепе́нно
Он не сра́зу бро́сил кури́ть, а постепе́нно.

allmählich
Er hat nicht plötzlich, sondern allmählich aufgehört zu rauchen.

споко́йно
Больно́й спал всю ночь споко́йно.

ruhig
Der Kranke schlief die ganze Nacht über ruhig.

так
Де́лай так, как сказа́л оте́ц.

so
Mach es so, wie der Vater es gesagt hat.

то́лько
Э́то то́лько приме́р.

nur, bloß
Das ist bloß ein Beispiel.

2.5.2 ADJEKTIVE UND ADVERBIEN DES GRADES

«1–2000»

вполне́
Де́вочка вполне́ здоро́ва.

vollkommen, völlig
Das Mädchen ist völlig gesund.

наибо́лее
Наибо́лее ча́сто э́то расте́ние встреча́ется в Австра́лии.

am meisten, besonders
Besonders oft ist diese Pflanze in Australien anzutreffen.

о́чень
Фильм был о́чень интере́сным.

sehr
Der Film war sehr interessant.

похо́жий
Брат и сестра́ похо́жи на мать.

ähnlich
Die Geschwister sehen der Mutter ähnlich.

почти́
Он был в Москве́ почти́ 2 го́да.

fast
Er war fast zwei Jahre in Moskau.

сли́шком
Э́то сли́шком до́рого.

übermäßig, (all)zu
Das ist zu teuer.

соверше́нно
Я говорю́ соверше́нно серьёзно.

völlig, vollständig, ganz
Ich meine es ganz ernst.

совсе́м
К сожале́нию, он совсе́м забы́л назва́ние кни́ги.

ganz, vollkommen
Leider hat er den Titel des Buches vollkommen vergessen.

чуть
Скажи́ ещё раз, но чуть гро́мче.

ein bißchen, ein (klein)wenig
Sage es bitte noch einmal, aber ein bißchen lauter.

«2001–4000»

дово́льно
Уже́ дово́льно по́здно, нам пора́ идти́.

reichlich, ziemlich
Es ist ziemlich spät, wir müssen gehen.

едва́
В тума́не маши́ны едва́ ви́дны.

kaum
Im Nebel sind die Autos kaum zu sehen.

е́ле
Он е́ле успе́л на по́езд.

kaum, mit Müh und Not
Mit Müh und Not hat er den Zug geschafft.

2.5.3 VERGLEICH

«1–2000»

бо́лее *Adv*	**mehr**
Мы уже́ прое́хали бо́лее ста киломе́тров.	Wir sind schon mehr als 100 km gefahren.
бо́льше *Adv*	**mehr**
Он чита́ет бо́льше, чем его́ брат.	Er liest mehr als sein Bruder.
да́льше *Adv*	**weiter**
Ивано́в пры́гнул да́льше, чем Петро́в.	Iwanow sprang weiter als Petrow.
лу́чше *Adv*	**besser**
Сего́дня больно́й чу́вствует себя́ лу́чше.	Dem Kranken geht es heute besser.
ме́нее *Adv*	**weniger**
К ве́черу ста́ло ме́нее жа́рко.	Gegen Abend wurde es weniger heiß.
ме́ньше *Adv*	**weniger**
Об иску́сстве он чита́л ме́ньше своего́ дру́га.	Über die Kunst las er weniger als sein Freund.
отлича́ться/отличи́ться	**sich unterscheiden**
Де́вушка почти́ ниче́м не отлича́ется от подру́ги.	Das Mädchen unterscheidet sich fast nicht von seiner Freundin.
подо́бный	**ähnlich**
Подо́бные зада́чи ученики́ уже́ реша́ли.	Ähnliche Aufgaben haben die Schüler schon gelöst.
разли́чный	**unterschiedlich**
У бра́тьев совсе́м разли́чные хара́ктеры.	Die Brüder haben ganz unterschiedliche Charaktere.
разнообра́зный	**verschieden(artig), unterschiedlich**
Он встреча́лся с разнообра́зными людьми́.	Er traf sich mit unterschiedlichen Menschen.

ра́зный
У дете́й ра́зные интере́сы.

verschieden
Die Kinder haben verschiedene Interessen.

ра́вный
Маши́ны е́хали с ра́вной ско́ростью.

gleich
Die Autos fuhren mit gleicher Geschwindigkeit.

то́же Adv
Мы то́же зако́нчили рабо́ту.

auch
Wir haben auch die Arbeit beendet.

« 2001–5000 »

вдво́е Adv
Сейча́с мы пла́тим за во́ду вдво́е бо́льше.

doppelt, zweimal
Heute zahlen wir für das Wasser doppelt so viel wie früher.

намно́го Adv
Ка́чество проду́кции намно́го улу́чшилось.

um vieles, bedeutend
Die Qualität der Erzeugnisse hat sich bedeutend verbessert.

одина́ково Adv
Брат и сестра́ бы́ли оде́ты одина́ково.

gleich
Die Geschwister hatten gleiche Kleidung.

одина́ковый
О́ба ма́льчика бы́ли одина́кового ро́ста.

gleich, identisch
Beide Jungs waren gleich groß.

ра́венство n
Ло́зунг Вели́кой Францу́зской револю́ции: «Свобо́да, ра́венство, бра́тство!»

Gleichheit f
Die Losung der Französischen Bürgerlichen Revolution lautete „Freiheit, Gleichheit, Brüderlichkeit".

различа́ть/различи́ть
Больно́й не мо́жет различа́ть цвета́.

unterscheiden
Der Kranke kann Farben nicht unterscheiden.

ра́зница f
Они́ пожени́лись, несмотря́ на большу́ю ра́зницу в во́зрасте.

Unterschied m
Sie haben trotz des großen Altersunterschiedes geheiratet.

свы́ше
В за́ле бы́ло свы́ше ты́сячи челове́к.

mehr als
Im Saal waren mehr als 1000 Menschen.

сравне́ние n
По сравне́нию с про́шлым го́дом он о́чень измени́лся.

Vergleich m
Im Vergleich zum vorigen Jahr hat er sich sehr verändert.

сра́внивать/сравни́ть Учи́тель сравни́л два перево́да.	**vergleichen** Der Lehrer verglich zwei Übersetzungen.
ху́же Вчера́ у него́ бы́ло плохо́е настрое́ние, а сего́дня ещё ху́же.	**schlechter** Gestern hatte er schlechte Laune, heute ist sie noch schlechter.

2.6 Farben

«1–2000»

бе́лый Бе́лое пла́тье ей идёт.	**weiß** Das weiße Kleid steht ihr.
голубо́й Смотри́, како́е сего́дня голубо́е не́бо!	**(hell)blau** Schau, wie blau heute der Himmel ist!
жёлтый Жёлтый цвет тебе́ не идёт.	**gelb** Gelb steht dir nicht.
зелёный Она́ не лю́бит зелёный цвет.	**grün** Sie mag Grün nicht.
кра́сный На де́вушке бы́ло дли́нное кра́сное пла́тье.	**rot** Das Mädchen hatte ein langes rotes Kleid an.
све́тлый У её до́чери дли́нные све́тлые во́лосы.	**hell** Ihre Tochter hat langes helles Haar.
се́рый Не́бо о́сенью почти́ всегда́ се́рое.	**grau** Der Himmel im Herbst ist fast immer grau.
си́ний На ней был элега́нтный си́ний костю́м.	**(dunkel)blau** Sie hatte ein elegantes blaues Kostüm an.
тёмный К э́той све́тлой блу́зке подойдёт тёмная ю́бка.	**dunkel** Zu dieser hellen Bluse paßt ein dunkler Rock.
цвет *m* Назови́те ваш люби́мый цвет.	**Farbe** *f* Nennen Sie Ihre Lieblingsfarbe.
чёрный Сестра́ сши́ла себе́ чёрное пла́тье.	**schwarz** Die Schwester nähte sich ein schwarzes Kleid.

яркий
Из этой яркой ткани можно сшить летнее платье.

grell, hell
Aus diesem hellen Stoff kann man ein Sommerkleid nähen.

«2001–4000»

алый
В саду цветут алые розы.

purpurrot, hochrot
Im Garten blühen purpurrote Rosen.

бледный
Почему у тебя такая бледная кожа?

bleich, blaß
Warum ist deine Haut so blaß?

коричневый
Я купила себе коричневую кофту.

braun
Ich kaufte mir eine braune Jacke.

краска *f*
Ему нужна белая краска для стен.

Farbe *f*
Er braucht weiße Farbe für die Wände.

оранжевый
На дереве висели оранжевые фрукты.

orange, orangefarben
Am Baum hingen orangefarbene Früchte.

пёстрый
На полу лежал пёстрый ковёр.

bunt
Auf dem Fußboden lag ein bunter Teppich.

розовый
В этом сезоне моден розовый цвет.

rosa
In dieser Saison ist Rosa modern.

2.7 Formen

«1–2000»

круг *m*
Учитель нарисовал на доске круг.

Kreis *m*
Der Lehrer zog einen Kreis an der Tafel.

круглый
В комнате стоит круглый стол.

rund
Im Zimmer steht ein runder Tisch.

куб *m*
На уроке ученики рисовали куб.

Kubus *m*, Würfel *m*
Im Unterricht zeichneten die Schüler einen Würfel.

треуго́льник *m* Начерти́те треуго́льник с ра́вными сторона́ми.	**Dreieck** *n* Zeichnet ein gleichseitiges Dreieck!
у́гол *m* Учи́тель показа́л, как на́до изме́рить у́гол.	**Winkel** *m* Der Lehrer zeigte, wie ein Winkel gemessen wird.
шар *m* Как мо́жно вы́числить объём ша́ра?	**Kugel** *f* Wie kann man das Volumen einer Kugel ausrechnen?

2.8 Ursache, Wirkung, Ziel und Zweck

«1–2000»

зави́сеть Урожа́й фру́ктов зави́сит от пого́ды.	**abhängen** Die Obsternte hängt vom Wetter ab.
заче́м *Adv* Заче́м ты взял мой но́жницы?	**wozu** Wozu hast du meine Schere genommen?
из-за Из-за плохо́й пого́ды мы не пошли́ в лес.	**wegen** Wegen des schlechten Wetters gingen wir nicht in den Wald.
потому́ *Adv* У меня́ нет вре́мени, потому́ я не могу́ к тебе́ прийти́.	**deshalb** Ich habe keine Zeit, deshalb kann ich nicht zu dir kommen.
почему́ *Adv* Ты не зна́ешь, почему́ он не был вчера́ в шко́ле?	**warum** Weißt du nicht, warum er gestern nicht in der Schule war?
поэ́тому *Adv* Он заболе́л, поэ́тому сего́дня не пойдёт в кино́.	**deshalb, deswegen** Er ist krank, deshalb geht er heute nicht ins Kino.
причи́на *f* Причи́на ава́рии самолёта пока́ не изве́стна.	**Ursache** *f* Die Ursache der Flugzeughavarie ist noch nicht bekannt.
ра́ди Ра́ди дру́га он гото́в сде́лать всё.	**für, um ... willen** Er ist bereit, alles für den Freund zu tun.

Ursache, Wirkung, Ziel und Zweck 255

результа́т *m*
Результа́ты вы́боров президе́нта мы узна́ем по́здно ве́чером.

Resultat *n*, **Ergebnis** *n*
Die Ergebnisse der Präsidentschaftswahl erfahren wir am späten Abend.

сле́довательно *Adv*
Пого́да плоха́я, сле́довательно они́ не пошли́ гуля́ть.

folglich, also
Das Wetter ist schlecht, also sind sie nicht spazierengegangen.

сре́дство *n*
Цель опра́вдывает сре́дства.

Mittel *n*
Der Zweck heiligt die Mittel.

цель *f*
Цель его́ жи́зни – стать хоро́шим врачо́м.

Ziel *n*
Sein Lebensziel ist es, ein guter Arzt zu werden.

«2001–4000»

благодаря́
Благодаря́ отцу́ ма́льчик ра́но на́чал интересова́ться фи́зикой.

dank
Dank des Vaters begann der Junge frühzeitig, sich für Physik zu interessieren.

всле́дствие
Самолёты опа́здывали всле́дствие си́льного тума́на.

infolge
Die Flugzeuge verspäteten sich infolge des starken Nebels.

по́вод *m*
Конфли́кт на грани́це был по́водом для нача́ла войны́.

Anlaß *m*
Der Grenzkonflikt diente als Anlaß für den Beginn des Krieges.

приводи́ть/привести́
Э́тот спор мо́жет привести́ к серьёзному конфли́кту.

führen
Dieser Streit kann zu einem ernsthaften Konflikt führen.

сле́дствие *n*
Боле́знь была́ сле́дствием просту́ды.

Folge *f*
Die Krankheit war die Folge einer Erkältung.

2.9 Zustand und Veränderung

« 1–2000 »

быть
Он был о́пытным врачо́м.
Сего́дня я це́лый день до́ма, а за́втра бу́ду це́лый день в шко́ле.

sein
Er war ein erfahrener Arzt.
Heute bin ich den ganzen Tag zu Hause, und morgen werde ich den ganzen Tag in der Schule sein.

возника́ть/возни́кнуть
В Áфрике возни́кли но́вые госуда́рства.

entstehen
In Afrika entstanden neue Staaten.

де́латься
Разгово́р де́лается всё бо́лее интере́сным.

werden
Das Gespräch wird immer interessanter.

достига́ть/дости́чь
К ве́черу они́ достигли го́рода.

erreichen
Gegen Abend erreichten sie die Stadt.

измене́ние *n*
В жи́зни люде́й произошли́ глубо́кие измене́ния.

Veränderung *f*
Im Leben der Menschen vollzogen sich tiefgreifende Veränderungen.

ока́зываться/оказа́ться
Всё оказа́лось оши́бкой.
Как ты здесь оказа́лся?

sich herausstellen; (hin)geraten
Alles erwies sich als ein Irrtum.
Wie bist du hierher geraten?

перестава́ть/переста́ть
К ве́черу дождь переста́л.

aufhören
Gegen Abend hörte der Regen auf.

положе́ние *n*
Делега́ция знако́мится с положе́нием же́нщин в Росси́и.

Lage *f*, **Situation** *f*
Die Delegation macht sich mit der Situation der Frauen in Rußland bekannt.

получа́ться/получи́ться
Сни́мок получи́лся хоро́ший.

sich ergeben, werden
Die Aufnahme ist schön geworden.

происходи́ть/произойти́
Это произошло́ три го́да наза́д.

geschehen, sich ereignen
Es geschah vor drei Jahren.

пропада́ть/пропа́сть
Неда́вно пропа́ла соба́ка сосе́да.

verschwinden
Vor kurzem verschwand der Hund des Nachbarn.

Zustand und Veränderung

развитие *n*
Докладчик говорил о развитии электроники.

Entwicklung *f*
Der Redner sprach über die Entwicklung der Elektronik.

состояние *n*
Состояние здоровья больного улучшилось.

Zustand *m*
Der Gesundheitszustand des Kranken hat sich gebessert.

состоять
Семья состоит из четырёх человек.

bestehen
Unsere Familie besteht aus vier Personen.

становиться/стать
Дни становятся короче.
Он стал учителем.

werden
Die Tage werden kürzer.
Er wurde Lehrer.

существовать
Жизнь на Земле существует много миллионов лет.

existieren
Seit vielen Millionen Jahren existiert Leben auf der Erde.

являться/явиться
Рождение ребёнка явилось большим событием в семье.

sein
Die Geburt des Kindes war ein großes Familienereignis.

«2001–4000»

изменяться/измениться
Характер его очень изменился.

sich verändern
Sein Charakter hat sich sehr verändert.

ломаться/сломаться
Игрушки быстро ломаются.

kaputt gehen
Die Spielsachen gehen schnell kaputt.

отставать/отстать
Студент болел и немного отстал в учёбе.

zurückbleiben
Der Student war krank und ist im Studium zurückgeblieben.

повышать/повысить
Учителям повысили зарплату.

erhöhen
Den Lehrern wurden die Gehälter erhöht.

превращать/превратить
Болезнь превратила его в старика.

verwandeln
Die Krankheit verwandelte ihn in einen alten Mann.

превращаться/превратиться
Пустыня превратилась в цветущий сад.

sich verwandeln
Die Wüste verwandelte sich in einen blühenden Garten.

прогре́сс *m*	**Fortschritt** *m*
В статье́ шла речь об обще́ственном прогре́ссе.	Im Artikel ging es um den gesellschaftlichen Fortschritt.
прогресси́вный	**fortschrittlich**
У э́того поли́тика прогресси́вные взгля́ды на роль же́нщины в о́бществе.	Dieser Politiker hat eine fortschrittliche Meinung über die Rolle der Frau in der Gesellschaft.
разбива́ться/разби́ться	**zerbrechen**
Ча́шка упа́ла на́ пол и разби́лась.	Die Tasse fiel zu Boden und zerbrach.
развива́ть/разви́ть	**entwickeln**
Сле́дует развива́ть у ребёнка интере́с к му́зыке.	Man muß beim Kind das Interesse für Musik entwickeln.
увели́чивать/увели́чить	**vergrößern, vermehren**
Террито́рию па́рка увели́чили.	Die Parkfläche wurde vergrößert.
удава́ться/уда́ться	**gelingen**
Нам не удало́сь уе́хать.	Es gelang uns nicht, wegzufahren.
уменьша́ть/уме́ньшить	**verkleinern, verringern**
Необходи́мо уме́ньшить вое́нные расхо́ды.	Man muß die Militärausgaben verringern.

3 STRUKTURWÖRTER

3.1 Pronomen

3.1.1 PERSONALPRONOMEN

«1–2000»

я *(Nom.)*	**ich**
Я рабо́таю учи́тельницей хи́мии.	Ich bin Chemielehrerin.
меня́ *(Gen.)*	**(meiner)**
За́втра меня́ до́ма не бу́дет.	Morgen bin ich nicht zu Hause.
мне *(Dat.)*	**mir**
Да́йте мне, пожа́луйста, буты́лку пи́ва.	Geben Sie mir bitte eine Flasche Bier.

меня *(Akk.)*
Это меня не интересует.

mich
Das interessiert mich nicht.

мной *(Instr.)*
Ты пойдёшь со мной в кино?

(mit) mir
Gehst du mit mir ins Kino?

(обо) мне *(Präpos.)*
Не беспокойся обо мне, пожалуйста.

(über) mich
Mach dir bitte um mich keine Sorgen.

ты *(Nom.)*
Ты уже видел этот фильм?

du
Hast du diesen Film schon gesehen?

тебя *(Gen.)*
У тебя есть учебник химии?

(deiner)
Hast du das Chemielehrbuch?

тебе *(Dat.)*
Тебе звонил твой брат.

dir
Dein Bruder hat dich angerufen.

тебя *(Akk.)*
Мы поздравляем тебя с днём рождения.

dich
Wir gratulieren dir zum Geburtstag.

тобой *(Instr.)*
Учитель тобой доволен.

(mit) dir
Der Lehrer ist mit dir zufrieden.

(о) тебе *(Präpos.)*
Твой друг много рассказывал нам о тебе.

(über) dich
Dein Freund hat uns viel über dich erzählt.

он *(Nom.)*
Он приехал вчера утром.

er
Er ist gestern früh angekommen.

его *(Gen.)*
Девочка его боится.

(seiner)
Das Mädchen hat Angst vor ihm.

ему *(Dat.)*
Мама дала ему конфету.

ihm
Die Mutter gab ihm ein Bonbon.

его *(Akk.)*
Мы видим его в первый раз.

ihn
Wir sehen ihn zum ersten Mal.

им *(Instr.)*
Родители гордятся им.

(mit) ihm
Die Eltern sind stolz auf ihn.

(о) нём *(Präpos.)*
Все уже забыли о нём.

(über) ihn
Alle haben ihn schon vergessen.

она *(Nom.)*
Она не знает, кто звонил.

sie
Sie weiß nicht, wer angerufen hat.

её *(Gen.)* Не звони ей, её нет дома.	**(ihrer)** Ruf sie nicht an, sie ist nicht zu Hause.
ей *(Dat.)* Ей показали красивое платье.	**ihr** Man zeigte ihr ein schönes Kleid.
её *(Akk.)* Её видели вчера в театре.	**sie** Sie wurde gestern im Theater gesehen.
ей *(Instr.)* Он приехал одновременно с ней.	**(mit) ihr** Er kam gleichzeitig mit ihr an.
(о) ней *(Präpos.)* Не говори о ней плохо!	**(über) sie** Sprich nicht schlecht über sie!
оно *(Nom.)* Оно тебе очень идёт.	**es** Es steht dir sehr gut.
его *(Gen.)* Мимо него проехала машина.	**(seiner)** Ein Auto fuhr an ihm vorbei.
ему *(Dat.)* Ему дали воды.	**ihm** Man gab ihm Wasser.
его *(Akk.)* Мальчик часто его рисует.	**es** Der Junge malt es oft.
им *(Instr.)* Перед ним лежал мяч.	**(mit) ihm** Vor ihm lag ein Ball.
(о) нём *(Präpos.)* Ученики писали о нём.	**(über) es** Die Schüler schrieben über es (darüber).
мы *(Nom.)* Мы вчера были в ресторане.	**wir** Gestern waren wir im Restaurant.
нас *(Gen.)* У нас новая учительница физики.	**(unser)** Wir haben eine neue Physiklehrerin.
нам *(Dat.)* К нам пришла бабушка.	**uns** Die Großmutter kam zu uns.
нас *(Akk.)* На вокзале нас встретил старый друг.	**uns** Ein alter Freund holte uns vom Bahnhof ab.
нами *(Instr.)* Над нами летал вертолёт.	**(mit) uns** Über uns flog ein Hubschrauber.

(о) нас *(Präpos.)* Что вам рассказа́ли о нас?	**(über) uns** Was hat man euch über uns erzählt?
вы *(Nom.)* Вы уже́ бы́ли в Аме́рике?	**ihr** Wart ihr schon in Amerika?
вас *(Gen.)* Мне сказа́ли, что у вас есть соба́ка.	**(euer)** Man sagte mir, daß ihr einen Hund habt.
вам *(Dat.)* Я дам вам а́дрес учи́тельницы.	**euch** Ich gebe euch die Adresse der Lehrerin.
вас *(Akk.)* Я приглаша́ю вас на день рожде́ния.	**euch** Ich lade euch zum Geburtstag ein.
ва́ми *(Instr.)* С ва́ми хоте́ла поговори́ть моя́ жена́.	**(mit) euch** Meine Frau möchte mit euch reden.
(о) вас *(Präpos.)* Мы слы́шали о вас то́лько хоро́шее.	**(über) euch** Wir haben über euch nur Gutes gehört.
они́ *(Nom.)* Они́ прие́дут к нам в воскресе́нье.	**sie** Sie kommen am Sonntag zu uns.
их *(Gen.)* Их давно́ не́ было в шко́ле.	**(ihrer)** Sie waren lange nicht in der Schule.
им *(Dat.)* Им подари́ли мно́го книг.	**ihnen** Man schenkte ihnen viele Bücher.
их *(Akk.)* Их интересу́ет матема́тика.	**sie** Die Mathematik interessiert sie.
и́ми *(Instr.)* Ме́жду ни́ми произошла́ ссо́ра.	**(mit) ihnen** Es gab zwischen ihnen einen Streit.
(о) них *(Präpos.)* Мать забо́тится о них.	**(über) sie** Die Mutter sorgt sich um sie.
Вы *(Nom.)* Что Вы ска́жите по э́тому по́воду?	**Sie** Was sagen Sie dazu?
Вас *(Gen.)* Де́ти Вас боя́тся.	**(Ihrer)** Die Kinder haben vor Ihnen Angst.

Вам *(Dat.)* Посылáю Вам фотогрáфии мои́х детéй.	**Ihnen** Ich schicke Ihnen Bilder von meinen Kindern.
Вас *(Akk.)* Я люблю́ Вас.	**Sie** Ich liebe Sie.
Вáми *(Instr.)* С Вáми хóчет поговори́ть дирéктор.	**(mit) Ihnen** Der Direktor möchte mit Ihnen sprechen.
(о) Вас *(Präpos.)* О Вас спрáшивали ученики́.	**(über) Sie** Die Schüler haben nach Ihnen gefragt.

3.1.2 POSSESSIVPRONOMEN

« 1–2000 »

мой, моя́, моё, мои́ Зáвтра приéдет мой отéц. Это моя́ кни́га. Я потеря́ла мою́ су́мку. Где мои́ чёрные ту́фли?	**mein(e)** Morgen kommt mein Vater. Das ist mein Buch. Ich habe meine Tasche verloren. Wo sind meine schwarzen Schuhe?
твой, твоя́, твоё, твои́	**dein(e)**
его́ Его́ портфéль лежи́т на столé.	**sein(e)** Seine Aktentasche liegt auf dem Tisch.
её Её плáтье виси́т в шкафу́.	**ihr(e)** Ihr Kleid hängt im Schrank.
наш, нáша, нáше, нáши Наш ребёнок ещё мáленький. Нáша Тáня грóмко плáчет. Нáше общежи́тие недáвно отремонти́ровали. Нáши дéти ужé окóнчили шкóлу.	**unser(e)** Unser Kind ist noch klein. Unsere Tanja weint laut. Unser Wohnheim wurde vor kurzem renoviert. Unsere Kinder haben schon die Schule beendet.
ваш, вáша, вáше, вáши	**euer, eure**
их Их сын рабóтает врачóм. Их дéти ужé взрóслые.	**ihr(e)** Ihr Sohn ist Arzt. Ihre Kinder sind schon erwachsen.

свой, своя, своё, свои Он не верил своим глазам.	sein(e), ihr(e) Er traute seinen Augen nicht.

3.1.3 DEMONSTRATIVPRONOMEN

«1–2000»

такой, такая, такое, такие Такой учебник нам всем нужен.	solch ein(e) Solch ein Lehrbuch brauchen wir.
тот, та, то, те В этом доме живу я, а в том – мой родители.	jener, jene, jenes, jene In diesem Haus wohne ich, und in jenem wohnen meine Eltern.
этот, эта, это, эти Этот фильм мы уже видели.	dieser, diese, dieses, diese Diesen Film haben wir schon gesehen.

3.1.4 INTERROGATIVPRONOMEN

«1–2000»

какой, какая, какое, какие Какой цвет тебе нравится?	welcher, welche, welches, welche Welche Farbe gefällt dir?
который, которая, которое, которые С которым студентом Вы вчера говорили?	welcher, welche, welches, welche Mit welchem Studenten haben Sie gestern gesprochen?
кто Кто мне вчера звонил? Кому ты пишешь письма?	wer Wer hat mich gestern angerufen? Wem schreibst du Briefe?
сколько Сколько учеников было вчера в классе?	wieviel Wieviel Schüler waren gestern in der Klasse?
что Что ты сказал?	was Was hast du gesagt?

3.1.5 RELATIVPRONOMEN

«1–2000»

какой У неё такой голос, какого я ещё никогда не слышал.	solch ein Sie hat solch eine Stimme, wie ich sie noch nie gehört habe.

кото́рый Я ви́дел студе́нта, кото́рый е́дет в Москву́.	**der** Ich sah den Studenten, der nach Moskau fährt.
те, кто Те, кто принёс слова́рь, подними́те ру́ку.	**diejenigen, welche** Diejenigen, welche das Wörterbuch mithaben, heben die Hand.
тот, кто Тот, кто выступа́л на собра́нии, уже́ ушёл.	**derjenige, der** Derjenige, der auf der Versammlung sprach, ist bereits weggegangen.
что В до́ме, что стоя́л в лесу́, жила́ ба́бушка.	**das** Im Haus, das im Wald stand, lebte die Großmutter.

3.1.6 INDEFINITPRONOMEN

«1–2000»

друго́й Мне нужна́ друга́я кни́га.	**andere** Ich brauche ein anderes Buch.
кто́-то К вам кто́-то пришёл.	**jemand** Jemand ist zu Ihnen gekommen.
не́который Прошло́ не́которое вре́мя.	**ein gewisser** Eine gewisse Zeit verging.
что́-нибудь Расскажи́ мне что́-нибудь о себе́.	**irgend etwas** Erzähl mir etwas über dich.
что́-то Мне ка́жется, он что́-то зна́ет, но не говори́т.	**etwas** Ich glaube, er weiß etwas, aber sagt es bloß nicht.

«2001–4000»

како́й-нибудь Дай мне како́й-нибудь каранда́ш.	**irgendein** Gib mir irgendeinen Bleistift.
како́й-то Тебя́ спра́шивал како́й-то мужчи́на.	**ein (gewisser)** Ein Mann fragte nach dir.

кто́-нибудь	**irgend jemand**
Мне кто́-нибудь звони́л?	Hat mich irgend jemand angerufen?
чей-нибудь	**irgend jemandes**
Да ты мо́жешь взять чей-нибудь уче́бник.	Du kannst ja von irgend jemandem das Lehrbuch nehmen.
чей-то	**jemandes, von irgend jemandem**
На столе́ лежа́ла чей-то слова́рь.	Auf dem Tisch lag ein Wörterbuch von irgend jemandem.

3.1.7 NEGATIVPRONOMEN

«1–2000»

никако́й	**kein, keinerlei**
У него́ нет никаки́х книг по исто́рии.	Er hat keine Geschichtsbücher.
никто́	**keiner**
Никто́ не зна́ет, куда́ ушла́ Ма́ша.	Keiner weiß, wohin Mascha ging.
ниче́й	**niemandem gehörig, herrenlos**
Это чья соба́ка? – Ничья́.	Wessen Hund ist das? – Der Hund ist herrenlos.
ничто́	**nichts**
Ни литерату́ра, ни нау́ка – ничто́ его́ не интересова́ло.	Weder Literatur, noch Wissenschaft – nichts interessierte ihn.

3.1.8 DEFINITPRONOMEN

«1–2000»

весь	**all(er), ganz**
Весь день он чита́л рома́н.	Den ganzen Tag über las er einen Roman.
ка́ждый	**jeder**
Ка́ждый челове́к до́лжен э́то знать.	Jeder Mensch muß es wissen.
любо́й	**beliebige(r)**
Ты мо́жешь узна́ть э́то из любо́го уче́бника.	Das kannst du aus jedem beliebigen Buch erfahren.

сам Оте́ц сам был на собра́нии.	**selbst, selber** Der Vater selbst war in der Versammlung.
це́лый Я ждал тебя́ це́лый день.	**ganz** Ich habe den ganzen Tag auf dich gewartet.

3.1.9 REFLEXIVPRONOMEN

себя́ Он купи́л себе́ пальто́. Мы купи́ли себе́ но́вую маши́ну.	**sich (selbst)** Er kaufte sich einen Mantel. Wir kauften uns ein neues Auto.

3.2 Präpositionen

(Siehe auch ZEIT 2.1.6.5, RÄUMLICHE BEGRIFFE 2.2.4, URSACHE, WIRKUNG, ZIEL UND ZWECK 2.8)

« 1–2000 »

без Я не могу́ без тебя́ жить.	**ohne** Ohne dich kann ich nicht leben.
для Для кого́ ты пригото́вил э́тот пода́рок?	**für** Für wen hast du dieses Geschenk vorbereitet?
за Я благодарю́ тебя́ за кни́гу.	**für** Ich danke dir für das Buch.
к К нам прие́хала на́ша тётя из Ки́ева. Студе́нт гото́вился к экза́менам.	**zu; auf** Zu uns kam unsere Tante aus Kiew. Der Student bereitete sich auf die Prüfungen vor.
о Они́ дискути́ровали о смы́сле жи́зни. Мы давно́ ничего́ не слы́шали о М.	**über; von** Sie diskutierten über den Sinn des Lebens. Wir haben schon lange nichts von M. gehört.
от Врач вы́писал мне табле́тки от головно́й бо́ли. Он пла́кал от ра́дости.	**gegen; vor** Der Arzt verschrieb mir Tabletten gegen Kopfschmerzen. Er weinte vor Freude.

при При до́ме есть сад. Э́то произошло́ при Петре́ Пе́рвом.	**bei, an; in; unter, zur Zeit** Am Haus ist ein Garten. Das geschah zur Zeit Peter I.
с Об э́том я уже́ говори́ла с мои́м знако́мым.	**mit** Darüber habe ich schon mit meinem Bekannten gesprochen.
среди́ Среди́ них мно́го спортсме́нов.	**unter** Unter ihnen gibt es viele Sportler.
у Он живёт у свои́х роди́телей.	**bei** Er wohnt bei seinen Eltern.

«2001–4000»

вдоль Дере́вья мы посади́ли вдоль у́лицы.	**entlang** Wir pflanzten Bäume entlang der Straße.
вме́сто Я взяла́ чужу́ю кни́гу вме́сто мое́й.	**statt** Ich nahm statt meines ein fremdes Buch.
внутри́ Коми́ссия находи́лась внутри́ зда́ния.	**innerhalb, inmitten** Die Kommission befand sich innerhalb des Gebäudes.
во́зле Во́зле до́ма росло́ большо́е де́рево.	**neben** Neben dem Haus wuchs ein großer Baum.
вокру́г Вокру́г де́рева бе́гали де́ти.	**um ... herum** Um den Baum herum liefen Kinder.
из-за Из-за тебя́ я опозда́ла на по́езд.	**wegen** Deinetwegen habe ich den Zug verpaßt.
кро́ме В ко́мнате, кро́ме стола́, ничего́ не́ было.	**außer** Im Zimmer war nichts außer einem Tisch.
несмотря́ на Мой друг пришёл ко мне, несмотря́ на плоху́ю пого́ду.	**trotz** Trotz schlechten Wetters kam mein Freund zu mir.

3.3 Konjunktionen

« 1–2000 »

éсли	**falls**
Éсли ты пойдёшь в магазин, купи, пожалуйста, хлеба.	Falls du in den Laden gehst, kauf bitte Brot.
и	**und**
Дети учатся читать и писать.	Die Kinder lernen lesen und schreiben.
или	**oder**
Это твоя сестра или твоя подруга?	Ist das deine Schwester oder deine Freundin?
лишь	**nur**
Отсутствует лишь один ученик.	Es fehlt nur ein Schüler.
но	**aber**
Ребёнок здоров, но бледен.	Das Kind ist gesund, aber blaß.
однако	**jedoch, aber**
Он спешил, однако опоздал.	Er hat sich beeilt, kam aber zu spät.
потому что	**weil**
Отец не может приехать, потому что он очень занят.	Der Vater kann nicht kommen, weil er viel zu tun hat.
также	**auch, ebenfalls**
Об этой проблеме говорил также профессор Т.	Über dieses Problem sprach auch Professor T.
то	**wenn ..., dann**
Если успею, то приду.	Wenn ich es schaffe, dann komme ich.
хотя	**obwohl**
Она продолжала работать, хотя очень устала.	Sie arbeitete weiter, obwohl sie sehr müde war.
чтобы	**um**
Я позвоню вам, чтобы узнать время встречи.	Ich rufe Sie an, um die Zeit des Treffens zu erfahren.

« 2001–4000 »

будто	**als ob**
Сегодня тепло, будто летом.	Heute ist es so warm, als ob Sommer wäre.

и́ли ... и́ли Или ты замолчи́шь, и́ли я уйду́.	**entweder ..., oder** Entweder hörst du auf zu sprechen, oder ich gehe.
зато́ Костю́м дорого́й, зато́ о́чень элега́нтный.	**dafür** Der Anzug ist teuer, dafür aber sehr elegant.
ли́бо Ве́чером он ли́бо чита́л, ли́бо смотре́л телеви́зор.	**oder** Am Abend las er oder sah fern.

3.4 Partikeln

«1–2000»

бы Он охо́тно пое́хал бы в Росси́ю.	*bildet mit Prät. Konjunktiv* Er würde gern nach Rußland fahren.
ведь Ведь я не спо́рю!	**ja, doch** Ich streite ja gar nicht!
вот Вот где он живёт.	**hier, jetzt** Hier wohnt er.
же, ж Ну, чита́й же!	**aber, jedoch, doch** Nun lies doch!
и́менно Ма́ме нужна́ и́менно э́та газе́та.	**gerade, ausgerechnet** Die Mutter braucht gerade diese Zeitung.
ли, ль Он спроси́л, ви́дела ли я Па́вла.	**auch, ob** Er fragte, ob ich Pawel gesehen hätte.
не Она́ его́ не лю́бит.	**nicht** *(Verneinungspartikel)* Sie liebt ihn nicht.
ни Стари́к не сказа́л бо́льше ни еди́ного сло́ва.	**kein** Der Alte sagte kein einziges Wort mehr.
ну Ну, расска́зывай, где ты был.	**nun! los!** Nun erzähle, wo du warst.

пусть	nun gut, auch recht *(mit Verben in der 3. Pers. bezeichnet es Erlaubnis, Einverständnis oder Befehl)*
Скажи́те Петру́, пусть подождёт.	Sagen Sie Peter, er mag warten.
Ну пусть, я согла́сен.	Nun gut, ich bin einverstanden.

ра́зве	etwa, denn
Ра́зве ты не чита́л э́ту кни́гу?	Hast du etwa dieses Buch nicht gelesen?

4 UNREGELMÄSSIGE VERBFORMEN

4.1 Die wichtigsten unregelmäßigen Verben

(1) бежа́ть *(ipf.)*
Präs.: бегу́, бежи́шь, бежи́т, бежи́м, бежи́те, бегу́т
Prät.: бежа́л, бежа́ла, бежа́ли
Imp.: беги́(-те)!

(2) бить *(ipf.)*
Präs.: бью, бьёшь, бьёт, бьём, бьёте, бьют
Prät.: бил, би́ла, би́ли
Imp.: бей(-те)!

(3) брать *(ipf.)*
Präs.: беру́, берёшь, берёт, берём, берёте, беру́т
Prät.: брал, брала́, бра́ли
Imp.: бери́(-те)!

(4) брить *(ipf.)*
Präs.: бре́ю, бре́ешь, бре́ет, бре́ем, бре́ете, бре́ют
Prät.: брил, бри́ла, бри́ли
Imp.: брей(-те)!

(5) взять *(pf.)*
Fut.: возьму́, возьмёшь, возьмёт, возьмём, возьмёте, возьму́т
Prät.: взял, взяла́, взя́ли
Imp.: возьми́(-те)!

(6) дава́ть *(ipf.)*
Präs.: даю́, даёшь, даёт, даём, даёте, даю́т
Prät.: дава́л, дава́ла, дава́ли
Imp.: дава́й(-те)!

(7) дать *(pf.)*
Fut.: дам, дашь, даст, дадим, дадите, дадут
Prät.: дал, дала́, да́ли
Imp.: да́й(-те)!

(8) дости́гнуть *(pf.)*
Fut.: дости́гну, дости́гнешь, дости́гнет, дости́гнем, дости́гнете, дости́гнут
Prät.: дости́г, дости́гла, дости́гли
Imp.: дости́гни(-те)!

(9) есть *(ipf.)*
Präs.: ем, ешь, ест, еди́м, еди́те, едя́т
Prät.: ел, е́ла, е́ли
Imp.: е́шь(-те)!

(10) е́хать *(ipf.)*
Präs.: е́ду, е́дешь, е́дет, е́дем, е́дете, е́дут
Prät.: е́хал, е́хала, е́хали
Imp.: поезжа́й(-те)!

(11) жать *(ipf.)*
Präs.: жму, жмёшь, жмёт, жмём, жмёте, жмут
Prät.: жал, жа́ла, жа́ли
Imp.: жми́(-те)!

(12) ждать *(ipf.)*
Präs.: жду, ждёшь, ждёт, ждём, ждёте, ждут
Prät.: ждал, ждала́, жда́ли
Imp.: жди́(-те)!

(13) жить *(ipf.)*
Präs.: живу́, живёшь, живёт, живём, живёте, живу́т
Prät.: жил, жила́, жи́ли
Imp.: живи́(-те)!

(14) забы́ть *(pf.)*
Fut.: забу́ду, забу́дешь, забу́дет, забу́дем, забу́дете, забу́дут
Prät.: забы́л, забы́ла, забы́ли
Imp.: забу́дь(-те)!

(15) заже́чь *(pf.)*
Fut.: зажгу́, зажжёшь, зажжёт, зажжём, зажжёте, зажгу́т
Prät.: зажёг, зажгла́, зажгли́
Imp.: зажги́(-те)!

(16) закры́ть *(pf.)*
Fut.: закро́ю, закро́ешь, закро́ет, закро́ем, закро́ете, закро́ют
Prät.: закры́л, закры́ла, закры́ли
Imp.: закро́й(-те)

(17) звать *(ipf.)*
Präs.: зову́, зовёшь, зовёт, зовём, зовёте, зову́т
Prät.: звал, звала́, зва́ли
Imp.: зови́(-те)!

(18) идти́ *(ipf.)*
Präs.: иду́, идёшь, идёт, идём, идёте, иду́т
Prät.: шёл, шла, шли
Imp.: иди́(-те)!

(19) исче́знуть *(pf.)*
Fut.: исче́зну, исче́знешь, исче́знет, исче́знем, исче́знете, исче́знут
Prät.: исче́з, исче́зла, исче́зли
Imp.: исче́зни(-те)!

(20) класть *(ipf.)*
Präs.: кладу́, кладёшь, кладёт, кладём, кладёте, кладу́т
Prät.: клал, кла́ла, кла́ли
Imp.: клади́(-те)!

(21) лечь *(pf.)*
Fut.: ля́гу, ля́жешь, ля́жет, ля́жем, ля́жете, ля́гут
Prät.: лёг, легла́, легли́
Imp.: ляг(-те)!

(22) мочь *(ipf.)*
Präs.: могу́, мо́жешь, мо́жет, мо́жем, мо́жете, мо́гут
Prät.: мог, могла́, могли́

(23) мыть *(ipf.)*
Präs.: мо́ю, мо́ешь, мо́ет, мо́ем, мо́ете, мо́ют
Prät.: мыл, мы́ла, мы́ли
Imp.: мой(-те)!

(24) наде́ть *(pf.)*
Fut.: наде́ну, наде́нешь, наде́нет, наде́нем, наде́нете, наде́нут
Prät.: наде́л, наде́ла, наде́ли
Imp.: наде́нь(-те)!

(25) нача́ть *(pf.)*
Fut.: начну́, начнёшь, начнёт, начнём, начнёте, начну́т
Prät.: на́чал, начала́, на́чали
Imp.: начни́(-те)!

(26) остава́ться *(ipf.)*
Präs.: остаю́сь, остаёшься, остаётся, остаёмся, остаётесь, остаю́тся
Prät.: остава́лся, остава́лась, остава́лись
Imp.: остава́йся! остава́йтесь!

(27) остáться *(pf.)*
Fut.: останусь, останешься, останется, останемся, останетесь, останутся
Prät.: остался, осталась, остались
Imp.: останься! останьтесь!

(28) ошибиться *(pf.)*
Fut.: ошибусь, ошибёшься, ошибётся, ошибёмся, ошибётесь, ошибутся
Prät.: ошибся, ошиблась, ошиблись
Imp.: ошиби(-те)сь!

(29) перевести *(pf.)*
Fut.: переведу, переведёшь, переведёт, переведём, переведёте, переведут
Prät.: перевёл, перевела, перевели
Imp.: переведи(-те)!

(30) петь *(ipf.)*
Präs.: пою, поёшь, поёт, поём, поёте, поют
Prät.: пел, пела, пели
Imp.: пой(-те)!

(31) печь *(ipf.)*
Präs.: пеку, печёшь, печёт, печём, печёте, пекут
Prät.: пёк, пекла, пекли
Imp.: пеки(-те)!

(32) пить *(ipf.)*
Präs.: пью, пьёшь, пьёт, пьём, пьёте, пьют
Prät.: пил, пила, пили
Imp.: пей(-те)!

(33) плыть *(ipf.)*
Präs.: плыву, плывёшь, плывёт, плывём, плывёте, плывут
Prät.: плыл, плыла, плыли
Imp.: плыви(-те)!

(34) понять *(ipf.)*
Präs.: пойму, поймёшь, поймёт, поймём, поймёте, поймут
Prät.: понял, поняла, поняли
Imp.: пойми(-те)!

(35) прийти *(pf.)*
Fut.: приду, придёшь, придёт, придём, придёте, придут
Prät.: пришёл, пришла, пришли
Imp.: приди(-те)!

(36) принять *(pf.)*
Fut.: приму, примешь, примет, примем, примете, примут
Prät.: принял, приняла, приняли
Imp.: прими(-те)!

(37) продавáть *(ipf.)*
Präs.: продаю́, продаёшь, продаёт, продаём, продаёте, продаю́т
Prät.: продавáл, продавáла, продавáли
Imp.: продавáй(-те)!

(38) продáть *(pf.)*
Fut.: продáм, продáшь, продáст, продади́м, продади́те, продаду́т
Prät.: прóдал, продалá, прóдали
Imp.: продáй(-те)!

(39) расти́ *(ipf.)*
Präs.: расту́, растёшь, растёт, растём, растёте, расту́т
Prät.: рос, рослá, росли́
Imp.: расти́(-те)!

(40) сесть *(pf.)*
Fut.: ся́ду, ся́дешь, ся́дет, ся́дем, ся́дете, ся́дут
Prät.: сел, сéла, сéли
Imp.: ся́дь(-те)!

(41) снять *(pf.)*
Fut.: сниму́, сни́мешь, сни́мет, сни́мем, сни́мете, сни́мут
Prät.: снял, снялá, сня́ли
Imp.: сними́(-те)!

(42) спать *(ipf.)*
Präs.: сплю, спишь, спит, спим, спи́те, спят
Prät.: спал, спалá, спáли
Imp.: спи(-те)!

(43) стать *(pf.)*
Fut.: стáну, стáнешь, стáнет, стáнем, стáнете, стáнут
Prät.: стал, стáла, стáли
Imp.: стáнь(-те)!

(44) умерéть *(pf.)*
Fut.: умру́, умрёшь, умрёт, умрём, умрёте, умру́т
Prät.: у́мер, умерлá, у́мерли
Imp.: умри́(-те)!

(45) хотéть *(ipf.)*
Präs.: хочу́, хóчешь, хóчет, хоти́м, хоти́те, хотя́т
Prät.: хотéл, хотéла, хотéли

(46) шить *(ipf.)*
Präs.: шью, шьёшь, шьёт, шьём, шьёте, шьют
Prät.: шил, ши́ла, ши́ли
Imp.: шей(-те)!

REGISTER

А

авария 205
авиапочта 144
автобус 203
автомат 172
автомашина 203
автомобиль 203
автоматический 194
автор 52
адвокат 148
адрес 142
актёр 154
активный 31
актриса 154
алкогольный 122
аллея 179
алло 142
алый 253
анекдот 51
ансамбль 157
апельсин 120
аплодировать 154
аплодисменты 153
аппетит 111
аптека 152
арбуз 119
арестовывать/арестовать 148
армия 172
артист 154
артистка 154
атом 182
аттестат 129
аэропорт 208

Б

бабушка 77
багаж 198
база 243
балкон 100
банан 120
банк 138
банка 104
баранина 117
бассейн 163
башня 179
бег 164
бегать 163
беда 96
бедный 141
бежать 32, 270
без 218, 266
безопасность 174
безработица 131
безработный 131
белый 252
бельё 106
бензин 204
бензобак 205
берег 180
беседа 49
беседовать 51
бесконечный 232
бесплатно 140
бесплатный 138
беспокоить 17
беспокоиться 17
беспокойный 17
беспорядок 245
бессмертный 23
библиотека 46
библия 175
билет 155
бинт 152
биография 76

биоло́гия 129
бить 90, 270
благодари́ть/поблагода-
  ри́ть 87
благода́рность 88
благодаря́ 255
благоро́дный 88
бланк 144
бле́дный 5, 253
блесте́ть 26
бли́зкий 78
бли́зко 233
блокно́т 54
блу́зка 106
блю́до 114
Бог 175
бога́тство 141
бога́тый 141
бока́л 122
бо́лее 250
боле́знь 19
боле́ть 19, 20
боль 20
больни́ца 151
бо́льно 19
больно́й 151
бо́льше 250
большинство́ 238
большо́е спаси́бо 70
большо́й 231
борода́ 5
боро́ться 172
борт 208
борщ 115
борьба́ 172
боти́нок 106
боя́ться 15
брак 78

браслéт 109
брат 77
брать/взять 38, 270
бра́ться/взя́ться 29
бри́тва 26
брить 270
бри́ться/побри́ться 26
броди́ть 35
броса́ть/бро́сить 36
брю́ки 107
буди́льник 104
буди́ть/разбуди́ть 198
бу́дто 268
бу́дущее 219
бу́дущий 222
бу́ква 54
бу́лка 115
бу́лочная 136
бума́га 196
буржуази́я 166
буржуа́зный 166
бу́ря 192
бутербро́д 117
буты́лка 121
буфе́т 114
бы 269
быва́ть 32
бы́стро 224
быт 98
быть 32, 256

В

в, во 218, 227, 236
ваго́н 206
ва́жно 63
ва́жный 63

валюта 139
вам 261, 262
вами 261, 262
ванна 26, 103
ванная 100
варёный 114
варенье 117
варить/сварить 116
вас 261, 262
ваш, ваша, ваше, ваши 262
вблизи 233
вверх 233
вдали 235
вдвое 251
вдвоём 80
вдоль 267
вдруг 224
ведро 105
ведь 269
вежливо 88
вежливый 88
везде 235
везти 204
век 219
великий 64
великолепный 65
велосипед 202
венок 23
вера 175
верёвка 105
верить/поверить 175
вернуть 39
вернуться 32
верный 8, 62
вероятно 62
вертикальный 233
вертолёт 209

верх 230
верхний 231
вершина 180
вес 243
веселиться 14
весело 8
весёлый 8
весенний 222
весить 242
весна 215
весной 215
вести 204
весь 265
весы 242
ветер 190
ветка 189
ветчина 117
вечер 217
вечерний 222
вечером 218
вечный 23, 223
вешалка 105
вешать/повесить 36
вещество 196
вещь 40, 101
взгляд 25
взрослый 23, 74
взять 270
вид 4, 180, 244
видеокамера 158
видеокассета 158
видеть/увидеть 24
видимо 62
видный 64
виза 200
визит 94
вилка 111
вина 17

вино́ 121
винова́тый 15
винто́вка 174
витри́на 137
включа́ть/включи́ть 40
вкус 25
вку́сно 114
вку́сный 111
владе́ть 47, 142
вла́жный 26
власть 166
влия́ние 85
влия́ть/повлия́ть 86
вме́сте 92
вме́сто 267
внача́ле 226
вне 237
внеза́пно 226
вне́шний 4
вне́шность 5
вниз 234
внизу́ 235
внима́ние 5, 72
внима́тельно 89
внима́тельный 89
внук 78
вну́тренний 231
внутри́ 267
вну́чка 79
во́время 226
во-вторы́х 248
вода́ 121
води́тель 205
води́тельские права́ 204
води́ть 205
воева́ть 172
вое́нный 172
возвраща́ть/возврати́ть 39
возвраща́ться/возврати́ться 32
во́здух 182
вози́ть 204
во́зле 267
возмо́жно 62
возмо́жность 62
возмо́жный 62
возника́ть/возни́кнуть 256
возража́ть/возрази́ть 61
во́зраст 22, 74
война́ 172
войска́ 172
вокза́л 206
вокру́г 267
волна́ 183
волне́ние 17
волнова́ть/взволнова́ть 15
волнова́ться 16
во́лос 2
во́ля 8
вообще́ 248
во-пе́рвых 248
вопро́с 56
вор 149
воровство́ 149
воро́та 98, 164
воротни́к 109
восклица́ть/воскли́кнуть 51
воспита́ние 124
воспомина́ние 7
восто́к 230
восто́рг 14

Register 281

восто́чный 233
восхище́ние 14
вот 269
впервы́е 224
вперёд 234
впереди́ 234
впечатле́ние 5
вполне́ 249
враг 172
вра́жеский 174
врач 82, 151
вре́дный 151
вре́мя 219
вре́мя го́да 215
вруча́ть/вручи́ть 39
всегда́ 224
всего́ 240
всего́ хоро́шего 71
всё в поря́дке 73
всё равно́ 61
вска́кивать/вскочи́ть 35
вско́ре 226
всле́дствие 255
вслух 54
вспомина́ть/вспо́мнить 6
встава́ть/встать 32
встре́ча 92
встреча́ть/встре́тить 92
вступа́ть/вступи́ть 166
вся́кий раз, как 229
в тече́ние 228
вуз 124
вход 100
входи́ть/войти́ 33
вчера́ 224
вчера́шний 158
вы 261

выбега́ть/вы́бежать 35
выбира́ть/вы́брать 111
вы́бор 112
выбра́сывать/вы́бросить 38
вы́вод 58
вы́глядеть 5
выдава́ть/вы́дать 39
выдаю́щийся 65
выде́рживать/вы́держать 127
выезжа́ть/вы́ехать 199
выздора́вливать/вы́здороветь 20
вызыва́ть/вы́звать 127
выи́грывать/вы́играть 163
выключа́ть/вы́ключить 40
вынима́ть/вы́нуть 37
выноси́ть/вы́нести 37
выпада́ть/вы́пасть 35
выпи́сывать/вы́писать 151
выпуска́ть/вы́пустить 133
выража́ть/вы́разить 58
выраже́ние 47
выра́щивать/вы́растить 185
выска́зывание 59
выска́зывать/вы́сказать 59
высо́кий 4
высоко́ 234
высота́ 230
вы́ставка 155
вы́стрелить 174

выступле́ние 153
вы́сший 124
вытира́ть/вы́тереть 26
вы́ход 99
выходи́ть/вы́йти 33
выходи́ть/вы́йти за́муж 77
выходно́й 222
выясня́ть/вы́яснить 51

Г

га́вань 209
газ 184
газе́та 158
га́лстук 109
гара́ж 100
гвоздь 105
где 234
гекта́р 243
генера́л 172
гениа́льный 7
ге́ний 7
геогра́фия 129
гео́лог 83
герои́ческий 89
геро́й 172
гита́ра 157
глава́ 85
гла́вный 85
глаго́л 48
гла́дить/погла́дить 109
глаз 1
гла́сность 166
глота́ть 152
глубо́кий 233
глубокоуважа́емый 71

глу́пость 7
глу́пый 7
глухо́й 20
говори́ть 49
говори́ться 54
говя́дина 117
год 215
гол 165
голова́ 1
го́лод 114
голо́дный 112
гололёд 190
го́лос 50
голосова́ть/проголосова́ть 166
голубо́й 252
го́лубь 187
го́лый 109
гора́ 180
горди́ться 89
го́рдость 89
го́рдый 8
го́ре 16
горизонта́льный 233
го́рло 3
го́род 177
городско́й 177
горчи́ца 112
го́рький 116
горя́чий 121
господи́н 70
гости́ная 100
гости́ница 199
гость 93
госуда́рственный 166
госуда́рство 167
гото́вить/пригото́вить 112

готóвиться 126
готóвый 222
грáдус 190, 242
граждани́н 167
граждáнка 167
граждáнский 167
граждáнство 74
грамм 243
граммáтика 48
грани́ца 167
греме́ть 192
грех 176
грипп 19
грозá 192
гром 192
грóмкий 51
грóмко 50
грýбо 10
грýбый 8
грудь 1
груз 205
грузови́к 205
грýппа 80
грýстный 17
грýша 119
гря́зный 26
грязь 27
губá 1
гудóк 207
гуля́ть 161
густóй 197

Д

да 60
давáй(те) 72
давáть/дать 38, 270, 271
давлéние 194
давнó 224
далекó 234
дáльний 231
дáльше 250
дари́ть/подари́ть 39
дáта 217
дáча 161
дверь 99
дви́гатель 205
дви́гать/дви́нуть 38
дви́гаться/дви́нуться 33
движéние 201
двóйка 129
двор 99
дворéц 177
дéвочка 74
дéвушка 70, 74, 142
дед 79
дéдушка 77
дéйствие 153
действи́тельно 62
действи́тельность 63
действи́тельный 146
дéйствовать 29
декларáция 146
дéлать/сдéлать 29
дéлаться 256
дели́ть/раздели́ть 242
дéло 87
демократи́ческий 167
демокрáтия 167
демонстрáция 168
демонстри́ровать 168
день 218
дéньги 139
дерéвня 177
дéрево 188

держа́ть 43
деся́ток 242
де́ти 77
де́тский 79
де́тство 79
дёшево 137
дешёвый 136
де́ятель 85
де́ятельность 29
джи́нсы 107
дива́н 101
ди́кий 185
диктату́ра 167
диктова́ть 129
дипло́м 129
дире́ктор 133
дирижёр 157
диску́ссия 51
дисципли́на 89
длина́ 230
дли́нный 231
дли́ться 220
для 266
дневни́к 126
дневно́й 223
днём 218
до 228, 236
добавля́ть/доба́вить 57
добива́ться/доби́ться 29
до́брое у́тро 70
добро́ пожа́ловать 70
до́брый 8
до́брый ве́чер 70
до́брый день 70
доверя́ть/дове́рить 89
дово́льно 72, 249
дово́льный 14

догова́риваться/договори́ться 94
догово́р 167
доезжа́ть/дое́хать 35
дождь 190
дождь идёт 191
доказа́тельство 63, 148
дока́зывать/доказа́ть 148
докла́д 93
до́ктор 151
докуме́нт 74
долг 87, 140
до́лго 224
до́лжен 87, 139
до́лжность 86
доли́на 181
дом 99
дома́шний 129
дополни́тельный 126
допуска́ть/допусти́ть 126
доро́га 201
до́рого 136
дорого́й 70, 136
до свида́ния 70
доска́ 126
достава́ть/доста́ть 87
доста́точно 240
достига́ть/дости́чь 256
дости́гнуть 271
досто́инство 10
досто́йный 65
до тех пор, пока́ (не) 229
дохо́д 140
доходи́ть/дойти́ 33
дочь 77
дре́вний 177

дрожа́ть 35
друг 80
друго́й 264
дру́жба 80
дру́жеский 81
дружи́ть 81
дру́жно 81
дру́жный 81
дуб 189
ду́мать/поду́мать 6
дуть 192
душ 27, 101
душа́ 175
дым 183
дыша́ть 25
дю́жина 238
дя́дя 77

Е

его́ 259, 260, 262
еда́ 116
едва́ 228, 249
едини́ца 130, 242
еди́нственное число́ 48
еди́нственный 244
еди́нство 245
её 260, 262
ежего́дно 216
ежедне́вно 226
ежедне́вный 216
ежеме́сячно 216
е́здить 201
ей 260
е́ле 249
ёлка 188
ель 189

ему́ 259, 260
е́сли 268
есте́ственный 184
есть 271
есть/пое́сть 112
есть/съесть 112
е́хать 201, 271
ещё 224

Ж

жа́дный 10
жале́ть/пожале́ть 14
жа́лко 72
жа́ловаться/пожа́ловаться 151
жаль 72
жара́ 192
жа́реный 114
жа́рить/пожа́рить 117
жа́ркий 192
жа́рко 191
жарко́е 118
жать 271
ждать 33, 271
же, ж 269
жела́ние 69
жела́ть/пожела́ть 68
желе́зная доро́га 206
железнодоро́жный 207
желе́зо 196
жёлтый 252
желу́док 3
жена́ 77
жена́тый 76
жени́ться/пожени́ться 79

же́нский 48
же́нщина 74
же́ртва 149
жёсткий (ваго́н) 207
жесто́кий 9
жечь/сжечь 41
живо́й 22
жи́вопись 155
живо́т 3
живо́тное 185
жи́дкий 197
жи́дкость 185
жизнера́достный 10
жизнь 22
жир 118
жи́тель 179
жить 22, 99, 271
журна́л 158
журнали́ст 82

З

за 228, 236, 266
забасто́вка 132
забива́ть/заби́ть 165
забира́ть/забра́ть 38
забо́та 87
забо́титься/поза-
 бо́титься 89
забыва́ть/забы́ть 6, 271
завёртывать/заверну́ть 41
зави́сеть 254
за́висть 16
заво́д 133
заводи́ть/завести́ 205
завоёвывать/завоева́ть 172
за́втра 224
за́втрак 112
за́втракать/поза́втракать 112
за́втрашний 223
заграни́ца 168
загрязне́ние 183
задава́ть/зада́ть 127
зада́ние 127
зада́ча 127
заже́чь 271
зажига́лка 122
зажига́ть/заже́чь 40
заказно́й 144
зака́зывать/заказа́ть 112
зака́нчивать/зако́нчить 220
заключа́ть/заключи́ть 167
зако́н 148
зако́нный 149
закрича́ть 51
закрыва́ть/закры́ть 40, 136, 271
заку́ска 112
зал ожида́ния 206
заменя́ть/замени́ть 39
замерза́ть/замёрзнуть 26, 191
замести́тель 86
заме́тка 54
замеча́ние 59
замеча́тельно 65
замеча́тельный 64
замеча́ть/заме́тить 9
за́мок 179

замо́к 100
замо́к-мо́лния 107
за́мужем 76
занима́ть/заня́ть 38
занима́ться/
 заня́ться 29
занима́ться спо́ртом
 163
заня́тие 31, 124
за́нятый 144
за́пад 231
за́падный 232
запа́с слов 47
за́пах 24
запи́ска 52
запи́сывать/записа́ть
 52, 159
запла́кать 16
запове́дник 187
заполня́ть/запо́лнить
 54
запомина́ть/запо́мнить
 7
запра́вочная ста́нция
 204
запреща́ть/запрети́ть
 61
запреще́ние 61
запята́я 51
зараба́тывать/зара-
 бо́тать 131
за́работная пла́та 131
за́работок 132
зара́нее 226
зарпла́та 131
зарубе́жный 168
заседа́ние 94
заслу́женный 65

заставля́ть/заста́вить
 90
застёгивать/застегну́ть
 109
засыпа́ть/засну́ть 24
зате́м 224
зато́ 269
захва́тывать/захвати́ть
 173
заходи́ть/зайти́ 37
заче́м 254
защи́та 173
защи́тник 149
защища́ть/защити́ть
 174
заявле́ние 57
заявля́ть/заяви́ть 56
за́яц 187
зва́ние 86
звать 74, 272
звезда́ 153, 183
звено́ 245
зверь 186
звони́ть/позвони́ть 142
звоно́к 104, 143
звук 156
звуча́ть 156
зда́ние 178
здесь 234
здоро́ваться/поздоро́-
 ваться 95
здоро́вье 19
здоро́вый 20
здра́вствуй(те) 70
зелёный 252
землетрясе́ние 185
Земля́ 183
земля́ 183

зе́ркало 102
зима́ 215
зи́мний 222
зимо́й 215
злой 9
знак 57, 202
знако́миться/познако́-
 миться 93, 95
знако́мый 80
знамени́тый 153
зна́ние 44
знать 44
значе́ние 47
значи́тельный 244
зна́чить 47
значо́к 200
зо́лото 196
зо́на 246
зонт 106
зо́нтик 106
зре́ние 19
зреть/созре́ть 189
зри́тель 155
зря 250
зуб 1
зубно́й 27

И

и 268
игла́ 106
иго́лка 106
игра́ 163
игра́ть/сыгра́ть 156, 169
игру́шка 162
иде́я 6
идти́ 33, 107, 221, 272

из, изо 196, 236
изба́ 100
избира́ть/избра́ть 168
изве́стие 160
изве́стность 65
изве́стный 156
извеще́ние 144
извиня́ть/извини́ть 70
извиня́ться/извини́ться 89
издава́ть/изда́ть 55
изде́лие 134
из-за 254, 267
измене́ние 256
изменя́ть/измени́ть 37
изменя́ться/измени́ться 257
измеря́ть/изме́рить 242
изобража́ть/изобрази́ть 155
изображе́ние 160
изуча́ть/изучи́ть 124
Иису́с Христо́с 175
и́ли 268
и́ли ... и́ли 269
им 259, 260, 261
и́менно 269
име́ть 141
и́ми 261
и́мпорт 135
импорти́ровать 135
и́мя 75
ина́че 248
и́ндекс 144
инжене́р 83
инициати́ва 89
иногда́ 224
иностра́нец 169

иностра́нка 169
иностра́нный 167
институ́т 124
интеллиге́нция 76
интервью́ 160
интере́с 6
интере́сно 6
интере́сный 64
интересова́ть 7
интересова́ться 7
информа́ция 158
иска́ть 43
исключе́ние 246
иску́сственный 196
иску́сство 153
испо́льзовать 40
исправля́ть/
 испра́вить 41
испуга́ть 92
исто́рия 127
исчеза́ть/исче́знуть 33, 272
ито́г 59
их 261, 262

К

к, ко 228, 236, 266
каблу́к 109
ка́ждый 265
каза́ться/показа́ться 58
как 248
кака́о 123
как дела́ 70
как жаль 73
как жизнь 72
како́й, кака́я, како́е, ка-
 ки́е 263
како́й-нибудь 264
како́й-то 264
как то́лько 229
календа́рь 220
ка́мень 196
ка́мера хране́ния 206
кани́кулы 130
капита́л 139
капитали́зм 167
капиталисти́ческий 167
капита́н 208
ка́пля 192
капу́ста 119
каранда́ш 55
карма́н 107
ка́рта 199
карти́на 99
карто́фель 119
каса́ться/косну́ться 50, 58
ка́сса 137
кассе́та 160
касси́р 137
касси́рша 137
кастрю́ля 112
кафе́ 114
ка́чество 133
ка́ша 116
ка́шель 20
квадра́тный 242
кварта́л 216
кварти́ра 99
квартпла́та 139
квита́нция 140
кефи́р 121
килогра́мм 243
киломе́тр 243

кино́ 155
кипе́ть/вскипе́ть 114
кирпи́ч 197
ки́слый 119
кисть 3
кла́дбище 23
класс 124, 169
класси́ческий 156
класть/положи́ть 37, 272
кле́ить/скле́ить 41
кле́тка 186
кли́мат 191
клуб 93
клюв 187
ключ 104
кля́сться/
 покля́сться 149
кни́га 52
ковёр 103
когда́ 229
код 144
ко́жа 3, 196
коза́ 186
козёл 186
колбаса́ 116
колго́тки 107
коле́но 1
колесо́ 205
коли́чество 238
коллекти́в 80
коллекти́вный 81
коллекциони́ровать 162
колле́кция 162
коло́ть/расколо́ть 38
кольцо́ 107
кома́нда 163
командиро́вка 200
кома́р 186

коме́дия 155
комите́т 93
коммента́рий 160
коммуни́зм 169
коммунисти́ческий 169
ко́мната 99
компози́тор 157
компью́тер 194
конве́рт 144
конгре́сс 95
коне́ц 22, 219
коне́чно 60
конкуре́нция 133
ко́нкурс 157
конститу́ция 169
ко́нсульство 146
контро́ль 146
контро́льный 130
конфе́та 116
конце́рт 156
конча́ть/ко́нчить 124
конча́ться/ко́нчиться
 221
конья́к 123
копе́йка 140
кора́бль 209
ко́рень 188
корзи́на 137
коридо́р 100
кори́чневый 253
коро́бка 106
коро́ва 186
коро́ткий 233
ко́рпус 100
корреспонде́нт 83
ко́смос 185
кость 3
костю́м 107

котлета 118
который, которая, которое, которые 263, 264
который час 73
кофе 123
кофта 109
кошелёк 104
кошка 186
край 178
кран 102
красиво 65
красивый 4, 107
краска 253
красный 252
красота 4
кредит 140
крепкий 121
крепость 179
кресло 102
крестьянин 83
крестьянка 83
крик 50
критика 59
критиковать 59
кричать/крикнуть 50
кровать 102
кровь 1
кроме 267
круг 253
круглый 253
крутой 181
крыло 187
крыша 99
кстати 73
кто 263
кто-нибудь 265
кто-то 264

куб 253
куда 234
кулак 1
культура 44
купальник 109
купальный костюм 109
купаться/искупаться 27
купе 207
курить 121
курица 186
курс 128
кусать 186
кусок 116
кухня 99

Л

ладно 73
ладонь 1
лампа 102
лампочка 103
лапа 187
ласково 14
ласковый 14
лауреат 157
левый 168, 232
лёгкий 44, 239
легко 29
легкомысленный 10
лёд 121, 191
лежать 33
лекарство 152
лекция 128
ленивый 10
лента 109
лес 180
лестница 100

летá 22
летáть 209
летéть 209
лéтний 222
лéто 215
лéтом 216
лётчик 83
лётчица 83
лечи́ть/вы́лечить 151
лечь 272
ли, ль 269
ли́бо 269
лимо́н 120
лимона́д 123
лист 53, 188
литерату́ра 53
литерату́рный 53
литр 243
лифт 101
лицо́ 1
ли́чно 76
ли́чность 9
ли́чный 75
ли́шний 155
лишь 268
лишь (то́лько) 229
лоб 3
лови́ть/пойма́ть 161
ложи́ться/лечь 33
ло́жка 112
ло́коть 3
лома́ть/слома́ть 42
лома́ться/слома́ться 257
ло́шадь 186
лук 119
Луна́ 183
луна́ 183

луч 183
лу́чше 250
лу́чший 64
лы́жа 165
люби́мый 64
люби́тель 162
люби́ть 12
любова́ться 14
любо́вь 12
любозна́тельный 10
любо́й 265
любопы́тный 10
любопы́тство 11
лю́ди 76

M

магази́н 136
магнитофо́н 160
мазь 152
ма́йка 110
ма́ленький 232
ма́ло 240
ма́льчик 75
ма́ма 77
мандари́н 121
ма́рка 145
маршру́т 200
ма́сло 116
ма́сса 238
ма́стер 163
мастерска́я 204
матема́тика 130
материа́л 196
материа́льный 183
матра́с 103
матро́с 209

матч 163
мать 77
машина 194, 204
мебель 103
медаль 163
медленно 204
медленный 205
медсестра 84
медь 197
между 236
междугородный 145
международный 143
мелкий 232
мелочь 140
менее 250
менталитет 11
меньше 250
меньшинство 239
меню 114
меня 258, 259
менять/поменять 199
меняться/поменяться 162
мера 238
мерить/померить 242
мёртвый 22
местность 181
местный 178
место 112
месяц 216
металл 196
метель 192
метр 243
метро 204
механизация 195
механизм 195
механик 84
мечта 6

мечтать 6
мешать/помешать 91
мешок 105
милиционер 147
милиция 147
милый 9
мимо 236
минеральный 123
министерство 168
министр 168
минута 218
мир 168, 173
мириться/помириться 89
мирный 173
мировой 173
младший 79
мне 258
мнение 59
много 240
многочисленный 239
множественное число 48
мной 259
могила 23
могучий 64
мода 107
модель 195
можно 60
мозг 3
мой, моя, моё, мой 262
мокрый 193
молитва 176
молиться 176
молния 107, 193
молодёжный 76
молодёжь 75
молодец 73

молодо́й 22, 75
молоко́ 122
молото́к 106
молча́ть 50
моме́нт 219
моне́та 140
мо́ре 183
морко́вь 119
моро́женое 114
моро́з 191
моря́к 83
москви́ч 179
москви́чка 179
моско́вский 178
мост 179
мото́р 204
мотоци́кл 205
мочь/смочь 29, 61, 272
мо́щный 194
мра́чный 66
муж 77
му́жественно 11
му́жество 14
мужско́й 49
мужчи́на 75
музе́й 153
му́зыка 156
музыка́нт 84
мука́ 116
му́скул 3
му́сор 27
му́ха 186
мча́ться 35
мы 260
мы́ло 27
мысль 6
мыть/вы́мыть 27, 272
мышь 186

мя́гкий (ваго́н) 206
мясно́й 137
мя́со 116
мяч 165

Н

на 228, 236
набира́ть/набра́ть 145
наблюда́ть 44
наве́рно(е) 62
наве́рх 235
наверху́ 235
навсегда́ 226
навстре́чу 234
на второ́е 113
награжда́ть/награди́ть 89
над, на́до 236
надева́ть/наде́ть 107
наде́жда 13
надёжный 65
наде́ть 272
наде́яться/понаде́яться 13
на́до 68
надоеда́ть/надое́сть 91
надо́лго 227
наза́д 234
назва́ние 53
назнача́ть/назна́чить 86
называ́ть/назва́ть 75
называ́ться 75
наибо́лее 249
наизу́сть 46
найти́ 43

наказывать/наказать 149
накануне 227
наконец 224
накрывать/накрыть 43, 118
налево 201
наливать/налить 122
налог 140
нам 260
нами 260
намного 251
на первое 113
напиток 123
напоминать/напомнить 6
направление 230
направлять/направить 199
направляться/направиться 35
направо 202
напрасно 67
например 44
напротив 235
напряжение 195
наречие 49
народ 168
народный 157
нарушать/нарушить 149
нас 260
насекомое 187
население 178
насморк 19
настойчиво 11
настоящее 220
настроение 13
наступать/наступить 221

на третье 113
наука 44
научный 44
находиться 33
нация 169
начало 219
начальник 85
начинать/начать 221, 272
начинаться/начаться 221
наш, наша, наше, наши 262
не 269
небо 176, 183
небольшой 232
небрежно 67
неважно 20
невиновный 150
невозможно 61
недавно 224
недалеко 235
неделя 216
недовольный 17
недолго 227
недоразумение 7
недостаток 9
нежный 14
независимость 169
незамужем 75
незнакомый 81
неизвестный 46
неинтересно 67
некоторый 264
некрасивый 67
немедленно 224
немного 240

немо́й 21
ненави́деть 91
не́нависть 17
необходи́мо 69
необходи́мость 69
необходи́мый 68
необыкнове́нный 65
непоня́тный 46
непра́вда 62
непра́вильно 67
непра́вильный 68
неприя́тно 68
неприя́тность 68
неприя́тный 67
нерв 3
не́рвный 21
несмотря́ на 267
нести́ 37
не сто́ит 70
несча́стный 97
несча́стье 97
нет 61
неуда́ча 97
неуже́ли 73
нефть 196
нехоро́ший 68
нехорошо́ 67
ни 269
нигде́ 235
ни́жний 233
низ 231
ни́зкий 232
ни́зко 235
никако́й 265
никогда́ 225
никто́ 265
никуда́ 235
ни́тка 106

ничего́ 73
ниче́й 265
ничто́ 265
но 268
но́вость 158
но́вый 222
нога́ 1, 2
но́готь 3
нож 112
но́жницы 106
но́мер 143, 199
норма́льно 246
норма́льный 67, 246
нос 2
носи́льщик 206
носи́ть 107
носо́к 110
ночева́ть/переночева́ть 200
ночно́й 222
ночь 218
но́чью 218
нра́виться/понра́виться 13
ну 269
ну́жно 69
ну́жный 69

О

о/об 266
о́ба 242
обвиня́ть/обвини́ть 150
обгоня́ть/обогна́ть 202
о́бе 242
обе́д 113

обе́дать 113
обезья́на 186
обеспе́чивать/обеспе́чить 133
обеща́ние 89
обеща́ть 87
оби́да 16
обижа́ть/оби́деть 91
обижа́ться/оби́деться 16
о́блако 191
о́бласть 180
обма́нывать/обману́ть 91
обме́нивать/обменя́ть 141
о́бморок 21
обнима́ть/обня́ть 87
обосно́вывать/обоснова́ть 59
обраба́тывать/обрабо́тать 132
о́браз 53
обра́тно 206
обра́тный 207
обраща́ться/обрати́ться 93
обслу́живать/обслужи́ть 114
обстано́вка 102
обсужда́ть/обсуди́ть 51
обувно́й 137
о́бувь 110
обуче́ние 126
обходи́ть/обойти́ 35
общежи́тие 126
обще́ние 95
обще́ственный 80
о́бщество 80
о́бщий 82
обы́чай 246
обы́чно 29
объединя́ть/объедини́ть 169
объём 239
объявля́ть/объяви́ть 57
объясне́ние 128
объясня́ть/объясни́ть 128
обя́занность 90
обяза́тельно 87
о́вощи 119
овца́ 187
ого́нь 184
огорча́ть/огорчи́ть 92
ограни́чивать/ограни́чить 246
огро́мное спаси́бо 71
огро́мный 232
огуре́ц 119
ода́лживать/одолжи́ть 39
одева́ться/оде́ться 110
оде́жда 110
одея́ло 103
одина́ково 251
одина́ковый 251
одино́кий 82
одна́жды 225
одна́ко 268
одновре́менно 227
одобря́ть/одо́брить 61
о́зеро 181
ока́зываться/оказа́ться 256
океа́н 184
окно́ 99

около 228, 237
окончание 126
окошко 147
окружающая среда 184
олимпиада 165
он 259
она́ 259
они́ 261
оно́ 260
опа́здывать/опозда́ть 91, 199
опа́сность 96
опа́сный 96
о́пера 157
опера́ция 151
описа́ние 55
опи́сывать/описа́ть 51
опозда́ние 200
оппози́ция 169
оптими́зм 13
оптимисти́чный 14
о́пыт 44
о́пытный 64
ора́нжевый 253
организа́тор 86
организа́ция 80
организо́вывать/организова́ть 29
орёл 188
орке́стр 157
ору́жие 173
оса́дки 193
освобожда́ть/освободи́ть 173
освобожде́ние 174
осе́нний 222
о́сень 216
о́сенью 216
осма́тривать/осмотре́ть 199
осно́ва 244
основно́й 244
осно́вывать/основа́ть 135
осо́бенно 248
остава́ться/оста́ться 33, 272, 273
оставля́ть/оста́вить 33
остана́вливать/останови́ть 204
остана́вливаться/останови́ться 199
остано́вка 202
оста́ток 246
осторо́жно 73
осторо́жный 11
о́стров 181
о́стрый 116
осуществля́ть/осуществи́ть 31
от, о́то 237, 266
отбира́ть/отобра́ть 92
отве́т 56
отве́тственность 150
отве́тственный 86
отвеча́ть за 148
отвеча́ть/отве́тить 56
отводи́ть/отвести́ 43
отвози́ть/отвезти́ 38
отдава́ть/отда́ть 38
о́тдых 162
отдыха́ть/отдохну́ть 161
оте́ц 77
оте́чественный 174

отказываться/отказаться 69
откладывать/отложить 42
открывать/открыть 41, 136
открытка 145
откуда 234
отличаться/отличиться 250
отлично 128
отличный 65
отметка 130
отмечать/отметить 59
отнимать/отнять 91
относить/отнести 42
относиться/отнестись 87
отношение 87
отправитель 145
отправлять/отправить 143
отправляться/отправиться 36
отпуск 132
отражать/отразить 25
отражение 26
отрасль 133
отрезать/отрезать 42
отрицательный 68
отрывать/оторвать 38
отряд 80
отставать/отстать 257
отсутствовать 92
отходить/отойти 36
отчество 75
отчёт 51
отъезд 200

офицер 173
официант 114
официантка 114
оформлять/оформить 147
охота 163
охотник 163
оценка 128
очень 249
очередь 136
очки 105
ошибаться/ошибиться 6, 273
ошибка 128

П

падать/упасть 33
палатка 200
палец 2
палуба 210
пальто 107
памятник 179
память 6
папа 78, 177
пар 185
пара 80, 238
парень 76
парикмахерская 27
парк 179
пароход 209
партер 155
партия 169
паспорт 75
пассажир 207
пассажирский 208
пассивный 68
пасха 177

патриот 90
пауза 50
пахнуть 189
певец 158
певица 158
пейзаж 182
пенсия 79
пепельница 123
перевод 49
переводить/перевести 47, 273
переговоры 95
перед 237
перед тем как 229
передавать/передать 39
передача 159
переезжать/переехать 36
перекрёсток 203
перемена 126
переносить/перенести 19
переодеваться/переодеться 110
переписка 55
переписывать/переписать 55
перерыв 138
пересадка 208
пересаживаться/пересесть 208
переставать/перестать 256
перестройка 169
переход 202
переходить/перейти 34, 202

перец 118
период 220
перо 55
персик 121
перчатка 110
песня 157
песок 197
пессимизм 16
пессимистичный 17
пёстрый 253
петух 186
петь/спеть 157, 273
печальный 16
печатать/напечатать 159
печать 146, 159
печенье 118
печь/испечь 102, 118, 273
пешеход 203
пешком 36
пианино 158
пиво 123
пиджак 110
пила 106
пирог 118
писатель 53
писать/написать 53
письменно 128
письмо 143
питаться 115
пить/выпить 122, 273
пища 115
плавание 165
плавать 164
плавки 110
плакат 155
плакать 16
пламя 185

план 244
планéта 184
плани́рование 246
плани́ровать/распланировать 246
пласти́нка 159
пластма́сса 197
пла́та 139
плати́ть/заплати́ть 136
плато́к 107
платфо́рма 208
пла́тье 108
плацка́рта 208
плащ 110
плёнка 159
плечо́ 3
плод 189
плодоро́дный 185
пло́хо 19, 67
плохо́й 67
площа́дка 165
пло́щадь 178, 230
плыть 273
пляж 182
по 237
побе́да 173
побежда́ть/победи́ть 173
по́вар 84
по-ва́шему 60
пове́рхность 230
по-ви́димому 63
по́вод 255
повора́чивать/поверну́ть 202
поворо́т 203
повторя́ть/повтори́ть 50
повыша́ть/повы́сить 257

погиба́ть/поги́бнуть 22
поговори́ть 50
пого́да 191
под 237
подава́ть/пода́ть 39
пода́рок 40
подборо́док 4
подва́л 101
подгота́вливать/подгото́вить 30
подгото́вка 31
подде́рживать/поддержа́ть 88
подмета́ть/подмести́ 28
поднима́ть/подня́ть 37
поднима́ться/подня́ться 34
подо́бный 250
подожда́ть 34
подпи́сывать/подписа́ть 146
по́дпись 147
подру́га 82
подружи́ться 82
подска́зывать/подсказа́ть 130
подтвержда́ть/подтверди́ть 63
поду́шка 102
подходи́ть/подойти́ 34
подчёркивать/подчеркну́ть 60
подъе́зд 101
подъезжа́ть/подъе́хать 205
по́езд 206
пое́здка 199

поéхать 34
пожáлуйста 71
пожилóй 24
позавчерá 227
позадú 237
пóздний 223
пóздно 225
поздравлять/поздрáвить 88
пойтú 34
покá 71, 229
покáзывать/показáть 56
покá (не) 229
покидáть/покúнуть 42
покóйник 24
поколéние 79
покрывáло 103
покупáтель 136
покупáть/купúть 136
покýпка 138
пол 75, 99
полагáться/положúться 90
пóлдень 218
пóле 181
полéзный 64
полёт 210
поливáть/полúть 190
поликлúника 152
полúтик 170
полúтика 170
политúческий 170
пóлка 103
полнéть 4
пóлночь 218
пóлный 4, 239
половúна 218, 238

положéние 256
полотéнце 28
полторá 240
получáтель 145
получáть/получúть 39
получáться/получúться 256
полчасá 219
пóльза 64
пóльзоваться 41
полюбúть 15
помидóр 120
помогáть/помóчь 88
по-мóему 60
помóщник 90
пóмощь 88
понижáть/понúзить 139
понимáть/понять 45, 273
понятие 47
понятно 45
поп 176
попадáть/попáсть 34
поперёк 237
поправляться/попрáвиться 21
по-прéжнему 227
популярный 157
порá 225
пóровну 240
порошóк 152
порт 209
пóртить/испóртить 42, 92
портфéль 105
поручáть/поручúть 90
пóрция 115
порядок 244
посáдка 210

посёлок 180
посетитель 95
посещать/посетить 95
посещение 95
после 228
последний 244
послезавтра 227
после того как 229
посольство 146
пост 85
поставлять/поставить 135
постановление 170
постель 103
постепенно 248
постоянный 222
поступать/поступить 124
поступок 31
посуда 115
посылать/послать 143
посылка 145
по-твоему 60
потом 225
потому 254
потому что 268
потребитель 135
потреблять/потребить 133
похож 4
похожий 249
похороны 24
почва 185
почему 254
почерк 55
почётный 66
почта 143
почтальон 145

почтамт 145
почти 249
почтовый 145
поэт 53
поэтому 254
появляться/появиться 30
пояс 108
правда 61
правило 128, 246
правильно 128
правильный 128
правительство 170
право 148
православный 176
прав(ый) 61
правый 170, 232
праздник 93
праздновать 95
практика 30
практический 30
прачечная 28
превосходный 66
превращать/превратить 257
превращаться/превратиться 257
предел 244
предлагать/предложить 39
предложение 48
предмет 244
предполагать/предположить 60
предприятие 133
председатель 85
представитель 85
представление 153

представля́ть/предста́вить 6
предупрежда́ть/предупреди́ть 90
предыду́щий 223
пре́жде 225
пре́жде чем 229
пре́жний 222
прекра́сный 64
прекраща́ть/прекрати́ть 31
пре́мия 97
преодолева́ть/преодоле́ть 31
преподава́тель 126
преподава́тельница 126
преподава́ть 126
препя́тствие 97
прерыва́ть/прерва́ть 221
пресле́довать 92
преступле́ние 148
престу́пник 150
престу́пность 150
при 237, 267
прибавля́ть/приба́вить 242
прибега́ть/прибежа́ть 36
приближа́ться/прибли́зиться 36
приблизи́тельно 241
прибо́р 194
прибыва́ть/прибы́ть 206
при́быль 139
приве́т 72
приве́тливый 11
приве́тствовать 90
приви́вка 152
приводи́ть/привести́ 43, 255
привыка́ть/привы́кнуть 30
привы́чка 31
приглаша́ть/пригласи́ть 93
приглаше́ние 95
пригова́ривать/приговори́ть 150
при́город 180
прие́зд 200
приезжа́ть/прие́хать 34
прие́м 93
приз 165
приземля́ться/приземли́ться 210
признава́ть/призна́ть 85, 148
признава́ться/призна́ться 150
прийти́ 273
прика́з 173
прика́зывать/приказа́ть 85
приключе́ние 200
прилага́тельное 49
приле́жный 11
прилета́ть/прилете́ть 210
примене́ние 41
применя́ть/примени́ть 41
приме́р 88
приме́рно 241
примеря́ть/приме́рить 110

принадлежа́ть 141
принима́ть/приня́ть 93, 151
приноси́ть/принести́ 37
принципиа́льный 11
приобрета́ть/приобрести́ 138
приро́да 184
при́стань 210
прису́тствовать 95
присыла́ть/присла́ть 143
причёска 5
причёсываться/причеса́ться 28
причи́на 254
прия́тель 82
прия́тно 64
прия́тного аппети́та 72
прия́тный 66
пробле́ма 96
про́бовать/попро́бовать 113
провали́ться 130
проверя́ть/прове́рить 41, 146
проводи́ть/провести́ 30, 161, 221
проводни́к 208
проголода́ться 115
програ́мма 153, 159
прогре́сс 258
прогресси́вный 258
прогу́лка 162
продава́ть/прода́ть 136, 274
продолжа́ть/продо́лжить 221
продолжа́ться/продо́лжиться 221
продолжи́тельность 220
проду́кты 116
проду́кция 133
проезжа́ть/прое́хать 202
прожи́ть 24
прозра́чный 197
прои́грыватель 159
прои́грывать/проигра́ть 98
произведе́ние 53
производи́тельность 135
производи́ть/произвести́ 133
произво́дство 134
произноси́ть/произнести́ 52
происходи́ть/произойти́ 256
происхожде́ние 76
промы́шленность 134
промы́шленный 195
пропада́ть/пропа́сть 256
прописа́ться 147
пропи́ска 147
проси́ть/попроси́ть 69, 71
про́сто 45
просто́й 45
просто́р 181
простра́нство 230
просту́да 21
простужа́ться/простуди́ться 21

простыня 103
просьба 69
просыпаться/проснуться 25
против 61
противник 174
противоположный 246
профессиональный 84
профессиональный союз 132
профессия 83
профессор 125
профсоюз 132
прохладный 193
проходить/пройти 71, 202, 221
процент 139, 239, 244
процесс 148
прочный 197
прошлое 220
прошлый 222
прощать/простить 71
прощаться/попрощаться 93
прощаться/проститься 95
прыгать/прыгнуть 164
прямо 202
прямой 232
прятать/спрятать 43
птица 187
публика 155
публиковать/опубликовать 55
пугать/напугать 92
пуговица 108
пункт 246
пустой 240
пусть 270
пустыня 181
путешественник 200
путешествие 199
путешествовать 201
путь 199, 208
пшеница 189
пылесос 28
пыль 27
пыльный 28
пытаться/попытаться 30
пьеса 155
пьяный 122
пятно 27

Р

работа 131
работать 131, 194
рабочий 131
равенство 251
равнина 182
равнодушный 11
равноправие 170
равный 251
рад 71
ради 74, 254
радикальный 170
радио 159
радиопередача 160
радоваться/обрадоваться 13
радостно 15
радостный 15
радость 13
раз 220

разбива́ться/разби́ться 258
разбира́ться/разобра́ться 46
ра́зве 270
развива́ть/разви́ть 258
разви́тие 257
разводи́ть/развести́ 75
разгова́ривать 50
разгово́р 50, 143
раздава́ть/разда́ть 40
раздева́ться/разде́ться 108
разде́л 246
различа́ть/различи́ть 251
разли́чный 250
разме́р 108
ра́зница 251
разнообра́зный 250
ра́зный 251
разочаро́вывать/разочарова́ть 17
разреша́ть/разреши́ть 61
разреше́ние 62
разруша́ть/разру́шить 42
ра́зум 8
райо́н 178
рак 19
раке́та 173
ра́ма 103
ра́на 21
ра́неный 21
ра́нний 223
ра́но 225
ра́ньше 225

расписа́ние 207
располага́ться/расположи́ться 178
распоряжа́ться/распоряди́ться 142
распределя́ть/распредели́ть 40
расска́з 53
расска́зывать/рассказа́ть 50
расстоя́ние 231
рассужда́ть 52
расте́ние 189
растеря́ться 17
расти́/вы́расти 189, 274
расходи́ться/разойти́сь 79
расцвета́ть/расцвести́ 190
рвать 190
реа́льный 63
ребёнок 78
революцио́нный 170
револю́ция 170
регистра́ция 209
регуля́рно 247
ре́дкий 223
ре́дко 227
режиссёр 155
ре́зать 42
резина 198
результа́т 255
рейс 209
река́ 181
рекла́ма 134
рекоменда́ция 60
рекомендова́ть 60
реко́рд 165

религио́зный 176
рели́гия 176
реме́нь 110
ремо́нт 101
ремонти́ровать/отремонти́ровать 101
респу́блика 170
рестора́н 113
рефо́рма 171
реце́пт 152
речь 51
реша́ть/реши́ть 30
реша́ться/реши́ться 32
реше́ние 45
рис 121
рисова́ть/нарисова́ть 46, 156
рису́нок 45
ро́бкий 11
род 48
ро́дина 171
роди́тели 78
родно́й 78
ро́дственник 79
рожда́ться/роди́ться 22
рожде́ние 24
рождество́ 176
ро́за 189
ро́зовый 253
рома́н 53
рост 75
рот 2
ро́ща 182
роя́ль 158
руба́шка 108
рубе́ж 171
рубль 139
руга́ть 91

рука́ 2
рука́в 108
руководи́тель 134
ручей 182
ру́чка 55
ры́ба 187
ры́бный 138
ры́нок 137
рю́мка 123
ряд 244
ря́дом 234

С

с 237, 267
сад 161
сади́ться/сесть 34
сажа́ть/посади́ть 189
сала́т 118
салфе́тка 115
сам 266
саме́ц 188
са́мка 188
самова́р 123
самолёт 210
самообслу́живание 138
самостоя́тельный 66
самоуве́ренный 11
сантиме́тр 243
сапо́г 108
са́хар 116
сбор 201
сбо́рник 55
сбыт 135
сва́дьба 79
све́жий 120
све́рху 235

свет 184
светить 185
светлый 252
светофор 203
свеча 105
свидание 94
свидетель 150
свидетельство 75, 130
свинина 118
свинья 187
свитер 110
свобода 171
свободный 171
сводка погоды 193
свой, своя, своё, свой 263
сворачивать/свернуть 203
свыше 251
связь 143
святой 176
священник 177
сдавать/сдать 128
сдача 138
с ... до 228
себя 266
север 231
северный 233
сегодня 225
сегодняшний 223
сейчас 225
секрет 57
секретарша 83
секретарь 83
секретный 57
секунда 219
село 178
сельский 178

сельскохозяйственный 178
семья 78
сердечный 72
сердито 18
сердитый 18
сердиться/рассердиться 18, 92
сердце 2
серебро 198
середина 231
серия 247
серый 252
серьёзно 9
серьёзный 9
сестра 78
сесть 274
сетка 138
сеять/посеять 190
сзади 235
сигарета 122
сидеть 34
сила 19
сильно 19
сильный 20
синий 252
синтетический 198
система 244
сказка 55
сказочный 66
скамейка 103
скатерть 103
сквозь 237
скидка 141
складывать/сложить 199
сколько 263
скорая помощь 152

скоро 225
скорость 203
скорый (поезд) 207
скрипка 158
скромный 11
скульптор 156
скучать 18
скучно 18
скучный 18
слабый 20
слава 154
сладкий 120
слева 235
следовательно 255
следовать/последовать 34
следствие 255
следующий 245
слеза 16
слепой 21
слесарь 84
слива 120
слишком 249
словарь 49
слово 48
сложный 45
слон 187
служащий 84
служба 177
служить 173
слух 26
случай 96
случайно 98
случаться/случиться 97
слушать 143, 157
слышать/услышать 25, 143
смело 175

смелый 174
смерть 22
сметана 118
смех 13
смешно 15
смешной 15
смеяться 13
смотреть/посмотреть 154
смысл 48
снабжение 135
снаружи 236
сначала 225
снег 191
снег идёт 191
снизу 236
снимать/снять 108, 274
снимок 161
снова 225
собака 187
собирать/собрать 161
собираться/собраться 94
собор 180
собрание 94
собственность 142
собственный 141
событие 97
совершать/совершить 32, 148
совершенно 249
совесть 7
совет 56
советовать/посоветовать 57
советский 171
совещание 94
современный 223

совсе́м 249
согла́сный 62
соглаша́ться/согласи́ться 61
содержа́ние 53, 239
содержа́ть 239
соединя́ть/соедини́ть 145
сожале́ть 16
создава́ть/созда́ть 134
созна́ние 20
солда́т 174
солида́рность 90
со́лнечный 191
со́лнце 184
соль 117
сомнева́ться 63
сомне́ние 63
сон 25
сообща́ть/сообщи́ть 57
сообще́ние 58
сопровожда́ть 90
сопротивле́ние 175
соревнова́ние 164
сорт 247
сосе́д 82
сосе́дний 81
сосна́ 190
состоя́ние 142, 257
состоя́ть 257
состоя́ться 96
сотру́дничество 96
сохраня́ть/сохрани́ть 43
социали́зм 171
социалисти́ческий 171
сочине́ние 55
сою́з 94

сою́зный 96
спа́льный 208
спа́льня 101
спаса́ть/спасти́ 74, 98
спаси́бо 71
спать 25, 274
спекта́кль 156
спе́лый 120
специали́ст 83
специа́льный 245
спеши́ть 36
спина́ 2
спи́сок 146
спи́сывать/списа́ть 56
спи́чка 105
споко́йно 248
споко́йной но́чи 71
споко́йный 71
спор 43
спо́рить/поспо́рить 91
спорт 164
спорти́вный 164
спортсме́н 165
спосо́бность 7, 45
спосо́бный 45
спра́ва 236
справедли́вый 149
спра́вка 58
справля́ться/спра́виться 58
спра́шивать/спроси́ть 57
спуска́ться/спусти́ться 36
спу́тник 81
сравне́ние 251
сра́внивать/сравни́ть 252

сразу 226
среда 184
среди 267
средства массовой информации 160
средство 255
срок 220
срочно 227
срочный 145
ссориться/поссориться 91
ставить/поставить 37, 41
стадион 165
стадо 188
стакан 122
сталь 198
становиться/стать 257
станция 207
стараться/постараться 30
старик 22
старость 24
старт 165
старуха 23
старший 78
старый 23
статуя 156
стать 274
статья 159
ствол 190
стекло 197
стена 99
степень 85
степь 181
стесняться 18
с тех пор как 229
стипендия 125

стирать/выстирать 28
стих 53
стоить 64, 137, 139
стол 102
столетие 220
столица 171, 179
столовая 113
столько 240
сторона 230
стоять 34
страна 171
страница 54
странный 67
страх 16
страхование 142
страшный 67
стрелять 174
стремиться 88
строгий 9
строго 9
строитель 83
строительство 194
строить/построить 131
строй 171
стройка 132
стройный 5
строчка 56
студент 125
студентка 125
стул 102
стучать/постучать 32
стыдно 18
стюардесса 210
суд 149
судить 149
судно 209
судьба 97
судья 150, 165

сумасшéдший 8
сумéть 31
сýмка 105
сýмма 139
суп 117
супермáркет 138
сýтки 219
сухóй 193
сушúть/вýсушить 28
существúтельное 49
существовáть 257
сходúть/сойтú 207
сцéна 154
счастлúвый 13
счастлúвого путú 71
счáстье 97
счёт 113, 139
считáть/счесть 46, 59
съезд 96
съéсть 112
сын 78
сыр 117
сырóй 120
сýтый 115
сюдá 234
сюрпрúз 42

T

таблéтка 151
таблúца 247
тайгá 181
тáйна 57
тáйный 58
так 248
тáкже 268
такóй, такáя, такóе, такúе 263
таксú 204
талáнт 154
талáнтливый 8
там 234
тамóженник 147
тамóженный 147
тáможня 147
тáнец 161
танк 175
танцевáть 161
тарéлка 113
таскáть 37
тахтá 104
тащúть 37
тáять/растáять 193
твёрдый 197
твой, твоя́, твоё, твои́ 262
теáтр 154
тебé 259
тебя́ 259
текст 56
те, кто 264
телевúдение 160
телевúзор 160
телегрáмма 143
телёнок 188
телефóн 144
телефóн-автомáт 144
тéло 2
теля́тина 118
тéма 54
тёмный 252
темп 52
температýра 20, 192
тéннис 166
тень 184

теперь 226
тепло 185, 191
теплоход 210
тёплый 191
термометр 21, 193
терпеливый 11
терпение 12
терпеть/потерпеть 43
территория 245
терять/потерять 97, 142
тесный 233
тесто 119
тетрадь 127
тётя 78
техник 84
техника 194
технический 194
течение 181
тип 245
типичный 247
тихо 52, 73
ткань 197
то 268
тобой 259
товар 134
товарищ 81
тогда 226
то есть (т.е.) 57
тоже 251
ток 195
токарь 84
толкать/толкнуть 37
толпа 82
толстый 5
только 248
том 54
тонкий 4
тонна 243

топить 104
торговля 135
тормоз 206
тормозить 206
торопиться/поторопиться 221
тост 123
тот, кто 264
тот, та, то, те 263
точка 54, 230
точка зрения 59
точно 226
трава 189
традиция 247
трамвай 204
транспорт 203
тратить/потратить 140
требование 69
требовать/потребовать 69
тревога 18
тревожный 18
треугольник 254
трогать/тронуть 43
тройка 130
тропа 182
тротуар 180
труба 195
трубка 123, 144
труд 131
трудиться 132
трудно 31
трудность 97
трудный 45
трудящийся 132
трус 68
трусливый 68
трусы 111

тря́пка 106
туале́т 100
туда́ 207, 234
тума́н 192
ту́ндра 182
тури́ст 201
тут 235
ту́фля 108
ту́ча 193
туши́ть/потуши́ть 42
ты 259
тюрьма́ 149
тяжело́ 240
тяжёлый 239
тяну́ть 37
тяну́ться 221

У

у 237, 267
убега́ть/убежа́ть 34
убежда́ть/убеди́ть 60
убива́ть/уби́ть 24
убира́ть/убра́ть 27
убо́рка 28
уважа́емый 72
уважа́ть 86
уваже́ние 72, 86
увели́чивать/увели́чить 258
уве́ренность 15
уве́ренный 9
увлека́тельный 56
увлека́ться/увле́чься 162
увлече́ние 162
увольне́ние 132

увольня́ть/уво́лить 132
уга́дывать/угада́ть 98
у́гол 100, 254
у́голь 197
угоща́ть/угости́ть 40
угрожа́ть 92
угро́за 91
удава́ться/уда́ться 258
уда́р 44
ударе́ние 52
уда́ча 98
уда́чно 98
удиви́тельно 66
удиви́тельный 64
удивле́ние 66
удивля́ться/удиви́ться 65
удо́бный 102
удово́льствие 13, 71
уезжа́ть/уе́хать 34
уже́ 226
у́жин 113
у́жинать/поу́жинать 113
у́зкий 232
узнава́ть/узна́ть 45
ука́зывать/указа́ть 57
укла́дывать/уложи́ть 201
уко́л 152
у́ксус 117
у́лица 179
улыба́ться/улыбну́ться 13
улы́бка 13
ум 8
уменьша́ть/уме́ньшить 258

уме́ренный 193
умере́ть 274
уме́ть 31, 46
умира́ть/умере́ть 23
умножа́ть/умно́жить 242
у́мный 7
умыва́ться/умы́ться 28
универма́г 137
универса́льный магази́н 137
университе́т 125
уничтожа́ть/уничто́жить 174
упо́рно 12
упо́рный 12
употребля́ть/употреби́ть 48
управле́ние 146
управля́ть/упра́вить 32
упражне́ние 47
упря́мый 12
ура́ 74
у́ровень 245
урожа́й 190
уро́к 129
ус 5
уси́лие 32
усло́вие 134
успе́х 97
успе́шно 98
успе́шный 98
устава́ть/уста́ть 20
уста́лый 21
устана́вливать/установи́ть 164
устано́вка 195
у́стно 129

утвержда́ть/утверди́ть 62
утвержде́ние 63
у́тка 188
уточня́ть/уточни́ть 58
у́тренний 223
у́тро 218
у́тром 218, 227
утю́г 106
уха́живать 152
у́хо 2
уходи́ть/уйти́ 35
уча́ствовать 94
уча́стие 94
уча́стник 94
уча́щийся 127
учёба 127
учебник 130
уче́бный 130
учени́к 125
учени́ца 125
учёный 46
учи́тель 125
учи́тельница 125
учи́ть/вы́учить 46, 125
учи́ть/научи́ть 46, 125
учи́ться/научи́ться 47, 125
учрежде́ние 146

Ф

фа́брика 135
факт 63
фами́лия 76
фаши́зм 175
фе́рма 180

фигу́ра 4
фи́зик 84
фи́зика 129
филосо́фия 129
фильм 154
фи́ниш 166
флаг 171
фо́рма 164, 245
фо́рточка 101
фотографи́ровать 162
фотогра́фия 161
фра́за 49
фру́кты 120
фура́жка 111
футбо́л 164
футбо́льный 164

X

хала́т 111
хара́ктер 9
характери́стика 66
хвали́ть/похвали́ть 66
хвата́ть/хвати́ть 238
хва́тит 73
хвост 188
хи́мик 84
хи́мия 130
химчи́стка 28
хиру́рг 153
хи́трый 9
хлеб 117
хле́бный 137
хло́пок 198
ходи́ть 35
хозя́ин 142
хозя́йка 142

хозя́йство 134
хо́лод 193
холоди́льник 104
хо́лодно 193
холо́дный 192
холост(о́й) 76
хорони́ть/похорони́ть 23
хоро́ший 65
хорошо́ 65
хоте́ть/захоте́ть 69, 274
хотя́ 268
хо́чется 69
хра́брый 12
храни́ть 42
христиа́нский 177
худе́ть/похуде́ть 5
худо́жественный 154
худо́жник 83, 154
худо́й 5
ху́же 252
хулига́нство 150

Ц

цвет 252
цветно́й 159
цвето́к 189
целина́ 182
целова́ть/поцелова́ть 88
цель 255
це́лый 239, 266
цеме́нт 198
цена́ 137
цени́ть 86
це́нный 140

центр 230
центра́льный 232
це́рковь 176
ци́фра 125

Ч

чаевы́е 141
чай 122
ча́йник 122
час 219
ча́стный 76
ча́сто 226
ча́стый 223
часть 238, 245
часы́ 105
ча́шка 122
че́й-нибудь 265
че́й-то 265
чек 138, 141
челове́к 76
челове́чество 81
чемода́н 200
чемпио́н 164
че́рез 228, 237
черни́ла 47
чёрный 252
чёрт 176
черта́ 10
чертёж 127
чесно́к 120
че́стно 10
че́стность 12
че́стный 10
честь 86
четвёрка 130
че́тверть 219

число́ 49, 217, 238
чи́стить/почи́стить 28
чи́сто 27
чистота́ 29
чи́стый 27
чита́тель 54
чита́ть/прочита́ть 54
член 81
чте́ние 56
что 263, 264
что́бы 268
что́-нибудь 264
что́-то 264
чу́вство 14
чу́вствовать/почу́вствовать себя́ 25
чуде́сный 66
чу́до 97
чуло́к 111
чужо́й 82
чуть 249

Ш

шаг 35
шага́ть 36
шампа́нское 123
ша́пка 108
шар 254
ша́хта 195
шахтёр 84
шашлы́к 115
шёлк 198
шёпот 52
шепта́ть/шепну́ть 52
шерсть 198
шерстяно́й 198

шéя 4
ширинá 231
ширóкий 232
шить/сшить 111, 274
шкаф 102
шкóла 125
шкóльник 127
шкóльница 127
шля́па 111
шоколáд 119
шоссé 203
шофёр 83
штраф 150
шту́ка 245
шу́ба 108
шум 25
шумéть 25
шу́мный 26
шу́тка 162

Щ

щётка 29
щи 119

Э

эгои́ст 12
экзáмен 129
экипáж 209
экономика 134
эконóмить/сэконóмить 140
экономи́ческий 134
экрáн 160
экску́рсия 162
экскурсовóд 201
э́кспорт 135
экспорти́ровать 135
элегáнтный 111
электри́ческий 194
электри́чество 195
электри́чка 207
энерги́чный 12
энéргия 194
эпóха 220
этáж 101
э́тот, э́та, э́то, э́ти 263

Ю

ю́бка 109
юг 231
ю́жный 233
ю́ность 23
ю́ноша 77
ю́ный 24

Я

я 258
я́блоко 120
явля́ться/яви́ться 257
я́года 120
я́дерное ору́жие 175
язы́к 2, 48
яйцó 117
я́корь 210
я́ркий 253
я́рмарка 96
я́сли 79
я́сно 73
я́сный 192
я́щик 104, 105, 144

Abkürzungen

Adv	Adverb, Umstandswort
Akk.	Akkusativ, Wenfall
Dat.	Dativ, Wemfall
etw.	etwas
f	Femininum, weiblich
Fut.	Futur, Zukunft
G/Gen.	Genitiv, Wesfall
Gr.	Grammatik
hist.	historisch
Imp.	Imperativ, Befehlsform
Instr.	Instrumental, 5. Fall
ipf.	imperfektiv, unvollendet
j-n	jemanden
m	Maskulinum, männlich
n	Neutrum, sächlich
N/Nom.	Nominativ, Werfall
pf.	perfektiv, vollendet
Pl	Plural, Mehrzahl
Präpos.	Präpositiv, 6. Fall
Präs.	Präsens, Gegenwart
Prät.	Präteritum, Vergangenheit
unpers.	unpersönlich

Langenscheidts
Taschenwörterbuch Russisch

Das völlig neubearbeitete Taschenwörterbuch Russisch bietet in beiden Teilen zusammen über 90 000 Stichwörter und Wendungen.

Zahlreiche neue Begriffe aus allen Lebensbereichen sorgen für die Aktualität des Wörterbuchs.

Durch das bewährte Verweissystem findet der Benutzer zu jedem russischen Stichwort das zugehörige Deklinations- bzw. Konjugationsmuster. Zusätzlich wurde eine Vielzahl von Hinweisen auf Unterschiede zwischen der grammatikalischen Konstruktion im Deutschen und Russischen aufgenommen.

Nützliche Anhänge (z. B. geographische Namen und russische Vornamen) erhöhen den Gebrauchswert. Neue Schriften, Griffleiste und Kurzfassung der Benutzerhinweise auf den Vorsatzblättern machen das Wörterbuch noch benutzerfreundlicher.

Komplettband
Von Stanislaw Walewski und Prof. Dr. Erwin Wedel.
1200 Seiten, gebunden
Format: 9,6 × 15,1 cm
Auch als Einzelband erhältlich.

Langenscheidt ... weil Sprachen verbinden

Die russischen Verben

Dieses Standardwerk enthält etwa 20 000 russische Verben in alphabetischer Anordnung mit Angabe der Grundformen, der Aspektpaare, der Rektion, der Betonung und der deutschen Bedeutungen. Ein Aufsatz zur Syntax und Semantik der Verben des modernen Russisch erhöht den Wert dieses Nachschlagewerkes. Für alle an der russischen Sprache Interessierten, insbesondere Schüler und Studenten.

742 Seiten,
Format: 14,9 × 21,3 cm, gebunden

Stand: 6. 7. 1994